레드
룰렛

RED ROULETTE

중국공산당의 부, 권력, 부패, 보복에 관한 내부자의 생생한 증언

레드 룰렛

데즈먼드 슘 지음

홍석윤 옮김

RED
ROULETTE

알파미디어

슘은 이 책을 쓰기로 한 순간, 중국공산당과 싸우고 있다는 사실을 알았고 지금은 표적이 됐다는 것도 알았다. 그는 자신의 유언장을 검토하고 모든 것이 이상이 없는지를 확인했다. "이것은 내가 벌이는 다윗과 골리앗의 싸움이다"라고 그는 말한다. "하지만 이번에는 골리앗이 백만 배 더 크다는 것이 문제다."
—《선데이타임스》(영국)

중국 정부가 어떻게 사업을 계속해 나가는지, 그리고 사업가들이 도를 넘으면 어떤 일이 일어나는지를 보여 주는 회고록이다. 이 책은 정부 관계자들이 어떻게 규칙을 교묘하게 강요하는지, 그리고 지금까지 벌어진 탄압의 공포를 보여 준다.
—《뉴욕타임스》

중국 엘리트들의 화려한 라이프 스타일을 엿보는 드문 기회이자 생생한 초상이다.
—《워싱턴 포스트》

흥미로운 정보로 가득 찬 이 책은 중국 베이징의 내부 작동 시스템에 관해 전 세계가 읽을 수 있도록 출판됐다. 공산주의 최고위 지도층을 분명히 겁먹게 할 만한 수준으로 상세하게 기술하고 있다. 세계 강대국 중에서 가장 비밀스러운 국가에 대한 유일무이한, 매우 가독성 높은 내부 기록이다.
—《스펙테이터》

중국 지배세력은 분명 우려스러운 집단이다. 이 책에서는 최근의 충격적인 스캔들을 다시 찾아간다. 가족 간의 유대 관계 외에는 그 어떤 것도 믿을 수 없는, 비밀과 공포를 바탕으로 만들어진 중국의 엘리트 모습을 묘사하고 있다.

— 데이비드 레니,《이코노미스트》

이 책은 이미 중국공산당 최고위층의 부패에 대한 필독서로서 자리를 잡아가고 있다. 그러나 베이징에서 명백한 임의 구금으로 사라진 지 4년 만에 그의 전 부인인 휘트니 단이 갑자기 다시 등장하면서 이 책은 뉴스거리가 되었다.

—《폴리티코》

이 책은 중국 엘리트 정치가들을 관찰하는 이들 사이에서 새로운 필독서로 자리 잡았다. 중국의 비즈니스 및 정치 엘리트들의 화려한 생활 방식에 대한 생생한 초상화다. 저자인 데즈먼드 슘이 신랄하게 파헤치는 중국의 정경유착 거미줄과 매듭을 엿볼 수 있는 흔치 않은 기회다.

—《디플로맷》

짜릿한 데뷔작이다. 상세한 묘사에는 피할 수 없는 비극의 아우라가 배어 있다. '관료들이 경제 개혁에 몰두하는 동안 공산당의 구호만을 외치는 정치 체제'를 맹비난한 저자의 비판은 압도적이다. 시진핑의 중국에 관심이 있다면 이 책을 내려놓지 못할 것이다.

—《퍼블리셔스 위클리》

긴장감 넘치는 이야기가 탄탄하고 사려 깊게 펼쳐지면서 권력과 탐욕의 상호작용에 관한 깊은 통찰을 드러낸다. 흥미로우면서도 흐릿하게 감춰진 나라인 현대 중국의 속사정을 깊숙이 알고 싶은 이들은 이 책에서 많은 것을 발견할 것이다.

'신중국의 룰렛 같은 정치 환경'을 속속들이 파헤친다.
—《커커스 리뷰》

강력하고 충격적이다. 중국 정부는 이 책을 달가워하지 않을 것이다. 슘은 부패, 이해 충돌, 탐욕에 따라 움직이는 정부 지도자들을 묘사하면서 기적이라고 여겨지는 중국 경제 발전 뒤의 내막을 폭로한다. 현대 중국에서는 억압적인 침묵의 카르텔을 깨고 지배권력에서 실제로 일어나고 있는 일을 직접 설명할 정도로 용기 있는 사람이 드물었다. 저자는 규칙을 깨고 우리가 직접 볼 수 있게 이 책을 썼다. 아름답지만은 않은 내용이다.
— 빌 브라우더Bill Browder, 『레드 노티스Red Notice』의 저자

이 책은 중국을 좇았던 사람들이 기다려 온 모든 것이다. 덩샤오핑 중국 이후의 이상주의, 황홀경, 탐욕을 드러내는 매우 개인적인 서사시다. 오늘날 중국 지도부의 내부 비밀을 들여다볼 수 있는 유일한 책이다. 만약 이 책이 중국에 관한 개인적 체험담이 출간되는 시발점이 될 수 있다면 그 카테고리에서 고전으로 남을 것이다. 슘의 책은 흥미롭고, 은밀하며, 위험하다.
— 맷 포팅어Matt Pottinger, 전 미국 국가안보 부보좌관

슘의 이 책은 공산당 중앙위원회 정치국원들과의 관계를 이용해 수십억 달러를 벌어들이는 중국 엘리트들의 내면을 엿볼 수 있는 흔치 않은 기회를 제공한다. 이곳은 샤토 라피트, 롤스로이스, 그리고 1억 달러의 요트들로 이루어진 세계이며, 우정은 엄격히 거래된다. 비록 이 책이 주는 재미가 가십거리로 치부될 수도 있지만, 최종적으로 중국공산당의 활동과 이를 통해 파생된 억만장자들에 대한 풍부한 통찰력을 얻을 수 있다.
— 바버라 데믹Barbara Demick, 《LA타임스》의 전 베이징 지국장

외치다 죽을지언정 입 다물고 살지는 않겠다.

- 범중엄(范仲淹), 중국 북송의 정치가

차례

성공 가도를 달리던 그녀가 사라졌다

2017년 9월 5일, 50세의 휘트니 단Whitney Duan(段偉紅)이 베이징 거리에서 사라졌다. 그녀는 그날, 우리가 함께 건설한 25억 달러가 넘는 개발 프로젝트인 제네시스 베이징Genesis Beijing의 사무실에서 마지막으로 목격되었다. 그녀의 사무실은 무장한 경비원들, 조경이 꼼꼼하게 설계된 정원, 수십 종의 이탈리아 대리석 장식을 통과해야 방문객이 그녀를 만날 수 있을 정도로 경비가 삼엄한 곳이었다. 그녀는 그곳에서 수십억 달러 이상의 부동산 프로젝트를 손안에 쥐고 흔드는 막강한 존재였다. 그런 그녀가 갑자기 사라진 것이다.

어떻게 그런 일이 일어났을까? 휘트니 단은 어떤 인물일까?

휘트니 단은 10년 넘는 세월 동안 내 아내이자 사업 파트너였다(저자 데즈먼드 슘은 2002년에 그녀와 결혼해 아들 하나를 낳았고, 2015년 이혼할 때까지 13년간 중국에서 함께 사업을 했다-옮긴이). 그 일이 일어났을 때 우리는 이미 이혼한 후였지만, 여전히 몇 년 동안 가까운 동료이자 친구로 지내면서 험한 세상을 함께 헤쳐 온 터였다. 우리는 중국에서 조국을 위해 위대한 일을 하겠다는 꿈을 품었고 그 꿈을 함께 이루어 나갔다. 가난에서는 벗어났지만 이제는 삶에서 무언가를 이루겠다는 열망에 사로잡혀 있었고, 우리가 이룬 성공에 자부심을 느꼈다.

우리는 베이징 수도국제공항(北京首都國際空港)에 세계에서 가장 큰 물류 거점을 건설했으며, 중국 수도의 번화한 중심부 근처의 최고 대지에 가장 호화로운 호텔과 비즈니스센터를 구상하고 이를 완공시켰다. 또 수억 달러의 순이익을 낸 주식 거래를 성공시켰고 중국공산당의 최고위급 당원들 및 그 가족들과 '꽌시(關係)'를 구축하면서 중국 권력의 중심부에 접근할 수 있었다.

마침내 우리는 중국의 거의 모든 분야에서 권력을 장악하며 새롭게 떠오르는 신흥 관료들과 의견을 나누는 사이가 되었다. 우리는 중국을 더 나은 곳으로 만들기 위해 사회적·정치적 변화를 도모했다. 잘만 하면 그 일을 아주 훌륭하게 할 수 있으리라 생각했다. 대충 계산해 봐도, 우리가 가진 순재산은 총 수십억 달러(수조 원)에 달했다.

그런데 휘트니 단이 지금 사라진 것이다. 영국에 있는 내 집에서 휘트니의 자택 관리인에게 연락해 보니, 그녀는 2017년 9월 그날에 회사에서 돌아오지 않았고 이후로도 계속 나타나지 않았다고 했다. 마치 증발해 버린 것 같았다.

회사 관계자들에게 전화해 보고 나서야, 사라진 사람이 휘트니만이 아니라는 걸 알게 되었다. 그녀 회사의 고위 간부 두 명과 가정부를 겸한 보조 직원 한 명도 함께 사라졌다. 그 이후로 아무 소식도 들을 수 없었다. 나는 7월 말에 베이징을 떠났고 아들만 엄마와 함께 여름을 보내도록 남겨 두었는데, 만일 내가 중국에 몇 주 더 머물렀었다면 나도 사라졌을까?

공산당이 권력을 독점하는 중국에서는 설명할 수 없는 실종 사건이 심심찮게 일어난다. 중국 헌법에는 개인의 신변 보호가 법적으로 명시되어 있지만, 당 수사관들은 이 법을 무시하고 작은 구실로도 누구든 붙잡아 무기한 억류하기 일쑤다. 요즘 중국공산당 공작원들은 신문사, 사업가, 서적상, 반체제 인사들을 대상으로 해외에서 공공연하게 납치 작전을 벌인다. 아마 여러분은 테러 용의자들에 대한 미국의 비상 송환(extraordinary rendition, 테러 활동에 관여한 것으로 추정되는 사람을 붙잡아 고문 등 강력한 심문에 대한 법적 문제가 없는 나라로 이송하는 것-옮긴이)에 대해 들어보았을 것이다. 중국공산당이 벌이는 이런 납치 행위도 중국판 비상 송환 작전이라고 할 수 있다.

휘트니의 부모님께 전화했지만 그들은 아무것도 모르고 계셨다. 나는 그녀 덕에 공산당 고위 간부가 된 친구들에게도 물어보았지만, 아무도 이 일에 상관하려 하지 않았다. 그들은 오히려 사건에 휘말릴까 봐 전전긍긍했다. 휘트니를 붙잡아 둔 기관으로 추정되는 공산당 감찰중앙위원회를 너무 두려한 나머지 선뜻 도움을 주려 하지 않았던 것이다.

휘트니의 실종에 대해 주변에 물어보면 볼수록, 중국의 당 체제에서 일하는 사람들 사이에 형성된 모든 관계가 오직 이해득실에 따라 이루어진다는 점이 명확해졌다. 휘트니가 한창 잘나가던 시절에 그녀는 공산당 친구들에게 매우 쓸모 있는 사람이었다. 그녀는 중국공산당과 정부에서 일하는 수십 명 인사들의 승진을 주선했다. 그들의 조직 내 승진을 관리하면서 그들과 회사의 다음 프로젝트에 대한 전략을 짜는 데 많은 시간을 쏟아부었다. 그런데도 그녀가 위험에 빠지자, 그들은 그녀를 돌멩이 버리듯 버린 것이다.

나는 어떻게 하면 내 아들에게 엄마(동시에 내 인생에 엄청난 변화를 가져온 전 아내)의 실종을 제대로 설명해 줄 수 있을까 몹시 고민하면서 이렇게 되기까지 지난 수년간 이어졌던 믿을 수 없는 사건들을 되새기게 되었다.

휘트니가 사라졌을 때, 그녀의 재산은 우리가 함께 사업을 시작한 초기에 상상했던 것보다 훨씬 많았다. 가부장적 사회에서도 뛰어난 재능을 발휘했던 그녀는, 공산당이 주창하는 '신중국(New China)' 건설이라는 룰렛 도박판 같은 정치 환경에서도 타의 추종을 불허하는 실력으로 거물급 정치 가문과의 협력을 최대한 활용해 상상할 수 없는 성공을 이뤄 냈다. 그녀가 사라지기 전까지는 말이다. 그녀는 중국의 진면모를 정확히 이해하고 있었다. 나는 그녀의 사업 파트너이자 남편이었고, 우리는 그 높은 곳까지 함께 올라갔다. 이 책은 내 이야기이자 그녀의 이야기다.

1장

나의 사랑,
나의 조국

RED
ROULETTE

성장 과정을 돌이켜 보건대, 내가 21세기 전환기에 중국의 경제 및 정치 권력과 어떤 연관이 있다고 볼 만한 이유는 거의 없다. 나는 이른바 홍색紅色 귀족, 즉 1949년 중국의 권력을 장악한 공산주의 엘리트 그룹 지도자 가문의 후손도 아니다. 그와는 전혀 거리가 먼 데다 내 성격 또한 그런 역할에는 맞지 않는 것 같다.

나는 1968년 11월 상하이에서 태어났는데, 우리 집안은 당시 중국 공산당이 권력을 장악하면서 핍박받는 쪽(친가)과 그렇지 않은 쪽(외가)으로 완전히 갈렸다. 공산당 교리에 따르면, 우리 아버지 쪽은 이른바 '5대 요주의 그룹', 즉 지주, 부유 농민, 반혁명주의자, 불순분자, 우익에 속하는 사람들이었다. 1949년 중국 공산주의 혁명이 일어나기 전, 내 선조들은 지주였다. 해외에 친척이 있다는 추가 혐의까지 받으면서 그들은 두 배로 곤욕을 치렀다. 세계 어느 곳에서든 해외에 친척이 있다는 것은 특이한 일이지만, 1950년대와 1960년대의 중국에서 경제적 성공을 이루고 해외에 친척이 있다는 것은, 공산주의자들의 말마따나 '타고난 불

순분자'임을 의미했다. 친가 쪽 가문이 그런 천대를 당하면서, 아버지
는 더 좋은 학교에 다닐 수 없었고 이후 평생 세상을 향해 한을 품고 살
았다.

아버지 쪽 친척들은, 호화로운 정원과 그림 같은 운하 덕에 중국의 베
니스로 불리는 양쯔강 삼각주의 작은 도시 쑤저우(蘇州) 출신의 상류 지
주층이었다. 가문에서 전해오는 이야기에 따르면, 1949년 공산당이 장
제스(蔣介石)의 국민당을 상대로 내전을 벌이자 슘(沈. 저자 데즈먼드 슘의 중국
명은 선둥沈棟-옮긴이) 일가는 소유하고 있던 모든 귀중품을 집 안 우물에 버
렸다고 한다. 이후 공산당 정부가 그 집터를 몰수했고 오늘날 국영 병원
부지가 되었다. 몇 년 전 가문 모임에서 한 친척 노인이 내게 우물의 정
확한 위치를 알려 주면서 가문의 보물을 발굴하라고 강하게 설득했지만,
중국 정부가 땅속의 모든 물건까지 국유 재산으로 간주한다는 것을 알고
있기에 정중히 사양했다.

내 친할아버지는 혁명 전에 상하이에서 유명한 변호사였다. 공산주의
자들의 중국 지배가 강화되었을 때 다른 많은 부유층처럼 그도 도망칠
기회가 있었다. 그러나 할아버지는 초라한 피난민이 될 게 뻔하다는 생
각에 선뜻 나서지 않았다. 비록 홍콩이 상하이 탈주자들에게는 선망의
도시였지만, 동양의 파리로 불리는 상하이와는 결코 비교될 수 없다고
생각한 것이다. 결국 그는 '신중국 건설'을 내걸며 자본주의자들과 협력
할 것이라는 공산당 선전을 믿고 상하이에 그대로 눌러앉기로 결정했다.

아버지는 할아버지의 그 같은 운명적 결정을 결코 용서하지 않으셨
다. 아버지는 할아버지의 그런 순진한 믿음 때문에 자신의 어린 시절이

희생되었다고 생각했다. 1952년 공산당 당국은 할아버지의 변호사 사무실을 폐쇄했고, 아버지의 두 형제와 여동생을 포함해 온 가족을 상하이의 3층 연립주택에서 쫓아냈다. 그 집은 할아버지가 혁명 전에 금괴를 주고 구입한 집이었다. 할아버지는 온 가족을 데리고 고향인 쑤저우로 돌아갔다. 다만 당시 열 살이었던 내 아버지만 초등학교를 마칠 수 있게 상하이에 남겨 두었다.

아버지에게 그 후 몇 년은 힘든 시기였다. 아버지는 여러 친척 사이를 전전하며 끼니와 잠을 해결해야 했다. 끼니를 때우지 못해 고픈 배를 끌어안고 잠자리에 들기가 일쑤였다. 다행히 삼촌 한 분이 아버지에게 특별히 친절을 베푸셨다. 그 역시 혁명으로 힘든 처지였다. 공산당이 정권을 장악하기 전에는 성공한 사업가였지만, 공산주의자들은 그의 회사를 빼앗고 그가 소유했던 공장 중 한 곳에서 인력거 끄는 일을 하게 했다. 공산주의자들은 한 사람의 가장 소중한 재산인 존엄성과 자존심을 파괴했으면서도 마치 친절을 베푸는 것처럼 꾸미는 데에는 아주 능숙한 자들이었다.

공산주의 국가에서 아버지는 자본주의 변호사 가문의 후손으로서 늘 고개를 숙여야 한다는 것을 배웠다. 그렇게 혼자 힘으로 살면서 아버지는 살아남는 법을 터득했지만, 혹독한 역경을 겪으면서 가족을 그대로 중국에 남겨 둔 할아버지에 대한 분노는 더욱 커져만 갔다.

상하이에서 배고프고 외롭게 자라면서 아버지는 주위 사람들과 깊은 유대감을 맺는 데 두려움을 갖게 되었다. 그는 누구에게든 빚지는 것을 싫어했고, 단지 자기 자신에게만 의지하려고 했다. 아버지의 그런 인생관은 내게도 주입되어서 오늘날까지도 나는 여전히 빚지고 사는 것을 불편해한다. 세월이 흐른 뒤, 아내가 될 휘트니를 만난 후에야 나는 비로소 그런 생각이 얼마나 자신을 고립시킬 수 있는지 알게 되었다. 인생이라는 밀물과 썰물 속에서 만약 누구에게도 신세를 지지 않으려 한다면, 아무도 내게 신세를 지지 않으려 할 것이고, 결국 누구와도 깊은 관계를 맺지 못할 것이라고 휘트니는 말하곤 했다. 나는 오랫동안 아버지를 두려워했지만, 이제 와 생각해 보니 아버지는 홀로 세상과 싸운 외로운 분이셨다.

그렇게 핍박받는 삶을 살아오신 까닭에 아버지는 중국의 일류 대학에 가지 못했다. 대신 상하이의 한 교육대학에 들어가셨고 그곳에서 중국어를 전공했다. 아버지는 키가 183센티미터가 넘었는데, 그 세대치고는 매우 큰 편이었기 때문에 학교 배구팀의 스타로 활약했다. 그의 끈질긴 근면함과 운동에 대한 열정이 어머니의 눈길을 사로잡았음이 틀림없다.

두 분은 1962년 교육대학에서 만났다. 어머니도 매력적인 분이셨다. 키가 172센티미터로 중국 여성치고는 큰 편이었고 육상선수이기도 했다. 단조로운 인민복 차림에 완전히 무표정한 우표 크기의 흑백 스냅 사진으로만 봐도 그들은 멋진 커플이었다.

어머니의 가족도 해외에 연줄이 있었지만, 어머니와 중국에 있는 외가 친척들은 핍박을 모면했다. 외할아버지는 홍콩 근처의 광둥성(廣東省) 출신이었다. 당시 많은 중국의 남부 씨족들처럼 그의 가문도 세계 각지로 퍼져 나가, 일곱 명의 형제자매들이 인도네시아, 홍콩, 미국으로 이민을 갔다. 1949년 공산주의 혁명 이전에, 외할아버지는 홍콩과 상하이를 오가며 두 도시에서 회사를 운영하셨다. 1940년대 후반, 장쩌민(江澤民)이라는 젊은이가 상하이 치약 공장의 노동자 대표로 회사와 협상에 나섰을 당시 외할아버지가 그 회사의 사용자 측 대표였다. 그로부터 40년 후인 1989년에 장쩌민은 공산당 총서기를 거쳐 1993년에는 중국 최고 권력자인 국가중앙군사위원회 주석이 되었다. 1949년 공산당이 상하이를 점령하자 외가는 홍콩으로 이주했다. 그러나 외할머니는 외할아버지와 사이가 멀어지면서 딸(내 어머니)을 포함한 세 자녀를 데리고 상하이로 돌아왔다. 그러나 두 분은 이혼은 하지 않으셨고, 외할아버지는 돌아가시는 날까지 중국에 사는 외할머니에게 생활비를 보내며 가족들을 부양했다.

다행히 우리 외가 쪽은 공산 치하에서 고통을 받지 않았다. 1949년 혁명 이후 중국공산당은 우리 외가 같은 가문들을 외화 수입원으로 이용하면서, 미국이 중국에 취한 냉전 시대의 무역 금수 조치를 돌파해 나갔다. 당은 이런 가문을 '애국적인 화교'라고 불렀는데, 이는 관련 당국에 중국에 남아 있는 친척들을 관대하게 다루라는 신호였다. 공산주의자들은 또 외할아버지에게 중국 국영 석유회사인 중국석유공사의 홍콩법인을 운영해 줄 것을 요청하기도 했다.

외할머니는 특별한 인물이었다. 젊어서부터 미모를 자랑했던 외할머니는 혁명 전에 중국 북부의 상업과 무역의 중심지였던 해안 도시 톈진(天津)의 부유한 가정에서 태어났다. 혁명의 와중에 가족의 어느 쪽도 잃지 않은 외할머니는 상하이 고급 연립주택에 살면서, 매일 아침 4시에 일어나 근처 공원에서 미용 체조를 하고, 두유 한 잔과 꽈배기 모양의 튀김 반죽 조각인 유타오(油條, 밀가루 반죽을 발효시켜 기름에 튀긴 중국의 빵-옮긴이)를 사서 아침을 먹고 집으로 돌아와 당시 여성으로서는 드물게 담배를 피우며 카드놀이를 즐기셨다. 서양에서 교육을 받은 사람들이 과학, 민주주의, 자유와 같은 서구 사상에 심취했다는 죄로 매일 수천 명씩 살해당했던 문화혁명의 가장 어두운 시기에도, 외할머니는 외할아버지가 홍콩에서 보내 주신 생활비 덕분에 평생 단 하루도 일하지 않고 하인을 두며 살았다. 외할머니는 '애국적인 화교' 친척을 두었다는 이유로 그 어두운 시기를 무사히 넘겼다.

외할머니는 노년이 되어서도 여전히 사교적이고 인기가 많으셨다. 나는 주말에 외할머니 댁에 가는 것을 매우 좋아했다. 외할머니는 직접 참깨를 갈아 맛있는 반죽을 만든 다음 고기와 야채로 속을 채운 소프트볼 크기의 만두인 바오쯔(包子)를 쪄서 큰 접시에 담아 내주셨다.

어머니는 아버지보다 훨씬 행복한 어린 시절을 보냈다. 어머니도 외할머니처럼 사교성을 타고난 인물이었다. 학교 친구들 사이에서도 인기가 많았고 밝은 인생관의 소유자였다. 그녀의 성격은 아버지와는 정반대였다. 특히 위험에 직면하는 일에 있어서는 더욱 그랬다. 어머니는 위험을 감수하는 성격이었지만, 아버지는 위험을 철저히 기피하셨다. 어머니가 훗날 놀라운 투자 본능을 발휘한 덕분에 부모님은 홍콩과 상하이에서 부동산 붐을 누릴 수 있었다.

1965년 당의 허락으로 부모님은 결혼하셨다. 공산당은 이들에게 각기 다른 중등학교의 교사직을 부여했다. 그때도 당이 모든 것을 통제했다. 사람들은 직업도 결혼식 날도 스스로 정할 수 없었다. 아버지는 상하이의 샹밍(向明)중등학교에서 중국어와 영어를 가르쳤는데, 라디오를 들으며 영어를 배우셨다. 그는 또 여자 배구팀의 코치를 맡아 정기적으로 상하이시 선수권 대회에 출전했다. 수년에 걸친 아버지의 노력이 결실을 보았는지, 학교 당위원회는 아버지를 '모범 교사'로 선정하기도 했다.

어머니 학교는 집에서 자전거로 한 시간 거리에 있었다. 그녀는 수학을 가르쳤고 학생들은 그녀를 좋아했다. 학생들이 어머니를 좋아한 것은 그녀의 성실함 때문이기도 했지만, 한편으로는 어머니가 다른 사람들의 관점에서 사물을 보는 성품을 지녔기 때문이다. 아버지는 자신의 방식대로 사는 사람이었지만 어머니는 좀 더 유연했다. 어머니의 그러한 성품은 수학을 가르칠 때도 잘 나타났다. 특히 중국 중등학교의 교과 과정이 까다로워지면서, 학생의 관점에서 문제를 보는 그녀의 능력은 학생들이 문제를 해결하도록 지도하는 데 큰 도움이 되었다. 혼란의 시기에 정치 선전이 학교 안으로까지 침투하면서 학생들과 교사들이 이념 문제로 서로 다툴 때도, 그녀는 온건한 목소리를 냈다. 한 학생이 본보기로 뽑혀 대중 비판을 받는 시간에도, 어머니는 학생들 간의 대립이 폭력으로 비화하기 전에 먼저 개입해 상황을 잘 마무리하곤 하셨다. 학교의 다른 어떤 교사들도 비판이 두려워 감히 그렇게 하지 못했지만, '애국적인 화교'의 딸이라는 신분은 어머니에게 큰 도움이 되었다. 그녀의 행동은 물에 빠진 사람에게 밧줄을 던져 주는 것과 같았기 때문에, 도움을 받은 학생들은 그 고마움을 결코 잊지 못했다. 그들은 오늘날까지도 만남을 이어 가고 있다.

어머니는 세 자녀의 둘째로 태어났는데, 위아래로 오빠와 남동생이 있었다. 부모님이 결혼했을 때, 삼촌들은 어머니가 비천한 '5대 요주의 그룹'의 남자를 선택한 것을 두고 어머니를 조롱했다. 그들은 홍콩에 계신 자신들의 아버지(내 외할아버지)로부터 받는 돈 덕분에 자신들이 더 높은 신분이고 더 부유하다는 점을 아버지에게 계속 상기시켰다. 한 삼촌은 그 돈으로 동네에서 처음으로 오토바이를 샀다고 아버지에게 자랑하기도 했다.

나는 문화혁명이 한창이던 때에 태어났다. 공산당은 중국의 농민들로부터 배워야 한다는 명분을 내세워 부모님을 시골로 보냈다. 당시 주석이었던 마오쩌둥(毛澤東)이 고안한 이 프로그램은 수백만 명의 생명을 파괴하고 결국 중국 경제를 도랑으로 몰아넣었다. 상하이 주민 수십만 명이 중국판 시베리아로 추방되어 다시는 돌아오지 못한 것과 달리, 우리 가족은 상하이에 그대로 살 수 있는 허가를 받았는데 이는 행운이었다. 부모님 학교에서 우리 가족을 중국 농민들의 집에 돌아가며 살 수 있도록 해 주었기 때문에 나는 외톨이 신세를 면했다.

나는 태어날 때부터 키가 컸다. '기둥'이라는 뜻의 내 중국 이름 둥(棟)에 걸맞게 빨리 자랐다. 거의 2미터나 되는 내 체격과 운동 신경 덕분에 나는 동료들 사이에서 자연스럽게 리더 역할을 맡았다. 부모님은 또 내가 책 읽기를 좋아하게 키워, 어릴 때부터 중국 신화 속 인물, 중국 공산혁명의 영웅들, 일본에 맞서 싸운 전쟁 이야기에 관한 만화책들을 수집할 수 있었다. 특히 제2차 세계대전 중에 일본 침략자들과 총을 들고 싸운 샤오 가지Xiao Gazi 소년에 대한 이야기를 듣고 자라면서 자연스럽게 애국자가 되었다. 나는 남에게도 그런 이야기를 해 주는 걸 좋아했는데, 친구들은 내 이야기를 들으려고 몰려들곤 했고, 나는 이야기를 하면서 나도 모르게 과장된 내용을 덧붙이기도 했다. 동굴 문이 열리고 중국 장군의 차량 행렬이 그 안으로 들어갔다고 과장되게 이야기를 꾸며 댄 것이 아직도 기억난다.

조국과 공산주의 혁명을 위해 자신의 몸을 희생한 사람들의 이야기로 가득 찬 그 만화들은, 내게 중국에 대한 깊은 사랑을 키워 주었다. 나는 성인이 되어서도 그들을 본받으려 했고, 나 역시 중국을 건설하는 데 헌신해야 한다는 강한 신념을 갖게 되었다. 나는 '중국은 위대한 나라'이며 국가가 한 약속은 믿어야 한다고 배우면서 자랐다.

상하이에서 우리 가족이 살던 집은 공산당이 1952년에 할아버지에게서 몰수한 집이었다. 그 집은 화이하이 중루(淮海中路)에서 조금 떨어진 길가에 있는 영국식 연립주택이었는데, 그 지역은 혁명 이전에 프랑스 공무원들이 관리하며 프랑스 제국의 자치권이 인정되었던 조계지였다. 공산주의자들은 집을 몰수하면서 이전 소유주들에게 그 집 한 모퉁이에 그대로 살도록 허용한 경우가 많았는데, 이 역시 국가의 막강한 힘을 보여 주기 위한 의도적 전술이었다.

우리는 2층에 있는 방 두 개를 배정받았다. 어느 의사 가족이 1층에 있는 할아버지의 거실을 차지했는데, 혁명 전에 영국에서 공부했다는 그

의사의 방에는 외국 의학 잡지가 가득했다. 우리 위 3층에는 먼 친척 가족이 살았다. 화장실과 부엌은 그 집에 사는 열 명이 함께 사용했다. 상하이 최고 빵집 중 한 곳이 길모퉁이에 있어서 집 앞 골목은 항상 고소한 빵 굽는 냄새가 풍기곤 했다.

부모님은 방 한쪽 구석에 있는 더블 침대에서 주무셨고, 서랍장을 사이에 두고 내 싱글 침대가 있었다. 내 침대 옆의 작은 책상에는 우리가 아끼는 물건인 라디오가 있었다. 아버지는 책상 앞 의자에 앉아서 영어를 배우며 몇 시간을 보내셨다. 부모님이 아래층 부엌에서 음식을 만드실 때면 나는 숙제를 제쳐 두고 과거의 중국 영웅들에 관한 이야기가 나오는 라디오 채널을 듣곤 했는데, 그러면서도 한편으로 부모님이 계단을 올라오는 소리에 귀를 쫑긋 세워야 했다. 부모님은 내가 공부에 전념하기를 원하셨다. 다른 많은 중국 아이들처럼 나 역시 맞벌이 부부의 자식이었기 때문에, 점심 심간에는 집에 와서 혼자 점심을 차려 먹어야 했다. 어렸을 때에는 아침도 혼자 차려 먹은 적이 많았다.

아버지는 자신의 운명에 분개하며 원한을 품고 계셨기 때문에 종종 자신의 불행을 내게 풀곤 하셨다. 아버지는 방 한가운데, 두 개의 전선 가닥으로 천장에 매달려 있는 희미한 형광등 아래로 나를 데려다 놓고, 벨트나 손등, 때로는 단단한 나무 자로 무자비하게 때리곤 하셨다. 사실, 나는 모범생이었는데도 말이다.

나는 우리 반에서 가장 먼저 중국공산당이 인가한 특별 어린이 단체인 홍위병 소년단(Little Red Guards)의 일원이 되었다. 나는 또 반장으로 뽑혀 자연스럽게 리더로 인정받았다. 하지만 아버지는 그런 건 전혀 개의치 않으셨다. 그런 것과는 상관없이 나를 때리셨으니까.

어느 날 숙제 하는 걸 잊어버린 적이 있었다. 중국의 선생님들은 부모에게 아이의 잘못을 꼬박꼬박 일러바치는 경향이 있다. 그날 저녁, 아버지는 마치 내일이 없다는 듯이 나를 때렸다. 아래층 의사의 부인이 내 비명 소리를 듣고 2층으로 올라와 아버지에게 그만하시라고 정중히 부탁하고 나서야 아버지는 때리는 것을 멈추었다. 부모님은 의사 부부를 존경했다(특히 그 의사가 서양에서 공부했기 때문이다). 이후에도 의사 부인은 내게 구세주나 다름없었다. 아버지가 나를 때릴 때마다 그녀가 비명 소리를 듣고 2층으로 올라와 주기를 기도했다.

부모님은 내가 운이 좋은 편이라고 말씀하셨다. 다른 부모들은 울퉁불퉁한 빨래판 위에 몇 시간씩 무릎을 꿇게 해 피부가 갈라질 정도로 아이들을 벌한다는 것이다. 하지만 나는 믿을 수 없었다. 나는 아직도 아버지에게 두들겨 맞는 악몽에 시달린다. 그럴 때마다 심장이 뛰고 식은땀을 흘리며 잠에서 깬다. 불행하게도 아버지와 나는 그런 과거에 대해 진지하게 이야기해 본 적이 없다. 돌이켜 보면 아버지는 나를 그렇게 거칠게 대한 것을 후회한다는 암시를 준 적도 전혀 없었다.

어머니는 학교에서는 학생들을 세심하게 보호했지만, 내게는 그런 호의를 베풀지 않았다. 어머니는 구타는 하지 않았지만 말로 자신의 불만을 표시했다. 내가 30대가 될 때까지도 어머니는 내게 "짐승보다 못한 녀석, 푸성귀보다 더 멍청한 녀석"이라고 말하곤 했다.

어머니는 내가 스스로 무언가를 이루려면 다른 아이들보다 훨씬 더 열심히 공부해야 한다고 강조하면서 "머리가 나쁘면 부지런하기라도 해야지"라고 말하곤 했다.

어쨌든 나는 그런 모멸과 처벌이 심한 환경에서 자랐다. 정말이지 칭찬이란 그 당시 귀하고 귀했던 달걀만큼이나 드물었다. 부모님은 내가 실수할 때마다 그냥 넘어가는 법이 없었고, 어쩌다 무슨 일을 잘 해내도 "잘난 체할 거 없어"라고 냉담하게 말했다. 결국 부모님과의 관계는 대부분 칭찬을 받으려 하기보다는 비난을 피하기 위해 노력하는 과정이 되어 버렸다. 그것은 성취를 포용하는 것이 아니라 실패에서 탈출하는 것이었다. 나는 내가 정말 좋은 아이가 아닌지 끊임없이 의심했다.

그래서 나는 어린 나이 때부터 집 밖 세계에서는 리더로, 이야기꾼으로, 운동선수로, 심지어 좋은 사람으로 인정받으면서도 좁은 집 안에서는 철저하게 실망스러운 아이로 여겨지는 완전히 다른 경험을 겪으면서 자랐다. 기대와 비난을 동시에 받으며 애들은 성공이 아니라 실패를 통해 배운다고 믿는 대부분 중국 가정에서 자란 아이들 사이에서는 어쩌면 이런 현상이 흔한 일인지도 모른다. 나이가 들어가면서 두 세계 사이의 긴장감은 점점 더 커졌다.

그래도 일찍부터 많은 책을 읽을 수 있게 도와준 부모님께 항상 감사드린다. 두 분 모두 어떤 책이 나를 사로잡는지 정확히 알고 계셨다. 먼저 만화부터 읽게 하셨지만, 나는 머지않아 무협소설을 독파했다. 이 소설들은 훗날 이안(李安) 감독의 히트 영화 〈와호장룡〉에 영감을 주기도 했다.

당시에는 대부분 형제자매가 있었지만 나는 외동이어서 혼자 많은 시간을 보냈다. 그래서 책을 많이 읽었는지도 모른다. 무협소설은 오늘날로 따지면 『해리포터』 이야기와 같아서, 나는 소설 속에 나오는 왕실의 복잡한 관계, 생과 사의 투쟁, 사랑과 증오, 경쟁과 복수, 음모와 야망으로 가득 찬 상상의 세계에 푹 빠졌다. 이런 이야기를 읽으며 주인공이 되어 내 안의 악마와 싸우곤 했다.

내가 다니던 초등학교는 진장 호텔(錦江酒店) 근처에 있었는데, 이 호텔은 1949년 이전에는 상하이에서 가장 유명한 랜드마크 중 하나였다. 당시에는 외국인 여행객을 수용할 수 있는 호텔이 이곳을 포함해 두 곳밖에 없었다. 진장 호텔과 가깝다는 것은, 이 도시의 대외선전부가 외국 손님들을 데리고 우리 학교를 둘러보러 자주 온다는 의미이기도 했다. 중국공산당은 세계를 적과 동맹으로 나누고, 국제적 지지를 얻기 위해 좌익 지식인, 언론인, 정치인 등 소위 '외국인 친구들'을 만들기 위해 적극 노력했다. 우리 학교에 그런 '외국인 친구들'이 나타날 때마다 수학을 잘하는 학생들이 호명되어 칠판에 나와 문제를 풀었고, 운동을 잘하는 학생들만 골라 체육 수업을 하곤 했는데, 이 모든 것이 회의적인 '외국인 친구들'로 하여금 중국 사회주의의 탁월함을 인정하게 하려는 중국 공산주의자들의 전통적 기만 전략의 하나였다.

어느 날 중국의 고위 스포츠 관료 대표가 우리 학교에 왔다. 운동을 잘하는 학생들로만 구성된 우리는 팬티까지 벗으라는 지시를 받았다. 그 관료는 내 손발을 보더니, 수영선수가 되어야 한다고 말했다. 이후 아버지는 나를 학교 근처 시립 수영장에 데려가기 시작했다. 아버지는 전형적인 중국 방식으로 내게 수영을 가르쳤다. 무턱대고 수영장에 던져 넣어 나는 가라앉지 않으려고 허우적거리며 많은 물을 마셔야 했다. 어쨌든 몇 주 만에 지역 팀과 겨뤄 볼 정도의 실력이 되었고, 불과 여섯 살에 선수로 뽑혔다.

우리 집에서 걸어서 40분 거리에 있는 수영장에서 일주일에 하루도 빠지지 않고 7일 동안 꼬박 수영 연습을 했다. 나는 매일 아침 5시 30분에 일어나 혼자 아침을 차려 먹고 상하이의 미로 같은 골목을 돌고 돌아 수영장으로 향했다. 지름길을 찾으려고 시도도 해 봤지만, 새로운 골목길에 들어설 때마다 어디로 나가야 할지 알 수 없었다. 결국 목적지로 가는 길이 다양하다는 것을 배울 때까지 헤매야 했다.

우리는 7시부터 8시까지 수영을 했고, 수영장에서 바로 학교까지 걸어갔다. 오후에 두 번째 연습을 할 때도 많았다. 주말마다 대회가 열렸다. 나는 곧 내 또래 시합에서 배영 1위, 자유형 2위를 차지했다. 이웃집에 사는 아이가 내 경쟁자였는데, 뒷날 그는 중국 국가대표 선수가 되었다. 우리는 수영장에 갈 때마다 같이 가곤 했는데, 아버지에게 맞은 다음 날에는 탈의실에서 팔, 등, 다리에 난 상처 자국을 숨기려고 애써도 그는 그 상처들을 금방 알아챘다. 나는 네 아버지는 때리지 않으니 좋겠다고 말했다. 그는 내게 슬픈 미소를 지어 보였다.

우리의 수영 트레이너인 시Shi 코치는 전형적인 중국인 코치였다. 땅딸막한 키에 성질이 좋지 않았다. 상하이의 겨울은 추웠지만 양쯔강 남쪽에 위치해 있다는 이유로, 중앙정부가 정한 규정에 따라 수영장 건물은 난방이 되지 않았다. 시 코치는 겨울 아침, 밤새 얇게 언 수영장 수면을 깨트린다는 명목으로 우리에게 접영을 시켰다. 코치들이 큰 보온병에 담긴 뜨거운 물을 수영장에 부으면 우리들은 꿈틀거리는 물고기처럼 추위를 피해 따뜻한 물이 있는 곳으로 허우적거리며 모여들었는데, 그들은 그런 모습을 장난스레 지켜보곤 했다. 그들은 그것을 재미있는 놀이로 생각했다.

수영팀에 속해 있는 것이 좋을 때도 있었다. 오후 연습이 끝나면 꽤 괜찮은 식사를 할 수 있었기 때문이다. 당시 중국에서 쌀과 고기는 배급에 의존하고 있었는데, 우리는 수영팀 전용 식당에서 비곗덩어리만 있는 것이 아닌 진짜 살코기, 질 좋은 야채, 그리고 가끔은 귀하고 귀한 달걀도 먹을 수 있었다. 1년에 한 번쯤은 집에 가져가라고 닭도 한 마리 주었다. 나는 여분의 음식을 챙겨서 동료 팀원들에게 충성의 대가로 나누어 주는 데 익숙해졌다. 당시에는 음식이 귀했기 때문에 충성의 대가로 음식을 나누어 주는 것은 무리의 리더가 되는 데 효과적인 방편이었다.

수영은 오늘의 내가 있기까지 큰 힘이 되었다. 수영은 내게 자신감, 인내심, 그리고 목적을 추구하는 노력의 즐거움을 가르쳐 주었다. 나는 수영을 통해 평소에 어울리지 못하는 사람들과도 만날 수 있었다. 아직도 내 삶에 그 영향이 미치고 있다.

어렸을 때는 정치란 그저 위험한 것이라고만 생각했다. 문화혁명으로 온 나라가 혼돈에 빠지면서, 혁명을 반대하는 자들은 무자비하게 처벌해야 한다는 정치 포스터가 곳곳에 나붙던 것이 기억난다. 학교 근처의 군대 막사에서는 군인들이 소위 반동분자를 성토하며 중국공산당 설립자인 마오쩌둥 주석을 찬양하는 구호를 외쳐 댔다. 나는 벙어리 모자를 쓴 정치범들이 지붕 없는 트럭에 실려 처형장으로 끌려가는 것도 보았다.

1976년 9월 9일, 마침내 마오가 사망했다. 여덟 살짜리 우리들은 그 것이 무엇을 의미하는지 거의 이해하지 못했지만, 학교에서 그 소식을 발표하자 선생님들은 울기 시작했고, 우리도 따라 울었다. 곧이어 놀거 나 웃으면 안 된다는 명령이 내려졌고, 너무 시끄럽게 굴다가 호된 질책 을 받는 친구들도 있었다.

약 1년이 지난 후, 덩샤오핑(鄧小平)이라는 중국의 고위 지도자가 수년 간의 국내 유배에서 돌아와 권좌에 복귀했다. 덩샤오핑은 마오쩌둥의 측 근인 극좌파 그룹 4인방(강청, 왕훙원, 장춘교, 요문원-옮긴이)을 체포하고, 1979 년에 역사적인 개혁에 착수했다(그의 개혁은 중국을 오늘날의 경제 강국으로 변모 시키는 초석이 되었다). 하지만 우리 가족은 이후 일어난 중국의 획기적 변화 를 직접 겪지는 못했다. 부모님에게는 다른 계획이 있었다.

2장

홍콩에서의
유년 시절

1978년 여름 방학이 되자 어머니와 나는 홍콩으로 갔다. 어머니는 그저 잠시 다녀오는 것이라고 말씀하셨기 때문에, 나는 친구에게 작별 인사도 하지 않았다. 비행기를 타 본 것이나, 콜라를 먹어 본 것이나, 내게는 여러 면에서 첫 경험들이었지만 어느 것도 그다지 인상적이진 않았다.

우리는 인구 3만 6천 명의 한적한 소도시 선전(深圳)의 국경 초소에서 홍콩에 들어가기 위해 며칠을 기다렸다(선전은 덩샤오핑의 개방 정책에 따라 중국에서 가장 먼저 경제 특구로 지정되며 비약적인 발전을 거듭해, 오늘날에는 인구가 1,300만 명이 넘는 신흥 산업 대도시가 되었으며 중국의 대표적인 기술 대기업 텐센트와 화웨이의 본거지이기도 하다). 중국을 벗어나려면 허가가 필요했다. 어머니는 중국을 벗어나려는 사람들을 관리하는 책임을 맡고 있는 무표정한 얼굴의 중국 국경수비대에게 매일 우리 사정을 설명했다. 마침내 2주가 지나서야 그들은 허가를 내주었다. 하지만 나는 나중에서야 우리가 홍콩에 가는 것이 단지 친척을 방문하기 위한 것이 아니었음을 깨달았다. 우리 가족은 장기 이민을 의미하는 '단기 출국 비자'의 허가를 기다리고 있었다.

우리 가족이 상하이를 떠나려는 계획은 우연히 시작되었다. 1976년 문화대혁명이 끝나자, 중국은 다시 해외 화교들에게 경제를 살리기 위해 필요한 자본을 요구했다. 상하이의 해외 동포 담당 공무원들은 어머니에게, 인도네시아와 다른 곳에 있는 부유한 친척들이 상하이에 투자할 수 있도록 외할아버지를 설득해 달라고 부탁했다. 이를 구실로 상하이 당국은 우리 가족이 홍콩의 외할아버지를 방문할 수 있는 출국 비자를 발급하는 방안을 논의하기 시작했다. 반면 부모님은 이를 친척들의 상하이 투자를 설득하기 위한 것이 아니라 중국을 벗어날 수 있는 기회로 보셨다. 아버지는 1949년 기회가 있었음에도 중국을 떠나지 않은 할아버지를 원망하며 평생을 보내신 터였다. 그런데 기회가 다시 찾아왔고, 아버지는 같은 실수를 반복하지 않겠다는 생각을 하셨다.

어머니와 내가 홍콩에 들어갔을 때, 어머니의 호주머니에는 10홍콩달러(미화로 2달러 남짓)밖에 없었다. 마침내 우리는 외할아버지가 소유한 70제곱미터(21평) 크기의 방 두 개짜리 아파트에 도착했다. 할아버지가 침실 하나를 썼고, 7년 전에 먼저 이민을 온 외삼촌(어머니의 오빠)이 네 명의 가족과 함께 나머지 한 방을 차지하고 있었다. 어머니와 나는 작은 거실 한 모퉁이에 자리를 잡았고, 나는 접이식 간이 소파에서 잤다. 상하이의 집이 그리웠다. 비좁긴 해도 우리 집이었으니까. 홍콩에서는 그저 몸을 누일 만한 곳이 있다는 데 만족해야 했다.

어머니는 곧 홍콩에서 생활 전선에 뛰어들었다. 그녀는 어렸을 때 외할아버지에게 광둥어를 배웠기 때문에, 현지에서 금방 일자리를 구했다. 그녀는 수학 전공을 살려 섬유공장에서 경리원으로 일했고, 밤에는 부기

강좌를 들으며 실력을 쌓았다.

어머니는 몇 차례 상하이로 돌아가 아버지도 함께 홍콩에 보내 줄 것을 당국에 요청했다. 어머니는 그렇게 몇 차례 홍콩과 상하이를 오가는 경비로 가진 돈을 거의 다 써 버렸다. 덩샤오핑 덕분에 상하이 당국은 해외에 친척이 있거나 해외에 살고 있는 사람들을 더 이상 고소하지는 않았다. 하지만 중국 정부는 가족이 전부 해외로 떠나는 것을 좀처럼 허용하지 않았다. 가족들의 재결합을 확실하게 막아 놓아야 해외 친척들과의 관계가 계속 유지될 수 있다고 생각했기 때문이었다. 마침내 2년 동안의 끈질긴 노력 끝에, 어머니는 당국을 설득하는 데 성공했다. 어머니는 아직도 아버지의 출국을 허락해 준 공무원의 이름을 기억하고 있다.

아버지가 홍콩에 오신다는 것을 알고 나는 긴장했다. 하지만 다행히 아버지의 구타는 이어지지 않았다. 할아버지의 좁은 아파트에 많은 친척이 오밀조밀 모여 살았기 때문에 그것이 내게는 보호망이 되었다. 게다가 부모님은 먹고살기에 급급하신 터라 우리 가족은 마치 밤에 배가 스치듯 지나가는 것처럼 서로 얼굴을 맞대는 일이 드물었다. 그렇다고 해서 아버지와의 관계가 개선된 것은 아니었다. 아버지는 내 인생에서 언제나 엄한 존재였다. 그는 결코 나를 부드럽게 대한 적이 없었다. 아버지가 홍콩으로 오신 후에도 나는 여전히 간이 소파에서 잤고, 부모님은 임시 커튼 뒤에 작은 침대를 마련하셨다.

아버지에게 홍콩에서의 생활 변화는 어머니가 겪으신 것보다 확실히 더 힘들었다. 이미 37세의 늦은 나이인데다 지역 방언을 제대로 구사하지 못했기 때문이다. 상하이에서 그는 여러 상을 받은 훌륭한 중등 교사였지만, 홍콩은 중국 본토 교사 자격을 인정하지 않았다. 외할아버지는 아버지에게 친절을 베푸셨지만, 외삼촌 부부는 아버지를 업신여기며 홍콩 최대 냉동창고에서 냉동육을 나르는 일 말고는 일자리를 찾지 못할 거라고 끊임없이 조롱했다.

하지만 다른 건 몰라도 아버지의 지칠 줄 모르는 끈기가 그에게 성공할 수 있는 힘을 불어넣어 주었다. 그는 힘든 직장 일을 마친 후에도 야간 학교를 다녔고, 결국 MBA를 취득했다. 그는 밤늦게까지 일할 때가 많았고, 몸이 아픈 주말에도 일을 했다. 트럭의 물건들이 없어지기 일쑤인 직장에서 일하면서도 아버지는 정직하다는 평판을 얻었다. 그는 승진을 거듭했고, 7년 후에는 회사의 총지배인이 되었다. 나는 아버지 회사의 사장이 아버지의 승진을 축하하기 위해 우리 가족을 초대했던 밤을 아직도 기억한다. 그때 롤스로이스도 처음 타 봤다. 나는 롤스로이스의 반투명 호두나무 인테리어에 완전히 매료되었다.

인정하는 데 몇 년이 걸리긴 했지만, 우리 가족의 삶을 다시 정상적인 궤도에 올려 놓기 위해 부모님이 홍콩에서 얼마나 노력했는지를 직접 목도한 것은 내게 깊은 영향을 미쳤다. 사실 우리가 처음 홍콩에 왔을 때는 절망적인 상태였다. 처음 3년 동안, 우리 가족의 삶은 남의 집 거실 한 모퉁이에 얹혀 사는 삶이었다. 화장실도 제대로 쓸 수 없었다. 겨우 입에 풀칠만 하며 살았지만, 부모님은 터널의 다른 쪽 끝이 어떤 삶이 될지를 알고 계셨다. 그들은 터널을 통과하기 위해 무슨 일을 겪어야 할지를 이해했고, 온몸으로 겪어 냈다. 나는 그 과정에서 이 교훈을 직접 보고 배웠다.

외할아버지의 아파트는 홍콩 주룽반도(九龍半島) 한쪽 끝에 중산층을 위한 99동의 고층 아파트가 개발되고 있는 메이푸선췬(美孚新邨)에 있었다. 아버지가 처가 식구들과 함께 사는 것을 더 이상 참지 못하면서, 우리 가족은 갱단, 마약상, 매춘부 들의 소굴인 야우마테이(油麻地)라는 주룽의 황폐한 동네에 집을 마련해 이사했다. 그 집은 아버지 회사 사장의 소유여서 다행히 집세를 면제해 주었다. 우리 가족은 허름한 저층 건물 2층에서 합판으로 칸막이를 한 단칸방에 살았다. 방 한구석에 샤워기와 물이 새는 변기가 있는 초라한 방이었지만, 적어도 다른 두 가족과 함께 살지 않아도 되었다.

밤이면 어디선가 쥐들이 튀어나와 잠자는 부모님과 내 위를 뛰어다녔다. 학교에서 돌아오면 나는 어두운 계단을 기어 올라 이웃에 누가 사는지, 무엇이 있는지 전혀 알 수 없는 컴컴한 복도를 지나야 했다. 집 안으로 들어오면 이중으로 자물쇠를 잠갔다. 그러다 잠이 들면 밤늦게 돌아오신 부모님은 문을 쾅쾅 두드려 나를 깨워야 집 안으로 들어올 수 있었다.

홍콩으로 이사한 것은 내게 큰 충격이었다. 부모님이 홍콩으로 이민을 추진한 방식도 그랬다. 부모님은 이민을 간다고 내게 말해 주지 않았다. 나는 그저 학교가 방학으로 문을 닫는 동안 연장 휴가를 보내는 것으로 생각했다. 부모님은 1학기가 다 끝나서야 내가 홍콩에 그대로 계속 머물 거라고 말씀하셨다.

홍콩의 문화는 중국의 문화와 크게 달랐다. 상하이에서는 친구들과 항상 어깨동무를 하고 다니며 서로의 일에 참견하곤 했다. 중국에서는

'프라이버시'라는 개념 자체가 존재하지 않았다. 1970년대와 1980년대의 중국에서는 소년들, 심지어 남자 어른들도 서로 손을 잡고 거리를 걷는 것이 아무렇지 않았다.

하지만 홍콩은 다른 세계였다. 나는 홍콩에서 또래 친구의 어깨에 팔을 얹으려고 했던 때를 기억한다. 그는 같은 주택 단지에 살던 학교 친구였다. 나는 친구 사이므로 그의 등에 팔을 걸치는 건 당연하다고 생각했다. 그런데 그는 마치 감전이라도 된 양 펄쩍 뛰었다. "뭐 하는 짓이야?"라며 버럭 소리를 질렀다. 나는 깜짝 놀랐다. 그제야 홍콩에서는 사람들이 어울리는 방식이 중국과 완전히 다르다는 것을 처음 알게 되었다. 그들은 사생활 공간이라는 개념에 대해 보다 폭넓게 생각했고, 친구 사이라 해도 서로 덜 간섭해야 한다고 생각했다.

중국 본토에서 우정이란 그야말로 끈끈한 관계다(이를 표현할 더 좋은 단어가 없다). 사람들은 서로의 삶에 깊이 관여했다. 당신이 뚱뚱해 보이면, 그들은 그것을 직접 말한다. 당신이 경제적으로 어려움을 겪고 있으면, 그들은 세세히 알고 싶어 한다. 심지어 당신이 범죄의 협력자를 찾는다 해도 그들은 기꺼이 발 벗고 나설 것이다. 그러나 홍콩에서 사람들 간의 관계는 그렇게 간섭하는 방식이 아니었다. 관계를 맺으면서도 서로의 공간을 허용했다.

사람을 사귀는 새로운 방법을 찾아야 하는 것 외에 말하는 법도 다시 배워야 했다. 처음 홍콩의 학교를 다니면서 내게는 두 가지 언어 장벽이 생겼다. 홍콩의 초등학교는 광둥어로 수업을 가르쳤다. 광둥어는 엄밀히 말하면 중국 방언이지만, 상하이어와 만다린어(Mandarin, 표준 중국어)를 구사하며 자란 나는 거의 알아들을 수 없었다. 또 다른 언어 장벽은 영어였다. 내게는 알파벳을 익히는 것조차 힘든 일이었다. 부모님이 사촌 누나에게 내 영어 과외를 부탁해서 사촌 누나가 우리 아파트에 와서 철자부터 가르쳤다. 나는 오랜 시간 영어와 씨름하며 기초부터 배워 나갔다. 영어에 관한 한, 나는 완전 벙어리였으니까.

나는 상하이에서 초등학교를 다닐 때 천방지축이었다. 마오가 사망하자 중국의 학교들은 그를 애도하느라 수업을 하지 않고 보낸 시간이 너무 길어 수업의 진도가 뒤처졌기 때문에, 상하이의 모든 초등학생이 한 학년을 더 다녀야 했다. 그래서 나는 홍콩에 와서 성공회 계열 학교인 세인트 클레멘스 초등학교를 3학년 1학기부터 시작해야 했다. 하지만 다음 학기에 부모님은 나를 경찰관 가족들이 다니는 학교로 전학시켰다. 그 학교가 한 학년을 건너뛸 수 있는 기준이 더 낮았기 때문이다. 게다가 부모님은 경찰관 가족 학교에서 내가 더 엄격한 훈련을 받는게 좋다고 생각했다. 하지만 사실은 그렇지 않았다. 그 학교는 매우 거칠었다. 남자애들끼리 서로 싸울 뿐 아니라, 여자애들도 남자애들과 싸웠다. 한번은 한 남자아이가 여자아이한테 주먹을 날렸는데, 그 여자아이는 그의 주먹을 피하더니 그의 얼굴에 정면으로 카운터 펀치를 날렸다. 쾅! 나는 대단한 솜씨라고 생각했다. 우리 반 아이들 중에는 차량 절도로 소년원에 간 아이도 있었다. 그때는 홍콩 정부가 법 집행에서의 고질적인 위법행위를 막기 위해 독자적인 수사권을 갖는 부패 방지 기관인 염정공서(廉政公署)를 설립한 지 몇 년 지나지 않았을 때였는데, 그 이전까지는 경찰과 범죄자들이 한통속이었다.

나는 키가 컸고 잘 어울리지 않았기 때문에 늘 표적이 되어 괴롭힘을 당했다. 특히 나이가 많은 아이들이 공격적이었다. 나는 쉬는 시간이면 숨어 지내야 했다. 나는 소위 터프가이도 아니었고 싸울 줄도 몰랐다. 나를 괴롭히는 애들이 멀리서 다가오기만 해도 그들을 피해 도망치기 일쑤였다. 내가 중국 본토 출신이라는 사실은 전혀 도움이 되지 않았다. 우리 가족이 홍콩으로 이주한 지 얼마 지나지 않아 현지 TV 방송에서는 중국에서 갓 이민 온 아찬(阿燦)이라는 인물이 나오는 코미디 프로그램을 방영하기 시작했는데, 아찬은 모든 것이 빠르게 변하는 홍콩 사회에 적응하지 못하는 투박한 촌놈을 일컫는 이름이었다. 나는 학교에서 '아찬'이 되었다. 집에서도 외가의 사촌들이 홍콩의 빠른 템포에 적응하지 못한다며 비웃었다. 나는 시간이 지날수록 말과 행동이 빨라지며 남들이 원하는 모습으로 자신을 변모시켜 나갔다. 이런 일들이 계속 반복되자 내 안의 무언가가 나를 변화시키려는 다른 사람들의 욕망과 덩달아 춤을 추었다. 그러니까 나 자신의 의지도 나의 빠른 변화에 어느 정도 한몫한 셈이다.

부모님뿐만 아니라 나 역시 홍콩에서 가난한 현실과 맞닥뜨려야 했다. 상하이에서 우리는 남 부럽지 않게 살았다. 하지만 홍콩에서 부모님은 생계를 위해 악착같이 돈을 모아야 했다. 학교 친구들은 버스비를 내기 위해 늘 잔돈을 가지고 다녔는데, 나는 버스를 타지 않고 매일 2마일(3.2킬로미터)을 걸어 다녔다. 그래야만 버스비를 아껴 가끔이라도 간식을 사 먹을 수 있었다. 나는 일찍부터 무의식적으로 부모님을 본받으면서 살기 위해 무엇을 해야 하는지를 배웠다. 그리고 어른이 되면 그 누구도 나를 얕보지 못하게 할 것이라고 나 자신에게 약속했다.

홍콩으로의 이주는 이후 내 삶에서 여러 차례 있었던 이주의 첫 번째였다. 수영이 그랬던 것처럼, 이주는 내 삶에서 계속 반복되었다. 이후 수십 년 동안 나는 아시아에서 미국으로, 다시 아시아로, 그리고 유럽으로 이주했다. 이 같은 계속된 이주는 내게 새로운 환경에 적응하는 법을 가르쳐 주었고, 그 덕분에 나는 극적인 변화에도 전 세계 사람들과 잘 어울릴 수 있게 되었다. 어린 나이에 집을 잃은 경험은 내가 어디에 있든 살 곳을 찾을 수 있다는 것을 가르쳐 주었다. 나는 대세에 순응하면서 다른 문화에 적응하는 법을 배웠다. 카멜레온처럼 그곳에 맞춰 내 피부를 바꾸는 데 능숙해졌다. 다른 건 몰라도 끊임없는 방황을 통해 새로운 것들이 나를 죽이지는 않을 것이며, 무슨 일이 있어도 살아남을 수 있다는 확신을 갖게 되었다.

어느 정도 결심이 서자, 나는 곧 광둥어와 영어를 이해할 수 있게 되었고, 다시 세인트 클레멘스 초등학교로 돌아왔다. 나는 많은 책을 통독했다. 세인트 클레멘스 초등학교는 수업을 2부제로 운영했는데, 내가 속한 반은 12시 30분에 시작해서 6시에 끝났다. 나는 오전에는 집 근처 도서관에서 소설과 역사책 등을 읽으며 보냈다.

열두 살 때 퀸스 칼리지(Queen's College) 입학 시험을 보았다. 이 학교는 현대 중국의 아버지로 불리는 쑨원(孫文)과 같은 저명한 동문들을 배출한, 그 지역에서 가장 오래되고 권위 있는 남자 공립 중등학교였다. 1

학년(홍콩 학제로 7학년)을 58명 뽑았는데, 나는 반에서 가장 키가 컸다.

입학한 지 얼마 지나지 않아, 체육 선생님이 수영할 수 있는 사람이 있느냐고 물었다. 우리 중 몇 명이 손을 들었는데, 사실 나는 홍콩으로 이사 온 이후에는 수영을 한 적이 없었다. 체육 선생님은 우리를 데리고 학교 건너편 빅토리아 공원에 있는 공영 수영장으로 데려갔다. "너희들이 할 수 있는 것을 보여다오." 나는 풀장으로 뛰어들어 한 바퀴 돌았다. 그렇게 해서 학교 수영부에 들어가게 되었다.

50미터와 100미터에서 우승하며 학교 기록을 깼다. 열다섯 살이 되면서 수영 시합 클럽에 가입했다. 어느 날 공영 수영장에서 훈련하고 있었는데, 홍콩 대표팀 코치가 우연히 들렀다. 그가 나를 보더니 "몸이 아주 잘 빠졌군"라고 말하면서 테스트를 받아 보자고 했다. 그렇게 해서 나는 홍콩시의 청소년 팀에 뽑혔다.

중국에서 그랬던 것처럼, 수영은 내게 결단력과 끈기를 가르쳐 주었다. 홍콩의 겨울은 춥지 않았기 때문에 수영장의 얼음을 깰 일도 없었다. 비가 오나 눈이 오나 춥거나 덥거나 우리는 항상 수영을 했고, 수영장은 언제나 야외 풀장이었다. 컨디션이 좋은 날도 있었고 그렇지 않은 날도 있었다. 컨디션이 좋지 않은 날에 내 뒤를 쫓아오는 동료의 손가락이 내 발에 닿으면, 내가 그의 앞을 가로막는 장애물이 되지 않기 위해 더 열심히 나 자신을 앞으로 밀어붙이곤 했다. 연습이 끝나면 성취감을 느끼며 수영장을 나오곤 했다. 그렇게 끈기가 나의 가장 큰 장점이 되었다. 아버지가 그랬던 것처럼. 극복할 수 없을 것 같은 일이 생기면 나는 스스로에게 다짐했다. "넌 결국 성취감을 가지고 수영장을 나올 거야."

수영부에 가입하면서 내 사교 범위가 폭넓어졌다. 홍콩 전 지역의 팀들과 연습하고 경쟁했는데, 부유한 아이들은 연습하러 올 때 BMW를 타고 오기도 했다. 물론 공공주택에서 자란 가난한 아이들도 있었다. 나는 일본에서 열린 청소년 대회에도 참가했고 광저우(廣州)의 주강(珠江)에서 열린 대회에도 나갔다. 일본 여행은 내게는 중화권을 벗어난 첫 번째 여행이었다.

퀸스 칼리지 1학년 때의 성적은 끔찍했다. 나는 반 전체 40명 중에서 33등이었다. 성적을 올리기 위해 열심히 공부했지만, 노는 것도 멈추지 않았다. 때로는 숙제도 하지 않고 가까운 빅토리아 공원에서 축구와 농구를 하며 몇 시간을 보냈다. 부모님은 가끔 나의 부진한 성적 때문에 언성을 높이셨지만, 일하느라 너무 바빠서 시간적 여유가 없었다. 그래도 내 성적은 조금씩 나아지기 시작했고, 3학년 말에는 중간 수준은 되었다.

갈수록 부모님보다는 내 또래들과 보내는 시간이 훨씬 더 많아졌다. 우리가 사는 작은 아파트만 벗어나면, 불안감은 사라지고 자신감이 가득 찼다. 나는 수영을 잘했고, 키도 컸고, 주위의 호감도 많이 받았다. 이제 나는 광둥어를 원어민처럼 말했고 새 학교가 고향처럼 느껴졌다.

나에 대해 말하자면, 항상 어떤 특정한 허영심으로 나를 포장해 왔던 것 같다. 어릴 때부터 사람들은 나를 신기한 듯 쳐다봤다. 나는 항상 또래나 심지어 대부분의 어른들보다 머리 하나만큼 더 컸으니까. 남자 평균 신장이 170센티미터 정도인 중국과 홍콩에서는 당연한 일이었다. 사람들은 항상 내 외모를 직설적으로 평가했는데, 그게 중국의 방식이었다. 그들은 여드름이 많은 사람을 보면 "와, 여드름이 정말 많네"라고 직설적으로 말한다. 내 경우에는, "와, 키도 크고 잘생겼네"였다. 그런 말들이 나를 극도로 자의식 강한 사람으로 만들었다. '키 크고 잘생겼다'는 그들의 평가에 부응하고 싶었을 뿐만 아니라, 그들이 나를 얕보지 않게 하려는 욕망이 나를 강하게 자극했다.

퀸스 칼리지 시절, 학교가 끝나고 집에 갈 때면 대개 나를 좋아하는 주룽반도의 같은 동네에 사는 반 친구들과 함께 다녔다. 우리는 학교에서 버스를 타고 홍콩의 중심가인 센트럴 디스트릭트까지 가서 다시 페리를 타고 주룽으로 건너갔다. 대개 그저 아무 생각 없이 다녔는데, 어느 날 눈을 사로잡는 광경을 목도했다. 중국 건설 노동자들 사이에서 일하고 있는 한 서양인을 본 것이다. 안전모를 쓴 그 백인은 아열대 햇볕에 피부가 검게 탄 중국인 노동자들 사이에서 유별나게 눈에 띄었다. 10년 후에 내가 저렇게 될 수 있다는 생각이 들었다. 친구들은 그런 날 이상하게 쳐다보면서 지나쳤지만, 나는 저런 이상한 모습으로 유별나게 눈에 띄는 사람이 되지 않을 거라고 스스로에게 다짐했다. 그 이후 40대 중반이 될 때까지도, 나는 내 외모가 이상하게 보일지 모른다는 두려움이 있었다. 중국인들은 그것을 '체면을 잃지 않는다'라고 표현한다. 나는 사람들에게 실망을 주지 않고 기대에 부응하면서 그들과 늘 잘 어울리고 싶은 욕망에 사로잡혀 살았다. 나는 지금도 사람들이 나를 주시하고 있다는 느낌을 지우지 못하고 산다.

거액의 돈을 버는 것이 실제로 홍콩에서의 목표는 아니었다. 어머니는 항상 돈이 전부가 아니라고 말씀하셨고 나는 그런 어머니를 믿었다. 하지만 내겐 '체면을 잃지 않는 것'이 전부였다. 나 자신과 더 나아가 내 가족이 난처한 상황에 빠지지 않도록 뭐라도 할 준비가 되어 있었다.

열여섯 살에 퀸스 칼리지 4학년이 되면서, 나는 5학년 말에 치를 홍콩 중등교육 자격시험(香港中學會考, HKCEE)을 잘 치르지 못하면 더 낮은 학교로 옮겨야 한다는 사실을 깨달았다. 부모님이 나를 구할 별다른 수단이 없다는 것을 잘 알고 있었기 때문에, 학업에 전념해서 좋은 성적을 받아야겠다고 결심했다.

선생님들은 달라진 내게 익숙해지는 데에 시간이 좀 걸렸다. 나는 끊임없이 수다를 떨어 반에서 광대라는 평판을 들을 정도였다. 음악 시간에는 음표 읽는 법 배우기를 거부하기도 했다. 하지만 나는 항상 열렬 독서가였다. 4학년 중국어 수업에서 중국 시인 쉬즈모(徐志摩)에 대한 에세이를 썼다. 쉬는 서정적인 시로도 잘 알려져 있지만, 애정 행각으로도 유명한, 늠름하고 잘생긴 작가였다. 쉬는 군벌들이 중국 대륙을 봉토로 만들고, 일본이 중국 침략을 넘보던 1920년대에 글을 썼다. 쉬는 예술은 굳이 사회나 공익에 봉사할 필요가 없다고 주장했다. 예술은 그저 아름다움을 표현하면 그것으로 충분하다는 것이 그의 지론이었다. 나는 쉬의 예술관에 동의하지 않았다. 나라가 혼란에 빠져 있는데, 어떻게 아름다움에 대한 시만 읊을 수 있단 말인가? 나는 그런 의문을 제기했다.

수업이 끝났을 때, 중국어 선생님이 내게 남으라고 말씀하셨다. "이 에세이 정말 네가 쓴 것이냐?" "정말로 네가 혼자서 그런 결론을 내렸단 말이냐?" 선생님은 내가 표절했다고 생각했지만, 정말로 그것은 내가 직접 쓴 것이었다.

그해 말, 나는 반에서 상위 10위 안에 들었고, 5학년이 끝나갈 무렵에는 상위 5위 안에 들었다. 나는 자격시험에 합격해 퀸스 칼리지에 계속 남아 6학년(홍콩 학제로 고등학교 3학년)에 진학할 수 있었다.

퀸스 칼리지에서 반 성적을 올리면서 내 능력에 대해 많은 것을 알 수 있었다. 나는 원래 게으른 사람은 아니었지만, 게으름을 즐기는 경향이 있었다. 게다가 퀸스 칼리지에 합격하고 나니 모든 게 쉬워 보였다. 그래서 꼭 필요한 것만 했다. 이는 내 안의 어딘가에 원하기만 하면 가속 페달을 밟아 일을 해낼 수 있는 타고난 기질이 있다고 믿었기 때문에 가능한 일이었다. 이런 기질은 이후 사회생활 내내 지속되었다.

6학년을 마치자, 수영 코치가 조금만 더 연습하면 다가오는 1988년 서울 올림픽에 출전하는 50미터 자유형 홍콩 대표팀에 합류할 수 있는 기회를 얻을 수 있을 것이라고 말했다. 퀸스 칼리지 교장 선생님이 아버지를 만났고, 부모님은 내게 연습할 시간을 주겠다고 동의했다. 아버지가 승낙하셨다는 것이 의외이긴 했지만, 사실 아버지는 권위에 늘 순종하는 스타일이었다. 교장 선생님이 제안하는 것이라면 무엇이든 승낙했을 것이다.

나는 연장된 방학을 충분히 이용했다. 우리 반 친구들이 부러운 시선으로 창문 너머로 쳐다보는 가운데 학교 운동장에서 점프 연습을 했다. 물론 선생님들도 그런 모습을 좋아하지 않았지만, 나는 교장 선생님으로부터 놀 수 있는 허가를 받은 몸이 아니던가. 그러나 결과적으로 나는 본선 진출에 실패했다. 1초도 안 되는 차이는 현실에서는 찰나이지만, 스포츠에서는 매우 긴 시간이었다. 결국 처음 홍콩으로 오면서 몇 년 동안 훈런하지 못한 것을 극복하지 못한 셈이다. 그러나 선발되지 못한 것에 대해 특별히 낙담하진 않았다. 그 과정을 충분히 즐겼기 때문이다. 언제나 그랬듯이, 상황이 아무리 나빠지더라도 난 항상 성취감을 갖고 수영장에서 걸어 나올 테니까.

열일곱 살 여름, 나는 홍콩의 사우스 차이나 체육 클럽에서 아이들에게 수영을 가르치면서 난생처음으로 돈을 벌었다. 아침 7시부터 저녁 7시까지 수영을 가르쳤다. 학생들이 너무 아무렇지도 않게 수영장에 오줌을 싸는 바람에 심한 발진에 걸리기도 했다. 그래도 주머니에 미화 1천 달러에 상당하는 돈이 생기면서, 패션에 대한 새로운 취향을 탐닉하기 시작했다. 그것은 내게 엄청난 변화였다. 홍콩으로 이주한 이후, 어머니는 섬유공장에서 경리 사무원으로 일하시면서 내게 늘 짝퉁이나 불합격품을 입히셨다. 그런데 스티븐이라는 퀸스 칼리지 수영팀 친구의 소개로 새로운 스타일의 세계를 발견하게 된 것이다.

스티븐은 부유한 가정에서 자랐고 항상 돈이 많았다. 그는 나를 브랜드 옷 가게로 데려갔고 나는 처음으로 브랜드 옷을 샀다. 랄프 로렌(Ralph Lauren)의 오렌지 폴로 셔츠로 시작해서 요지 야마모토(山本耀司, 포스트모더니즘을 추구하는 일본 디자이너-옮긴이), 이세이 미야케(三宅一生, 패션을 예술로 전환시킨 디자이너로 불림-옮긴이)까지 빠르게 섭렵해 나갔다. 스티븐은 내게 쇼핑을 가르쳐 주었고, 나는 곧 가격표를 태연하게 훔쳐보는 기술을 터득했다. 어머니는 항상 돈이 전부가 아니라고 말씀하셨지만, 우리는 돈이 없으면 살 수 없다. 내 지갑에 어느 정도 돈이 생기자, 나는 그 돈이 가져다

주는 자유를, 즉 욕구를 채워 주고, 세계를 탐험하고, 호기심을 충족시켜 줄 수 있다는 것을 알게 되었다.

형편이 좋아지자 자원을 소유하는 가치를 더 실감하게 되었다. 부모님은 새 아파트를 마련했다. 50제곱미터(15평)밖에 안 되는 작은 아파트였지만, 난생처음으로 나만의 방을 갖게 되었다. 그곳은 내 안식처가 되었다.

부모님은 놀라울 정도로 검소했고(지금도 그렇다), 나는 그런 점에서 부모님을 닮았다. 지금도 요리할 때 한 스푼의 가치도 낭비하지 않겠다는 생각으로 야채와 고기를 다듬는다. 식사할 때마다 접시를 깨끗이 비운다. 학창 시절에 외운 중국 시의 한 구절이 생각난다. "쌀 한 톨도 거저 생기는 것은 없다."

우리 가족은 아버지 회사 사장 소유의 낡은 집에서 2년간 살았다. 그런데 어느 날, 아버지와 사장 사이가 틀어졌다. 개인적 명예에 대해 아버지는 지나치게 예민해서 사소한 일에도 상처를 잘 받았는데, 아버지의 그런 예민함은 우리가 집세 없이 살고 있다는 사실 때문에 이미 커질 대로 커져 있었다. 결국 아버지와 사장 사이가 벌어지자 우리는 바로 그 집을 나왔고, 부모님은 그동안 저축한 돈으로 새 아파트를 샀다. 아버지는 결국 그 회사를 그만두었다.

그러나 아버지는 새 일자리를 구하지 못했다. 이후 아버지가 안정적인 직장을 구하는 데 1년이 걸렸다. 처음에 무역 회사에 들어갔지만 잘되지 않았다. 몇몇 다른 회사에도 잠깐 있었지만 모두 망했다. 그러다 1년 후, 미국의 닭고기 대기업 타이슨푸드(Tyson Foods)가 아버지의 냉동 창고 경험을 눈여겨보고, 중국의 첫 직원으로 고용했다. 타이슨은 중국에 닭고기를 팔기 원했고, 아버지는 미국인들이 먹지 않는 부위가 중국에서는 인기가 있다는 것을 잘 알고 있었다. 닭발, 닭 엉덩이, 닭내장, 닭똥집, 닭목, 닭심장 등은 중국인들이 잘 먹는 부위다. 타이슨은 아버지를 미국으로 보냈고, 아버지는 생산라인을 변경해 이런 부위들을 살려낼 것을 제안했다. 동료들은 처음에는 아버지가 중국에서 닭의 이런 부위를 팔겠다는 제안을 듣고 웃었다. 닭을 판다는 의미의 중국어 마이지(賣鷄)는 몸을 파는 매춘부를 말하는 속어였기 때문이다. 하지만 나중에 정작 무색해진 것은 그들 자신이었다. 중국 소비자들이 미국산 닭발로 배를 채운 덕분에, 타이슨은 불과 몇 년 안에 미국인들이 먹지 않고 버리는 닭 부위를 아시아에서 1억 달러어치나 팔았다.

아버지가 타이슨에서 일하시는 것을 보면서, 나는 미중 관계가 얼마나 변화무쌍한지 처음 알게 되었다. 아칸소 닭의 중국 수출 경로는 그야말로 정치의 볼모였다. 미국과 중국의 관계가 긴장 상태에 이르면, 중국 정부는 느닷없이 닭발 검역 기간을 이틀에서 2주로 늘렸다. 그 과정에서 대량의 닭고기 제품이 부패해 큰 손실을 입게 된 아버지는, 규제를 피해 닭을 중국으로 들여오는 방법을 찾아야 했다. 아버지는 타이슨이 "세기의 세일즈맨"이라고 부를 정도로 솜씨를 발휘했다.

아버지는 타이슨에서 일하시면서 삶이 공평하지 않다는 사실도 새삼 확인하셨다. 아버지가 2003년 은퇴하실 때 타이슨은 아버지에게 연금을 지급하지 않았다. 타이슨은 아버지가 미국이 아닌 해외에서 고용되었기 때문에 연금 수혜 대상자가 아니라고 말했다. 어머니는 아버지에게 회사 측에 더 나은 대우를 요구하라고 말했지만 아버지는 그러지 않으셨다.

아버지는 그렇게 하실 분이 아니었다.

6학년이 끝나자, 나의 패션 자문가였던 수영 동료 스티븐이 미국 서던캘리포니아대학교(University of Southern California, USC)로 진학했다. 나는 올림픽 훈련 때문에 소외감이 들었다. 우리는 편지를 쓰는 대신 테이프를 주고받았다. 방문을 닫고 녹음기에 내 마음을 담았다. 스티븐은 미국에서 차를 사는 과정을 세세하게 설명해 주었다. 그의 어머니가 그에게 볼보, BMW, 메르세데스 중 하나를 고르라고 했는데 결정하기 힘들었다는 내용이었다. 부모님이 내게 물으셨다. "넌 왜 우리하고는 대화하지 않으면서 기계에다만 대고 얘기하는 거니?"

홍콩에서 살면서 상하이에서 키워 온 내 독립적 성향은 더욱 강해졌다. 부모님은 홍콩에서의 새로운 삶에 적응하느라 너무 힘드셨기 때문에 나를 간섭할 시간도, 힘도 없었다. 부모님과의 교류는 점차 소원해졌다. 나는 지역 아이들과 친구가 되었지만, 부모님은 그사이 중국 본토에서 이주해 온 사람들과 어울렸다. 부모님은 날더러 달라졌다고 나무라셨다. 어머니는 내게 "넌 우리와는 다르구나"라고 불평하셨다. 하지만 어떤 면에서는 어머니가 틀렸다. 아버지도 1950년대에 상하이에서 독립적인 생활을 할 수밖에 없었던 경험이 있었기 때문이다. 나도 아버지처럼, 필요하다면 언제든 힘든 일을 해야 한다는 것을 잘 알고 있었다.

부모님과의 관계에도 냉기류가 흘렀다. 나는 부모님과 함께 시간을 보내는 것을 즐겨 하지 않았고, 아마도 부모님도 나에 대해 같은 생각이었을 거로 추측한다. 당시 홍콩에서는 토요일에도 반나절은 일해야 했다. 나는 부모님과 마주치지 않으려고 늦잠을 자는 척했고, 오후에는 수영 연습을 하러 갔고, 연습 후에도 바로 집에 들어가지 않았다.

아버지는 더 이상 구타는 하지 않으셨지만, 소리 지르는 것은 여전했다. 그는 내 방문을 벌컥 열고 미친 듯이 소리를 질렀다. 아침에 늦게 일어나 지각이라도 할라치면 아버지는 방 문을 쾅쾅 두드렸다. 나는 일요일 아침에는 라디오로 음악 프로그램인 〈아메리칸 탑 40(American Top 40)〉를 듣곤 했는데, 아버지는 그때마다 문을 쾅쾅 두드리며 소리를 낮추라고 명령했다. "도대체 그 잡동사니 음악을 왜 맨날 들어야 하는 거야?"

언제부턴가 나는 클럽에 가서 맥주를 마시기 시작했다. 내가 술을 마시면서 나 자신에 대해 놀란 게 두 가지가 있다. 하나는 내가 술에 대한 내성이 있다는 것이었다. 친구들은 한 병 정도 마시면 취기가 돌았지만, 나는 아무것도 느끼지 못했다. 당시에는 이 내성이 당황스럽기도 했고 이 때문에 돈도 많이 들었다. 하지만 나중에는 이 내성이 내 비즈니스 활동에 큰 도움이 되었다.

또 다른 하나는 내 자의식의 부족과 관련이 있다. 술을 마시면 자의식이 떨어져 남에게 쉽게 접근하며 외향적이 된다는 것이다. 나는 큰 체격 덕분에 10대였음에도 불구하고 꽤 위풍당당하게 보였다. 사람들은 대개 내 앞에서는 주눅이 들었다. 호기심이 많은 나는 술이 나의 사교력을 어떻게 변화시키는지 알고 싶었다. 나는 더 사교적인 사람이 되고 싶었고, 술의 힘을 빌려 일을 벌이기도 했다.

부모님과의 끊임없는 긴장에도 불구하고, 어기지 않고 지키는 홍콩의 전통이 하나 있었다. 매주 일요일에는 함께 나가서 딤섬 브런치를 먹는 것이었다. 친지들까지 다 모이면 꽤 많은 숫자였는데, 어른들은 주로 사업에 관해 이야기했다. 그들은 모두 상하이에서 홍콩으로 이민 온, 부모님의 오랜 친구들이었다. 중국이 외국인 투자에 개방적이었기 때문에, 부모님 친구들은 국경을 넘나들며 거래하는 무역 회사를 운영하는 분들이었다. 아버지의 친구들은 내가 자신들의 이야기를 무척 좋아하며 듣는다는 것을 알았다. 중국에서의 비즈니스는 내게 흥미로운 주제였다. 나는 당시 《월스트리트저널(WSJ)》의 아시아판을 읽기 시작했고, 리 아이아코카Lee Iacocca의 자서전, 도널드 트럼프Donald Trump의 『거래의 기술』 같은 책들도 읽었다. 회사를 운영하고, 이전에 없던 것을 만들어내, 삶의 흔적을 남긴다는 생각이 너무 좋았다.

홍콩에서 생각할 수 있는 거의 유일한 진로는 회사였다. 정치인이나 공무원에는 관심이 없었다. 예술가가 될 생각은 꿈도 꿀 수 없었다. 어차피 식민지는 문화의 사막이었으니까. 오직 남들보다 앞서가기에 여념이 없는 홍콩의 초경쟁 환경에서는 사업만이 자신을 증명할 수 있는 주요 수단이었다.

친구 스티븐이 미국으로 떠난 후부터는 나도 홍콩을 떠나고 싶은 마음이 강해졌다. 하지만 내게 영어를 가르쳐 준 사촌 누나가 나중에 호주로 유학을 가서 초대하겠다고 했을 때, 나는 거절했다. 내 생각에 호주는 그저 아주 큰 바윗덩어리에 불과했다. 내 마음은 스티븐을 따라 자유의 땅, 캘리포니아의 황금 해안으로 향하고 있었다. 나는 미국 영화와 음악을 보고 들으며 자란 세대다. 내가 구입한 첫 카세트테이프는 댄스 그룹 바나나라마Bananarama의 테이프였다. 이 3인조는 원래는 영국의 그룹이었지만, 그들의 뉴웨이브 사운드는 순수한 미국풍이었다. 나는 미국 외에는 다른 어디에도 갈 생각이 들지 않았다.

7학년을 마치고 나는 캘리포니아대학교 버클리(Cal Berkeley), UCLA(UCLA도 캘리포니아대학교의 일부임-옮긴이), 세인트루이스에 있는 워싱턴대학교, 위스콘신대학교 등 네 곳에 지원했다. Cal과 UCLA로부터는 거절당했지만, 다른 두 곳에는 합격했다. 당시 워싱턴대학교는 1년에 1만 달러의 등록금이 들었지만 위스콘신대학교의 등록금은 그 절반밖에 되지 않았다. 미국 시사 주간지 《U.S. News & World Report》의 대학교 평가 순위에 따르면 이 두 대학교는 각각 17위와 18위에 올라 있었다. 아버지는 내가 18위인 위스콘신대학교에 들어가게 될 것이라고 선언하셨다. 당시 부모님의 경제 사정은 훨씬 좋아졌지만, 연 5천 달러의 등록금은 여전히 꽤 큰 부담이었다.

1989년 늦은 봄, 미국 출국을 기다리던 나는 친척들을 방문하기 위해 상하이에 갔다. 때마침 그해 4월, 전 공산당 총서기 후야오방(胡耀邦)의 사망으로 중국 전역의 도시에서 시위가 벌어졌다. 후야오방은 1987년에 학생들의 시위를 무력으로 진압하는 것을 거부했다는 이유로 해임된 인물이었다. 수백만 명의 사람들이 시위에 가담하면서, 후야오방의 사망을 계기로 더 많은 자유와 함께 공산당 고위 간부들의 부정 축재와 만연한 부패척결을 정부에 강력하게 요구했다. 상하이에서는 수십만 명의 사람들이 개혁을 요구하며 거리 행진을 벌였다. 어쩌다 보니 나도 참가하게 되었다. 1989년 5월 말 어느 날, 나는 상하이의 쇼핑 중심 거리인 난징루(南京路)에 있었다. 거리는 경적을 울리고 자유를 외치며, 중국을 더 개방해야 한다는 플래카드를 든 시위대로 넘쳐났다. 그 넓은 거리에 자동차 한 대도 지나갈 수 없었고, 인도는 구경꾼들로 꽉 막혔다. 움직일 수 있는 유일한 방법은 행진에 동참하는 것뿐이었다. 나는 군중의 흐름 속으로 빨려 들어갔다. 사람들은 내가 어울리지 않는다는 듯 쳐다보았는데, 아마도 내 옷차림 때문이었을 것이다. 그때만 해도 홍콩 사람들은 중국 본토 사람들과는 다르게 옷을 입었다. 더구나 나는 그때 막 패션에 눈을 뜬, 멀대같이 키 큰 청소년이었으니까.

나는 상하이에서 문화대혁명 때 고생하셨던 삼촌과 함께 며칠을 지냈다. 어느 날 저녁 TV 뉴스를 보고 있는데, 그의 눈에 눈물이 맺힌 것을 보았다. 그는 "시위에 참가한 젊은이들이 무사하지 못할 것 같다"고 했다. "공산당은 젊은이들을 절대 이해하지 않을 거야. 그들이야말로 시위를 조종하고, 대중 운동을 선동해 권력을 잡은 자들이니까. 그들은 목적을 달성하면 무자비하고 격렬하게 진압할 거야."

그가 계속 말했다. "갓 태어난 송아지는 호랑이를 두려워하지 않는 법. 하지만 이런 식으로는 공산당을 이길 수 없지."

나는 1989년 6월 2일 상하이를 떠나 홍콩으로 돌아왔다. 다음 날인 6월 3일 밤, 공산당은 중국 전역에 걸쳐 시위자들에게 선전포고를 했다. 베이징에서는 군부대가 천안문 광장에서 시위대를 몰아내면서 수백 명의 학생과 시민 들을 학살했다. 상하이의 시위는 다행히 평화적으로 진압되었고, 천안문 사태 이후 상하이 공산당 서기장인 장쩌민이 당 최고 위직에 올랐다.

홍콩에서 아버지와 나는 베이징에서의 시위 진압을 TV 생중계로 보면서 울음을 터트렸다. 중국인인 우리에게 그것은 미국인에게 9·11사태와 같았다. 우리는 공산당 치하의 상하이에서 살던 때를 생생하게 기억한다. 공산당에 대한 초기 경험에 비추어, 아버지는 공산당은 그 중심부에서부터 악하다고 생각하셨다. 아버지는 공산당이 동족들에게 어떻게 했는지를 직접 목도하셨다. 이번에도 아버지는 최악의 상황을 예상하셨다.

중국에서 벌어진 사태가 세상에 알려지고, 중국 정부가 나보다 불과 몇 살 위인 학생 시위 주동자를 적은 지명 수배 명단을 발표하자 부모님은 내 미래를 위해 홍콩에서 삶을 새롭게 시작해야 한다고 강조하셨다. 시위 참가자들의 희생 덕분에 내가 그들과 같은 운명을 피할 수 있었다는 것이다.

나는 너무 어렸고 보호받고 자라 온 탓에, 그 혼란이 무엇을 의미하는지 정확히 이해할 수 없었다. 어쨌든 그 모든 일을 겪으면서 홍콩을 떠나 부모님의 그늘에서 벗어나 자유와 모험을 찾고 싶은 마음이 더욱 간절해졌다. 그곳이 위스콘신이든 어디든 상관없었다.

3장

미국 유학 후
다시 홍콩으로

1989년 8월 말, 나는 매디슨Madison으로 가는 길에 먼저 로스앤젤레스 국제공항에 도착했다. 스티븐이 새로 산 하늘색 BMW 3시리즈를 몰고 마중 나왔다. 우리는 UCLA와 스티븐이 다니는 USC를 가 보았고, 로스앤젤레스의 관광지도 구경했다. 그리고 며칠 후, 그는 자신의 친척들이 있는 밀워키Milwaukee로 나를 데리고 갔다.

그의 친척들은 우리를 일식집으로 데리고 갔다. 홍콩 수영팀 시절에 일본에 가 본 적은 있지만, 처음 생선 초밥을 맛본 곳은 미국 중서부의 심장부였다. 아주 매운 고추냉이인 와사비 덩어리를 얹어 입안 가득 넣으며 맛있게 식사를 마쳤다. 하지만 와사비 때문에 콧구멍 안쪽에서 뭔가 폭발하는 것 같았다.

밀워키에서 우리는 경비행기를 타고 매디슨까지 갔다. 창밖은 온통 녹색이었다. 나는 평생을 상하이와 홍콩의 콘크리트 정글에서 살았다. 매디슨에 도착해서는 과연 이런 숲속에 있는 대학을 다닐 수 있을지 마음이 설렜다. 스티븐이 기숙사 방을 잡는 것까지 도와주었다. 미니애폴리스 출신의 레슬링 선수인 룸메이트도 만났다. 스티븐은 다음 날 USC로 돌아갔다.

위스콘신에서의 첫 학기 동안에는 자유 시간이 꽤 많았다. 처음에는 친구가 없었기 때문에 기숙사 맞은편에 있는 체육관에서 역기를 들며 오후 시간을 보냈다. 마침 그 대학교의 수영부가 체육관 옆에 있는 수영장에서 훈련을 하고 있었다. 어느 날 그들이 훈련하는 것을 보고 코치에게 다가갔다. 나는 그때까지만 해도 빅텐Big Ten(미국 중부 동부의 주요 10개 대학이 겨루는 스포츠 대회. 현재는 14개 대학이 가입되어 있다-옮긴이) 수영이 얼마나 경쟁이 치열한지 몰랐다. 나는 코치에게 수영부에 들어갈 수 있는지 물었다. 그는 내일 와서 테스트를 해 보자고 말했다. 다음 날 오후, 나는 수영장에 와서 다이빙을 하고 자유형으로 몸을 풀었다. 몇 바퀴 돌자 코치가 외쳤다. "좋아, 합격이야." 겨울 아침에 상하이 수영장에서 얼음을 깨며 훈련한 것이 이번에 제대로 한몫한 것 같았다.

수영부에 들어가면서 나는 미국 생활 첫해에 정서적으로 안정을 찾을 수 있었다. 백인 선수들 중 유일한 동양인이었지만, 나는 내가 한 팀의 일원으로 받아들여졌음을 느꼈다. 우리는 함께 파티도 하고 술도 많이 마셨다. 가슴이 떡 벌어진 50대 초반의 중서부 출신 잭 페팅거Jack Pettinger 코치는 날 잘 돌봐 주었고, 대부분의 유학생들이 혼자 외롭게 지내는 추수감사절에도 나를 자신의 집으로 초대해 주었다.

한번은 페팅거 코치가 날 데리러 기숙사에 왔었는데, 나는 미국의 자동차 에티켓에 대한 개념이 전혀 없었다. 홍콩에서도 부모님은 차가 없

었다. 그래서 무심코 뒷좌석에 타자 그가 한마디 했다. "임마, 내가 네 운
전기사인 줄 알아? 당장 내 옆자리로 오지 못해?" 중국에서는 연장자 옆
에 앉지 않는 게 예의였기 때문에 미국에서도 그런 줄 알았다. 그래서 나
보다 연장자를 존중하려고 노력했을 뿐이었다. 아직 미국 사회에 대해
배울 게 많았다.

나는 홍콩에서 7학년을 마쳤기 때문에 위스콘신에서 바로 2학년으로
등록했다. 스티븐이 USC에서 우등생 명단에 포함되었기 때문에 나도 그
걸 노렸다. 첫해에는 근소한 차이로 명단에 들지 못했지만 이후에는 거
의 근처에도 가지 못했다. 몇몇 친목 모임에도 초대받았다. 가는 곳마다
나는 눈에 띄는 존재였다. 어쩌면 내가 그렇게 생각한 건지도 모르지만.
하지만 그때는 1989년이었다. 중국 학생들이 위스콘신으로 대거 오기
시작한 건 2000년 이후의 일이었다.

미국 생활이 처음이다 보니, 사람들 간에 화젯거리가 되는 최신 TV
쇼에 대해서도 전혀 몰랐다. 어떤 농담은 즐기기는커녕 이해하기도 힘들
었다. 나는 우정에 대해서도 미국인들이 아시아 사람들과는 시각이 다르
다는 것을 알게 되었다. 미국인들의 친구 관계는 좀 가볍다는 생각이 들
었다. 위스콘신에서 알게 된 사람들은 나를 열렬히 환영하고 가장 친한
친구인 것처럼 행동한다. 하지만 정말로 내 삶을 함께 나눌 정도로 가까
운 누군가를 찾으려 할 때, 그들은 정작 그곳에 없을 거라는 생각이 줄곧
들었다.

그럼에도 불구하고 첫 학기에는 나처럼 홍콩에서 온 친구들과 어울
리는 것을 가급적 피했다. 기숙사에서 지내며 수영부원들과 운동하는 데

열중했기 때문에 많은 사람과 사귀지 못했다. 게다가 나는 친구를 쉽게 사귀지 못하는 성격이기도 했다.

이듬해 캠퍼스를 옮기면서 수영부를 그만두었다. 코치는 내가 팀의 평점에 기여하는 바가 크다며 계속하길 원했지만, 나는 공부를 해야 했다. 재정학과 회계학을 복수전공하기로 결정하다 보니 공부해야 할 양도 많아졌고 기간도 1년 늘어났다. 반에는 아시아에서 온 친구들도 있었는데, 인도네시아에서 온 친구가 내 룸메이트가 되었다. 나는 그 친구 덕분에 일본, 대만, 한국 학생들과 만나는 모임에 자주 나가게 되었다. 그 와중에 미국 여학생과 아시아 여학생 두 명과 데이트를 즐기기도 했다. 시카고 여행에서는 내가 그리워했던 대도시의 느낌을 맛보기도 했다. 빠듯한 형편이었지만, 그래도 고급 음식과 와인을 즐기는 것을 잊지 않았다.

졸업 학년이 된 어느 날, 에베레스트Everest라는 시카고 레스토랑에 대한 잡지 평을 보았다. 17가지의 코스 메뉴를 소개한 글을 보고 호기심이 발동해 즉시 여자 친구와 함께 가기로 하고 예약했다. 우리는 많이 먹을 생각으로 끼니를 굶어 허기진 상태로 식당에 갔다. 소믈리에가 와인과 함께 제공되는 메뉴를 끈기 있게 자세히 설명해 주었다. 식사가 거의 끝난 시점에, 나는 웨이터에게 메인 코스는 언제 나오는지 물었다. 그러나 거의 모든 코스 요리가 큰 접시에 조금씩 담겨 이미 다 제공된 후였다. 현대식 요리에 대한 나의 첫 경험은 그렇게 끝났다.

조지 H. W. 부시 대통령이 서명한 행정명령 덕분에, 1989년 6월 4일 천안문 사태 직후 중국 본토에서 온 학생들에게 영주권(green card)이 발급되었다. 물론 나도 대상자였지만 신청하지 않았다. 나는 미국이 홍콩과는 너무 다르다고 느꼈고, 설령 미국에 남는다 해도 유리 천장(glass ceiling, 성 또는 인종 차별로 승진을 가로막는 보이지 않는 장벽을 일컬음-옮긴이)에 막힐 거라고 생각했다. 끼리끼리 문화가 비즈니스 세계에 만연해 있다고 생각했고, 실제로 참석했던 많은 파티에서 나는 미국인 상사나 동료들에게 그다지 유대감을 느끼지 못했다. 위스콘신에서 4년을 보낸 후, 1993년 5월 졸업하자마자 홍콩으로 돌아왔다.

　　미국에서의 경험은 나를 많이 바꿔 놓았다. 홍콩과 중국에서는 큰 키와 유별난 옷차림 때문에 나는 늘 눈에 띄는 존재였다. 하지만 미국에서 몇 년을 보내면서 나는 더 개인주의적인 사람이 되었고, 실제로 그게 더 편했다. 물론 부모님은 싫어하셨지만. 부모님은 내가 홍콩을 떠난 것을 유감스럽게 생각하셨다. "네가 홍콩에 있었더라면 더 좋았을 거야. 그렇게 독선적이 되지도 않았을 거고. 옛날처럼 우리와 싸우지도 않았을걸." 두 분 다 나를 미국에 보낸 것이 최악의 결정이었다고 말씀하셨다.

　　하지만 위스콘신에서의 생활은 내게 해방이었다. 미국 생활은 나를 세계 시민이 되는 길로 이끌었다. 나는 인종, 종교, 신념이 다른 전 세계 각지에서 온 사람들과 친구가 되었다. 미국에서의 삶이 없었다면, 나는 지금처럼 성공하지 못했을 것이다. 물론 내 영어 실력도 일취월장했다. 미국 중서부 사람들의 억양과 외국인들의 말투가 뒤섞인 내 발음은 중국계 홍콩인이라기보다는 차라리 아널드 슈워제네거Arnold Schwarzenegger와 더 비슷했다.

홍콩으로 돌아와 20여 군데의 투자은행에 지원서를 보내며 일자리를 찾았다. 며칠 되지 않아 미국 투자은행 모건스탠리와 골드만 삭스 두 군데와 인터뷰를 했지만 모두 낙방했다. 모건스탠리 면접관이 결과 통보 전화를 기다리라고 말했을 때, 나는 무식하게도 일을 시작하기 전에 휴가를 떠날 계획이니 내 자동응답기에 메시지를 남기라고 대답했다. 골드만과의 인터뷰에서는 인종차별에 대해 언쟁을 벌이다가 목소리를 높이고 말았다. 당연하게도 두 곳 모두에서 전화가 오지 않았다.

마침내 증권회사인 씨티은행 비커스(Citibank Vickers)에 증권 브로커로 들어갔다. 나는 그 일이 세상에서 가장 재미있을 것이라고 생각했다. 그 세대의 우리는 영화 〈월스트리트: 머니 네버 슬립스〉에서 고든 게코Gordon Gekko 역을 맡은 마이클 더글러스Michael Douglas가 "욕심은 나쁜 게 아냐(Greed is good)"라고 말하는 장면을 생생히 기억한다. 하지만 나는 곧 증권 브로커가 되는 것이 사람들이 말하는 것처럼 그렇게 좋은 것만은 아니라는 걸 깨달았다. 적어도 홍콩에서는 무슨 일을 하느냐보다 누구를 아느냐가 더 중요했다. 만약 당신이 돈 많은 고객들을 보유하고 있다면 증권 브로커로서 잘나갈 수 있을 것이다. 하지만 아직 그런 사회적 배경이 별로 없는 신참 브로커로서, 나는 항상 내 상사가 자기가 직접 하기에는 너무 작거나 시시한 거래를 넘겨주기만을 기다리는 처지에 불과했다. 고객들이 나를 찾는 것은 주식을 사거나 팔기 위한 거래 때문이 아니라 그저 잡담을 하기 위해서였다. 내가 홍콩은행이나 상하이은행 주식을 팔든, 어떤 다른 주식을 팔든, 회사는 전혀 중요하게 여기지 않는다는 것을 깨달았다. 나는 스스로에게 물었다. 이 일이 신발 파는 일과 다른 게 뭐란 말인가?

그래도 나와 동료들은 영화에서 보았던 과장된 파티 문화를 흉내 내곤 했다. 홍콩 증권거래소는 매일 4시에 문을 닫았고, 일이 끝나면 우리는 홍콩 센트럴 디스트릭트 근처의 술집들이 즐비한 굽은 거리 란콰이펑(蘭桂坊, 홍콩의 이태원이라고 불리는 지역-옮긴이)으로 향했다. 그것이 문화였다. 신참 브로커로서 나는 파티라는 게 다 직업적인 목적이 있다고 스스로에게 말해 왔다. 좋은 고객들만 확보한다면 그것이 성공의 열쇠라고 생각했다. 나는 중국식 표현으로 머리 없는 파리(无头苍蝇, 천방지축으로 날뛰는 사람을 일컫는 중국식 표현-옮긴이)처럼 술집을 전전하며 사업상 연줄이 될 만한 사람들을 찾아다녔다. 그러나 사실 그런 관계를 많이 만들지는 못했다.

얼마 지나지 않아 나는 신용카드에 문제가 생겼고, 부모님께 구제를 요청해야 했다. 새벽이 되어서야 집에 들어오는 일도 잦았다. 결국 나는 다시 부모님 집으로 들어가기로 했다. 당시 부모님은 홍콩 부동산 시장의 붐을 타고 더 좋은 동네의 아파트에 살고 계셨다. 그러나 밤늦게 들어오는 일이 비일비재해지자, 부모님은 나를 쫓아냈다. 다시 퀸스 칼리지에서 두 구역 떨어진 텐호우(天后) 근처의 46제곱미터(14평)짜리 임대주택으로 이사했다. 그 지역은 내가 잘 아는 동네라서 고향처럼 느껴졌다.

증권 브로커로 9개월 일한 후, 다른 직업을 찾기 시작했다. 나는 내 전공을 살려 유망한 직업을 찾고 싶었다. 1994년 6월, 차이나베스트ChinaVest라는 사모펀드 회사와 인터뷰를 했다. 그 회사는 센트럴 디스트릭트의 오피스 건물 꼭대기 한 층을 통째로 사용했다. 그들은 내게 사모펀드에 대해 얼마나 이해하고 있는지 물었다. 사실 바로 전날, 그 용어를 찾아봤는데 대학 재정학 교과서에는 단 세 줄의 설명밖에 없었다. 사모펀드는 내게 완전히 새로운 개념이었다. 나는 외운 것을 그대로 말했고, 그 회사에 취직했다.

차이나베스트는 1981년, 전직 CIA 요원인 밥 텔린Bob Theleen과 그의 아내 제니, 그리고 다른 두 명의 미국인이 설립한 회사였다. 밥은 부드러운 말투의 소유자였고, 제니는 싱가포르에서 자랐고 프랑스에서 공부한 여성이었다. 이 회사가 나를 채용한 것은 중국 내부의 변화와 직접 관련이 있었다. 1989년부터 1992년까지의 기간은 중국에 좋지 않았다. 1989년 천안문 사태 이후 리펑(李鵬) 총리가 이끄는 중국공산당 반동파들은 시장지향적 개혁을 후퇴시키고, 민간 기업을 억압했으며, 비효율적인 국유 사업에 돈을 쏟아부었다. 중국 경제는 급격히 둔화되었다. 그러나 1992년, 중국 최고 지도자 덩샤오핑이 그런 보수파들을 더 이상 참지 못하고 베이징을 떠나 홍콩 국경의 남부 도시 선전을 순시하며 시장지향적인 변화의 재개를 촉구했다. 덩샤오핑의 이른바 '남순강화南巡講話(southern journey)'는 중국에서 자본주의의 열정을 다시 촉발시켰고, 홍콩은 가장 큰 수혜자가 되었다.

1993년, 미국 월가의 선각자 바튼 빅스Barton Biggs가 중국을 6일 동안 방문하고 나서 중국 시장이 "미래가 밝고, 투자할 거리가 많으며, 최대의 강세가 예상된다"고 선언했는데, 빅스의 선언 이후 홍콩 증권거래소에 20억 달러(2조 4천억 원)가 넘는 돈이 쏟아져 들어오며 중국에서 사업을 하는 기업들에 투자가 몰려들었다.

텔린과 그의 팀은 이 붐을 이용해, 중국식 사업 방식에 대한 그들의 전문지식을 제공하는 대가로 중국 본토에 입지를 구축하려는 회사들의 지분을 확보했다. 그들은 대만의 전자 회사들, 식품 체인회사 TGI 프라이데이와 도미노Domino's 등에도 투자했다. 또 이 지역에서 가장 오래된 무역 회사의 자회사로, 맥주와 담배 등 소비재 전문 회사인 타이트 아시아Tait Asia의 지배 지분도 확보한 상태였다.

차이나베스트에서 내 첫 상사였던 알렉스 응안Alex Ngan과 몇 년 동안 근무하면서 스프레드시트를 만들고, 회의 노트를 작성하고, 투자 메모를 쓰는 일을 했다. 그는 엄한 상사였지만, 그와 함께하는 일은 재미있었다. 다양한 업계의 고위 임원들이 우리 사무실에 와서 아이디어를 제안하곤 했다. 그것은 내가 어릴 때 부모님과 친지들이 딤섬 브런치를 먹으며 하던 사업 얘기를 엿들을 때 배운 것보다 더 깊은 배움의 기회였다. 게다가 나는 그 아이디어를 들어주는 대가로 적지 않은 보수도 받았다. 당시 나는 그 방에서 가장 나이가 어린 사람이었다.

얼마 지나지 않아 나는 하이네켄 맥주와 말보로 담배의 아시아 판권을 가지고 있는 타이트 아시아의 영업을 맡게 되었다. 이런 소비재 상품에 대한 중국의 수요는 엄청났다. 타이트 아시아가 판매권을 가지고 있는 하이네켄의 중국 매출은 불과 몇 년 사이에 제로에서 4천만 달러(480억 원)로 성장했다.

중국은 중국 맥주 산업을 보호하기 위해 수입 맥주에 40퍼센트가 넘는 무거운 관세를 부과했다. 타이트 아시아는 먼저 홍콩으로 맥주를 들여와서, 관세 없이 중국으로 물품을 이전하는 방법을 아는 회사들에 팔았다. 우리는 매출과 이익이 증가하기만 하면 됐지, 그들이 어떻게 그렇게 할 수 있는지에 관해서는 관여하지 않았다. 물론 그렇게 하는 회사는 차이나베스트뿐만이 아니었다. 중국에서 사업을 하는 사람들은 누구나 그런 식으로 법망을 피해 이윤을 추구했다. 나는 중국에서는 '꽌시'라고 부르는, 중국 권력 체계 안에 모종의 연줄만 만들어 놓으면 모든 법이나 규칙을 피해 갈 수 있다는 것을 알게 되었다. 그리고 국가가 수시로 규칙을 바꾼다는 점을 알고 있기 때문에 아무도 그 규칙을 중요하게 여기지 않았다.

심지어 어느 때는 중국 해군 장교가 맥주를 밀수입할 수 있는 군함을 타이트 아시아에 제공하기도 했다. 이 정도면 할 말을 잃을 정도다. 나는 중국에서 인민해방군의 미화된 이미지를 들으며 자랐다. 제2차 세계대전 때에는 일본과 싸웠고, 중국을 부패한 장제스 정권으로부터 해방시켰으며, 한국전에 참전해 미국과 싸웠다고 배웠다. 그런 중국 해군이 이제 맥주를 밀거래한다고?

차이나베스트에 처음 입사했을 때, 나는 신참이어서 모든 일이 생소했다. 나는 차이나베스트가 직접 투자한 타이트 아시아가 그런 부정한 방식으로 중국에 맥주를 들여오는 데 대해 전혀 개의치 않는 것을 보고 당혹감을 느꼈다. 우리는 의도적으로 비밀 계좌를 만들어 거액의 돈을 세탁했다. 미국의 법 규정 때문에 차이나베스트의 경영진은 이 모든 걸 모른 척해야 했다. 중국에 진출한 많은 서구의 기업들이 이와 비슷하게 '묻지도 따져서도 안 되는' 사업 모델을 운영하고 있었다. 고급 운동화를 만드는 공장의 작업 환경이 열악하다고? "누가 안단 말인가?"

죄수들을 고용해 청바지를 만든다고? "잘못 알고 있는 거겠지." 군대와
경찰이 기업과 결탁했다고? "우리는 모르는 일이야."

사업에 관한 한 나는 아직 초짜였기에 요령을 배워야 했다. 사실 나는
의사 결정을 할 위치가 아니었다. 상사들이 괜찮다고 생각하면 나도 그
렇게 생각했다. 그러나 중국 사업에 더 많이 관여할수록, 중국 기업은 말
할 것도 없고 미국 기업, 홍콩 기업, 유럽 기업 할 것 없이 모두가 법을
어기고 피해 가는 것을 목도했다. 이것이 이제 막 사회 경력을 시작한 초
짜가 중국 무역에서 배운 첫 번째 교훈이었다. 그것이 내 미래 사업의 기
조가 되었고, 중국에서 사업을 확장하는 길이 되었다.

텔런은 아시아에 대한 해박한 지식으로 서양인들을 열광하
게 하는 데 놀라운 재주가 있었다. 1994년 가을, 차이나베스트는 미국
중서부에서 온 패밀리 오피스들family office(고액 자산가를 대상으로 하는 사적인 투
자 자문 회사–옮긴이), 포드 재단, 캘리포니아 공무원 퇴직 연금 시스템 같은
대규모 투자자들을 초청해 베이징에서 회의를 열었다. 텔런은 한바탕 쇼
를 벌이고 싶어 해서, 나를 중국으로 보내 그 일을 주관하게 했다. 공항
에서 나는, 링컨 컨티넨탈을 중국식으로 투박하게 개조하고 중국 홍기를
단 자동차 세 대를 준비해 손님들을 맞았다. 그리고 1972년에 리처드 닉
슨 대통령이 처음 중국을 방문했을 때 닉슨 대통령과 헨리 키신저 국무
장관이 묵어서 유명해진 댜오위타이(釣魚臺) 영빈관을 그들의 숙소로 잡
았다. 또 자동차가 도로를 달릴 때마다 운전기사들은 사이렌을 켜 앞차
들이 길을 트도록 했다. 손님들은 이런 경험에 완전 매료되었다. 이들 중

대부분이 중국 여행이 처음이었고, 아첨으로 과장된 이런 식의 대우도 난생처음이었을 것이다.

손님 중에 오하이오 출신의 부잣집 자손이 있었는데, 그는 내게 "여긴 완전 별천지네요"라고 말했다. 텔린은 충격적일 정도로 놀라운 환대를 하는 데 능한 중국인들로부터 이 기술을 배웠다. 그렇게 함으로써, 텔린은 중국을 차이나베스트만이 해결해 줄 수 있는 수수께끼 같은 나라로 보이게 하려는 목표를 달성했다.

이 손님들이 체크아웃할 때, 댜오위타이 영빈관에서는 내게 꽤 큰돈의 사례금을 주었다. 손님들에게는 또 객실을 장식하기 위해 비치해 놓은 소품들, 즉 1970년대의 복고풍 중국식 펜, 필기 패드, 유리 식기, 재떨이 등을 선물로 주었는데, 그것들은 이들과의 거래를 성사시키기 위한 작은 대가였다.

이들이 돌아간 후에도 나는 회사가 투자할 곳을 찾기 위해 여러 차례 중국을 다니기 시작했다. 모란꽃과 룽먼석굴(龍門石窟)로 유명한 허난성(河南省)의 뤄양(洛陽)까지 갔었지만, 1995년 여름에 갔을 때 그곳은 이미 지저분한 후기 공산주의의 쓰레기장이 되어 있었다. 그곳에서 한 오토바이 공장을 방문했는데, 오토바이 산업은 중국인들이 페달 자전거를 스쿠터로 바꾸면서 막 도약하는 업종이었다. 푸젠성(福建省) 해안가에 있는 TV 모니터 공장에도 들렀는데, 이 공장은 나중에 세계 최대의 컴퓨터 모니터 제조업체가 되었다. 오랜 세월 동안 가장 낙후된 지역으로 알려진 내륙 지방 안후이성(安徽省) 오지에서는 숙소로 쓸 만한 곳이 경찰 기숙사뿐이었다. 안후이성의 성도인 허페이(合肥)는 더 이상 정원의 도시가 아니었지만, 그나마 허름한 4성급 호텔에 머물 수 있다는 것만으로도 문명으로의 귀환이라서 만족해야 했다.

중국은 매우 가난한 나라여서 초기 민간 기업 중에는 투자 대상이 될 만큼 높은 수익을 올리는 기업이 없었다. 그래도 수십 년 동안 공산주의의 억압에 눌려 있던 에너지가 분출되기를 기다리고 있다는 것을 느낄 수 있었다. 이들 민간 창업가들에게 필요한 것은 정부가 그들에게 얼마나 기회를 주느냐 하는 것이었다.

이 과정에서 내가 마침내 큰일에 참여하고 있다는 것을 느꼈다. '나는 머지않아 중국을 다시 사랑하게 될 거야.' 그리고 자연스럽게 이 새로운 중국 이야기의 일부가 되고 싶었다. 아무도 이 나라가 어떻게 될지 몰랐다. 나 역시 중국으로 돌아와 스스로 무언가를 만들겠다는 목표를 이룰 수 있을지 알 수 없었다. 하지만 그것이 내가 해야 할 일이라는 생각이 들었다.

차이나베스트가 지분을 인수한 첫 번째 중국 기술 회사는 중국 인터넷의 중추를 구축하고 있던 아시아인포AsiaInfo였는데, 텍사스 공대에서 천연자원 관리 분야의 박사 학위를 받은 에드워드 티안Edward Tian과 UCLA에서 정보과학 석사, 캘리포니아대학교 버클리캠퍼스에서 MBA를 취득한 딩 지안Ding Jian이라는 중국인 유학생 두 명이 1993년 텍사스에서 설립한 회사다. 아시아인포의 판매 포인트는 델Dell, 시스코Cisco 등과 같은 회사들의 소프트웨어와 장비를 결합해 중국인들을 서로 연결하고, 중국을 다른 세계와 연결하는 시스템을 구축하는 기술이었다. 인터넷이 중국에 도입된 것은 1994년이었고, 그해 말에 중국의 온라인 접속 인구는 3만 명이었다. 오늘날 중국에서는 거의 10억 명의 사람들이 인터넷에 접속하고 있으며, 이는 전 세계 인터넷 사용자의 20퍼센트에 해당한다.

티안은 기술자는 아니었지만 타고난 세일즈맨이었다. 나는 그의 투자 유치 설명을 들으면서, 중국이 세계를 휩쓸고 있는 통신 혁명에 동참할 수 있도록 돕겠다는 그의 열정에 감동하지 않을 수 없었다. 티안은 자신이 중국으로 돌아온 것이, 해외에서 교육을 받은 후 조국을 건설하기 위해 고향으로 돌아오는 지난 100년 동안 이어져 온 애국 청년들의 흐름 중 하나라고 규정했다.

티안은 1991년 앨 고어Al Gore 상원의원(나중에 부통령이 되었음)의 연설을 듣고 영감을 받아 아시아인포를 설립했다고 밝혔다. 그로부터 2년 전인 1989년, 티안은 내가 그랬던 것처럼 중국 전역의 도시에서 학생 시위대가 집결하고 베이징에서 인민해방군이 수백 명의 학생을 죽이는 것을 미국에서 TV로 지켜보면서 울었다. 많은 중국인과 마찬가지로 티안도 중국을 건설하기 위해서는 자본주의, 정보의 자유로운 흐름, 기업가정신을 수용해야 한다고 생각했다. 마침내 티안은 새로운 기술이라는 약속과 더 자유로운 중국이라는 약속을 통합했다. 티안은 "우리의 기술로, 수도꼭지에서 나오는 물처럼 이 나라를 계몽시킬 수 있다"고 다짐했다.

그가 조국의 현대화를 위해 자진해서 귀국하는 애국 청년들에 대해 말했을 때, 나도 더 큰 이야기의 일부로 자신을 돌이켜 볼 수 있었다. 내가 하는 일도 서방 세계의 투자자들에게는 깊은 인상을 주고, 중국 관리들에게는 매력적으로 보이도록 고안된, 고도로 계산된 사업임을 깨달았다. 티안은 두 관객(서구의 투자자와 중국의 관리) 모두에게 어필할 수 있는 이야기를 만드는 방법을 잘 알고 있었다. 중국에서 그의 성공은 여전히 그와 나처럼 해외에서 중국으로 귀환하는 수만 애국 청년들의 등불이 될 것이다.

차이나베스트가 아시아인포의 지분을 인수하는 거래에서 나는 애널리스트 역할을 맡았다. 티안은 차이나베스트의 경영진들이 생각지도 못한 엄청난 액수의 돈을 요구했다. 아시아인포의 수익이 1,500만 달러(180억 원)도 되지 않았는데도 그는 1억 달러(1,200억 원)의 가치가 있다고 주장했다. 아시아인포는 빠르게 성장 중이었지만, 스프레드시트를 작성한 경험이 없는 기술자들이 경영하고 있었다. 하지만 티안은 아시아인포가 3년 안에 수익이 600퍼센트 성장할 것이라고 예측했다.

아시아인포에 관심을 보인 곳은 차이나베스트만이 아니었다. 결국 글로벌 사모투자 회사 워버그 핀커스Warburg Pincus가 1,200만 달러, 우리가 700만 달러, 피델리티벤처스Fidelity Ventures가 약 100만 달러를 투자했는데, 이는 당시 중국 내 사모투자 기록으로는 최대 규모의 금액이었다. 아시아인포가 2000년 3월 3일 나스닥에 주식을 상장했을 때, 주가는 24달러에서 110달러 넘게 급등했다가 75달러로 안정되면서 314퍼센트의 상승률을 기록했다. 투자에 참여한 차이나베스트 파트너들은 적어도 장부상으로 800만 달러의 수익을 올렸다. 그러나 중국 기업의 광풍은 이제 막 시작되었을 뿐이었다.

아시아인포의 거래에 참여한 사람들을 알게 되면서, 나는 중국 기업들이 빠르게 성장하기 위해 어떤 방식을 취해야 할지를 어느 정도 깨닫게 되었다. 핵심은 기업가적 인재를 어떻게 정치적 연줄과 연결하느냐에 달려 있었다. 에드워드 티안 같은 인재는 성공의 중요한 요소였다. 아시아인포가 뉴욕 증시에 상장하기도 전에, 최고 권력자인 중국공산당 총서기 장쩌민의 아들 장몐형(江綿恒)이 설립한 중국 국영 기업이 티안에게 넷컴Netcom이라는 회사에 합류하도록 유도했다. 넷컴은 중국 전역에 광케이블을 깔아 중국을 정보기술(IT)의 최전선으로 도약시키라는 임무를 부여받은 회사였다. 넷컴이 광대역 통신망으로 연결시킨 도시 중 일부는 이전에 전화 서비스도 없던 곳이었다. 넷컴은 2000년대 초반에 10개월에 걸친 공사 끝에 6천 마일의 광케이블을 깔고 중국의 17개 대도시를 월드와이드웹에 연결시켜 놓았다.

장몐형은, 통신 회사를 설립 운영하면서 자신의 비전을 분명히 밝힌 티안의 능력과 혜안이 넷컴의 성공에 필수라고 생각한 것이다. 결과적으로 보면 티안의 성공은 장몐형이 없었다면 빛을 보지 못했을 것이다. 티안이 가지고 있는 불굴의 정신력과 장몐형이 가진 정치적 연줄이 결합해 마침내 중국의 성장을 견인한 셈이다. 기술적 노하우와 정치적 뒷받침의 결합은 중국이 미래로 나아가는 데 하나의 본보기가 되었고, 나 같은 야심 찬 사람들이 자신의 삶에서 무언가를 만들어 낼 수 있는 길을 제시해 주었다.

차이나베스트의 아시아인포 투자는 외국 회사들도 이 게임에 참여할 수 있다는 선례가 되었다. 외국 기업들은 중국 고위 관리의 아들딸을 이용해 체제 내부의 환심을 사는 데 관심을 가졌다.

아시아인포가 이 거래를 성사시키기 위해 영입한 은행가 중에 펑보 Feng Bo라는 젊은이가 있었다. 펑의 아버지는, 1950년대 정치 운동에서 '우파주의자'로 낙인 찍혀 노동 수용소로 추방당한 작가이자 편집자 펑 즈쥔(馮之浚)이었다. 1976년, 강청 등 마오쩌둥의 측근 극좌파 4인방이 체포되면서 펑즈쥔은 풀려났고, 1949년 혁명 이후 중국공산당이 다원체제의 창구로서 허용했던 8개 정당 중 하나인 중국민주동맹의 지도부 일원이 되었다. 펑즈쥔은 중국 입법부의 거수기 역할을 했던 전국인민대표대회 상무위원회에서 10년 동안 근무하면서, 외국 기업에 영향을 미치는 정책 변화에 관한 내부 정보에 접근할 수 있었다.

펑보는 평범한 학생이었다. 1987년 펑보가 중국에서 대학 입학 시험 성적이 좋지 않자, 그의 아버지는 그가 새로운 방향을 찾을 수 있도록 이 18세의 청년을 미국으로 보내 자신의 친구 집에 머물게 했다. 펑보는 캘리포니아 마린 카운티Marin County에 자리를 잡고, 마린 칼리지College of Marin에서 영어 수업을 들으면서 스틴슨 비치Stinson Beach에서 서핑을 배웠다. 그는 생계를 꾸려 가기 위해 식당 주방 설거지, 웨이터, 초밥 요리사, 중국 요리사 일을 하다가, 전위파 사진에 손을 댔고 독립 영화 감독을 꿈꾸기도 했다.

그러던 중, 펑보는 북부 캘리포니아에서 닷컴 버블 붐을 타고 떠오른(결국은 망했지만) 샌프란시스코의 소규모 투자은행 로버트슨 스티븐스Robertson Stephens의 대표 샌디 로버트슨Sandy Robertson을 만났다. 로버트슨은 펑보의 정치적 연줄을 알아채고 그를 훈련시켜 회사의 부사장으로 임명하면서 연줄을 이용해 중국에 인터넷 관련 투자처를 찾게 했다. 로버트슨은 1994년 4월 당시 클린턴 행정부의 상무부 장관이었던 론 브라운Ron Brown에게 보낸 편지에서 펑보의 가족 관계를 자랑한 것으로도 알려졌다. 그 와중에 펑보는 미국인 여성과 결혼해 두 명의 자녀를 두었다.

내 생각에, 로버트슨이 펑보를 육성한 것은 중국 고위 관료 가족들이 경제 개혁이라는 험난한 고비를 거치며 자신의 잇속만 채우면서 겉으로는 공산당 구호를 외쳐 대는 정치 체제의 더러운 이면을 다시 한번 드러낸 것이다. 이들의 아들딸은 귀족처럼 행동했고, 결혼해서도 평범한 중국인과는 전혀 다른 삶을 살았으며, 그들의 부모와 내부 정보 그리고 부의 열쇠인 당국의 승인에 접근할 수 있는 지위를 이용해 부를 축적했다.

아시아인포 투자 거래가 성사되면서, 차이나베스트는 베이징 지사의 첫 대표로 펑보를 고용했다. 그러나 겨우 1년 만인 1997년 가을, 펑보는 자신의 투자 회사를 설립한다며 회사를 떠났다. 펑보는 미국인 아내와 이혼하고 덩샤오핑의 손녀인 주오웨(卓越)와 결혼했다. 아마도 펑보는 덩 씨 가문과의 연줄을 이용해 상당한 부를 축적했을 것이다. 그는 또한 과시욕이 강한 사람이어서 축적한 부를 이용해 독립 영화 제작이라는 자신의 꿈을 이루었다. 한동안 그는 군용 번호판이 달린 빨간 롤스로이스 컨버터블을 타고 베이징 일대를 돌아다녔다. 그의 주변 사람들조차 좀 지나치다고 생각했지만, 중국의 홍색 귀족들은 대개 주변의 소리에 귀를 기울이지 않았다.

펑보가 차이나베스트를 떠난 직후, 회사는 경영진 회의를 열었다. 회의가 시작되기 전에 텔린의 아내 제니가 나를 옆으로 끌어당기더니 아무

렇지 않게 말했다. "이봐요, 데즈먼드. 베이징으로 옮길 생각 없어요? 가
서 중국 지부장을 맡으면 좋을 텐데." 나는 그녀가 농담하는 줄 알았지
만, 그녀의 표정은 진지했다. 나는 그 기회를 잡았다. 중국에서 태어나 홍
콩과 미국에서 교육받은 내가 이제 중국 본토로 돌아가면 스물아홉 살의
내 인생은 완전한 순환을 완성하게 되는 것이다. 곧이어 텔린이 내가 중
국 지부장으로 승진했다고 발표했다.

4장

잠에서 깨어나는 중국

1997년 말 베이징으로 간 나는 새로운 중국을 발견했다. 덩샤오핑이 1992년부터 개혁을 재개한 이후, 중국의 경제 규모는 두 배가 되었고, 2004년까지 다시 두 배가 될 것이었다. 이제 중국에는 벼락출세한 백만장자들과 금융시장의 지각변동에 관한 이야기가 넘쳐나기 시작했다. 중국의 넘치는 에너지는 빠르게 퍼져 나갔다. 민간 기업의 창업이 붐을 이루면서, 마치 모든 사람이 사장이 되기를 원하는 것처럼 보였다. 중국 본토 사람들은 공산주의의 강제적 빈곤 속에서 수십 년을 살아왔다. 그러다가 1990년대에 접어들면서 사람들은 돈, 재산, 자동차, 그리고 사치품들을 재발견했다. 그들은 다시는 과거로 돌아가지 않을 것이다.

공산당은 소비를 장려했고, 결과적으로 '부자가 되는 것은 영광이다'라는 덩샤오핑의 공식을 불문의 사회계약으로 간주했다. 공산당의 주장은 '당신들의 자유를 우리에게 맡기면(자유를 포기하면), 당은 당신들이 돈을 벌 수 있게 해 주겠다'라는 것이었다. 그것은 당이 인민들에게 제시한 거래였다.

그러나 대부분 기업들은 여전히 소규모였다. 미국 소비자들에게 운동화, 크리스마스 전구, 장난감, 전자레인지를 팔며 수출 거인으로 성장한 남부 지역의 기업들을 제외하면, 민간 회사가 200만 달러(24억 원)의 매출만 올려도 대단한 실적으로 여겨졌다. 지금은 세계 최대 자동차 부품 회사 중 하나로 성장한 완샹(万向)도 그때는 갓 출범한 회사였고, 중국에 전자상거래 선풍을 일으킨 알리바바를 창업한 전 영어 교사 마윈(馬雲)도 엔젤 투자자(angel investor)들을 찾고 있었다. 나는 홍콩의 리츠칼튼 커피숍에서 마윈을 만났는데, 그는 사업 계획을 보여 달라는 내 요청을 듣고 웃었다. "미국 투자은행 골드만 삭스도 내 아이디어만 듣고 500만 달러를 투자한다는데, 겨우 300만 달러를 투자하겠다는 당신에게 내가 왜 사업 계획을 보여 줘야 한단 말이요?"

중앙정부의 통제와 계획경제를 신봉하는 공산주의 체제는 변화하는 중국에 적응하느라 고전하고 있었다. 이제 옛날 방식은 통하지 않는다. 그러나 당이 새로운 법안을 만들 때, 정부 각 부처는 누군가를 표적 삼아 고발하고 싶으면 언제든 할 수 있도록 애매한 조항을 곳곳에 광범위하게 포함시켜 놓았다.

도시 근로자들은 기업에서 제공하는 아파트에서 살고, 자녀들을 기업이 운영하는 학교에 보내고, 조립 라인에서 함께 일하게 되면서 국가 주도의 노동 시스템은 붕괴되었고, 사람들은 새로운 투자와 부의 가능성이 열려 있는 부동산 개발이라는 광대한 분야에 눈을 뜨기 시작했다.

공산당 관리들과 그들의 가족이 연줄을 이용해 우호적인 부동산 개발업자들에게 돈이 되는 계획을 제공하면서, 이 시스템을 통해 부패도 함께 흘러가기 시작했다. 당 지도부는 이런 부패를 수사한다는 명분으로 정적들을 숙청하기도 했다. 내가 베이징에 도착했을 때도, 베이징 시장 市長에 대한 소송이 한창 진행되고 있었다. 첸시퉁(陳希同) 시장은 당 지도부를 위한 별장을 짓는다는 명목으로 수백만 달러를 횡령한 혐의를 받고 있었다. 하지만 그의 진짜 죄는, 장쩌민 당서기가 이끄는 상하이방(上海帮, 1980년대 중반 이후 중국 권부의 실세로 등장한 상하이 출신 인사들을 일컫는 말-옮긴이)에 반대하는, 이른바 베이징파를 주도했다는 것이었다.

결국 첸 시장은 1998년에 16년 징역형을 선고받았다. 첸 시장의 실각은 약간 각색된 느낌이 드는 '하늘의 진노(天禍)'라는 청원서로 시작되었다. 이 청원서는 당 지도부를 명예롭게 평가하는 공식 관점과, 당 지도부를 평범한 사람들과는 전혀 다른 세계에 살며 돈벌이에만 눈먼 선민 집단으로 간주하는 일반 시민들의 관점 사이에 얼마나 큰 괴리가 있는지를 여실히 보여 주는 사례라고 할 수 있다.

차이나베스트의 베이징 지부장으로 일하면서, 나는 중국 경제가 수십 년 동안 성장을 촉발할 마땅한 재료가 없어 신음하고 있음을 느낄 수 있었다. 중국 공산주의 체제는 중국 인민들의 물질적 욕구를 충족시키지 못했다. 하지만 중국은 빠르게 변하고 있었다. 매장에서는 텔레비전, 냉장고, 선풍기, 전자레인지, 세탁기가 날개 돋친 듯 팔려 나갔다. 그러나 나는, 중국이 실제로 어떻게 작동하는지 제대로 알 수 있도록 나를 도와줄 사람을 여전히 찾지 못하고 있었다. 우리의 투자는, 중국이 제조 강국으로 변모해 나감에 따라 중국에 공장을 건설하고, 유통망을 구축하고, 기술 노하우를 이전하려는 외국 자본 기업들에 주로 국한되었다. 외국 기업들의 이런 활동은, 중국이 2001년에 세계무역기구(WTO)에 가입한다는 목표로 협상을 가속화하면서 더욱 활발해질 것이었다.

나는 아직 그 일을 할 준비가 되어 있지 않았다. 재계나 당내에 아는 사람이 없었다. 나는 겨우 서른 살이었다. 수수에서 우려내 제트기 연료 같은 맛이 나는 독한 술인 마오타이도 마실 줄 몰랐다. 마오타이는 공산당 거물들이 주로 마시는 중국의 신화라고 불리는 술이었다. 나는 또 중국 본토의 성인들과 대화하는 법도 제대로 몰랐다. 그들은 나와는 전혀 다른 부류였다. 내가 마치 다른 행성에 착륙한 외계인처럼 느껴졌다.

나는 중국 사업에 필요한 기술인 정치에 대해 남과 대화할 수 있을 만큼 잘 알지 못했다. 중국과는 매우 다른 사회 경제적 상황에서 자라고 배웠기 때문이다. 이런 상황에서 내가 상대해야 할 사람들은 돈을 더 버는 것에 관심이 많은 사람들이었다. 회사에서 내 앞길은 창창했고, 나의 지평은 무한했다. 중국 사람들에게 외국 여행이 자유롭지 못하던 시기에, 나는 언제든 홍콩을 왕래할 수 있었고, 원하는 곳이면 어디서든 쇼핑할 수 있었다. 나는 그들이 들어본 적도 없을 브랜드도 알고 있었다. 하지만 나에겐 현금이 든 빨간 봉투를 아무렇지 않게 건네줄 만한 배짱이 없었다. 이 모두를 종합해 볼 때, 나는 고국에서 이방인이었다. 상하이의 유년 시절에 알았던 중국인 특유의 끈끈한 인간관계는 내게 하나도 남아 있지 않았다.

상하이에서 나는 당시 잘나가던 대기업 푸싱 그룹(復興集團)의 고위 경영자를 만났다. 우리는 차를 마시며 그들의 사업에 대해 즐거운 대화를 나누었지만, 그는 차이나베스트의 투자에 관심이 없었다. 푸싱은 이미 장쩌민 주석의 가족과 밀접한 관련이 있다는 소문이 나돌았다. 그들은 외국 회사가 자신들이 어떻게 사업을 운영하고 있는지 들여다보게 할 이유가 없었다. 나를 만나고 5분도 안 돼, 그는 아마 이렇게 생각했을 것이다. '이 멍청이는 중국에 대해 아무것도 모르는 녀석이군.' 그가 옳았다.

베이징에서 나는 서양인들처럼 살았다. 내가 사는 아파트는 중국 외교부 건너편에 있었고, 운전기사는 오성홍기(五星紅旗)가 달린 검은색 리무진으로 나를 호위했다. 한 친구가 내게 신수가 활짝 폈다고 농담한 이후, 실제로 사무실 담당 여비서, 요리 담당 여비서, 침실 담당 여비서(여자친구)를 두고 살았다.

나의 사교 범위는 대부분 서양인, 영어를 사용하는 아시아인, 그리고 외국인과 어울리기를 원하는 중국인들로 국한되었다. 차이나베스트의 상하이 사무실은 스위소텔Swissotel에 있었는데, 이곳에는 다른 서구 회사들도 여럿 입주해 있었다. 나는 외국인들과 어울리며 호텔 체육관에서 운동을 했고, 1994년에 베이징 지점을 연 하드록카페Hard Rock Cafe(다국적 레스토랑 브랜드-옮긴이)에서 역시 외국인들과 함께 파티를 즐겼다.

어느 날 나는 쓰촨성(四川省) 휘궈(火鍋, 중국식 샤부샤부-옮긴이)를 파는 초라한 식당 근처 뒷골목에 있는 하프문 카페Half Moon Cafe라는 술집을 찾았다. 서양인들과 베이징 화류계의 단골들이 자주 찾는 하프문 카페는, 1949년 혁명 이후 공산주의자들이 '부르주아풍'이라고 금지시키기 전에 유행했던 예술 형식을 재현하려는 중국 음악가들의 라이브 재즈 공연을 선보이는 곳이었다. 이 술집은 1980년대 뉴욕에서 현대 무용의 전설인 마사 그레이엄Martha Graham, 머스 커닝햄Merce Cunningham 등과 함께 공부한 중국인 무용가이자 안무가 진싱(金星)이 소유하고 있었다. 진싱은 1995년, 중국 역사상 처음으로 공개 성전환 수술을 받고 여성이 된 인물이다.

내가 이곳에 올 때마다 바텐더는 진싱에게 내가 왔다고 말했고 진싱은 내 옆으로 와서 앉곤 했다. 그녀는 항상 기분 좋게 나를 보았는데, 나는 그게 썩 내키지 않아서 그곳에 가는 횟수를 줄였다. 하지만 베이징 사람들은 새로운 것(대개는 돈이지만)을 갈망했고, 개인의 자유와 자기들 나름대로 상상한 서양식 라이프 스타일을 동경했다.

수년간 중국을 떠나는 것이 금지되었던 중국인들은 대거 해외여행에 나서기 시작했다. 젊고 매력적인 중국 여성들은 밖으로 나가고 싶은 욕구가 넘쳐났다. 한 외국인 파티에서 한 여성을 만났는데, 우리는 공통의 관심사를 찾다가 마침내 수영을 하기로 하고, 마을 동쪽에 있는 중일 우호회관에 있는 올림픽 규격 수영장에서 수영하기로 약속했다.

그녀는 내가 본 비키니 중 가장 노출이 심한 옷을 입고 나왔다. 1990년대에, 중국의 공공시설에서 그런 대담한 노출에 익숙하지 않은 사람들은 입을 다물지 못할 정도였다. 그녀와 동행하면서 완전히 매료되었지만 감정을 억누르느라 애를 먹었다. 그녀는 얼마 지나지 않아 독일인 사업가와 결혼해 뒤셀도르프로 떠났다. 이런 경험은 업무 외적의 재미를 느끼게 해 주기도 했지만 한편으로는 세상과 동떨어진 느낌을 주기도 했다. 나는 이 나라에서 태어났고, 3개 국어를 현지인처럼 유창하게 말할 수 있지만, 왠지 잘 어울리지 못하는 아웃사이더가 된 기분이었다.

1999년 말, 나는 기업가이자 인민해방군 장군의 아들인 란하이Lan Hai 라는 사람을 만났다. 란은 통신업계에서 꽤 잘 알려진 인물이었으며, 란의 회사는 무선호출기(삐삐)가 유행했을 때 소프트웨어를 제공한 메이저 업체였다.

1990년대 중반, 무선호출기는 서양에서 그랬던 것처럼 변화하는 중국에서 신분의 상징이었다. 느려터진 국영 전화 회사가 유선 전화를 설치해 주는 데는 수 개월이 걸렸지만, 민간 회사가 판매하는 호출기 기술은 사람들이 움직이는 어느 곳에서든 연락을 받을 수 있게 해 주었다. 수십 개의 호출기 회사들이 전국적으로 메시지를 날려 보내며 방대한 콜센터를 개설했다. 1990년대 후반까지, 거의 1억 명에 달하는 중국인들이 호출기를 휴대하고 다녔다. 그러나 그 후 메시지 송수신 기능이 내장된 또 다른 혁신 기술인 휴대전화가 등장하면서 호출기는 사라지기 시작했다. 란의 회사인 팜인포PalmInfo는 비서 업무와 은행 서비스를 제공하면서, 기존 콜 센터의 수명을 연장하기 위해 애쓰고 있었다. 차이나베스트는 팜인포에 관심이 있었고, 우리는 궁극적으로 란이 400만 달러의 자금을 유치하는 것을 도왔다. 1999년 말 란은 내게 새 일자리를 제안했고, 그것은 내 인생에 또 다른 큰 변화를 가져왔다.

란이 일자리를 제안했을 때 사실 나는 사모펀드 회사에서의 내 직업에 의구심을 품고 있던 참이었다. 나는 마치 강둑에 서서 현대화되어 가는 나라의 흐름을 먼 발치에서 구경만 하는 것 같았다. 차이나베스트에 들어와서 베이징 지부장이 되기까지 과정과 앞으로 내 삶이 어떻게 펼쳐질지를 생각해 보았다. 마흔 살쯤에는 파트너로 승진하고, 몇 년 후에는 지금의 내 상사들처럼 홍콩에서 저택을 임대해 살고 있겠지.

하지만 그런 시나리오로는 내 꿈을 펼칠 여지가 거의 없다는 생각이 들었다. 사모펀드 업계에서 우리는 항상 실제 전투에서는 멀찌감치 떨어져 있다고 말하곤 한다. 나는 단순한 투자자로서가 아니라, 실제로 사업을 일으키는 전투원이 되고 싶었다. 중국의 현대화 과정에서 단지 이익을 챙기려는 사람이 아니라, 실제 현대화 현장에 직접 참여하고 싶었다. 게다가 나는 상하이 골목길에서부터 미국의 심장부에 이르기까지 미지의 세상을 탐험하는 것을 즐기지 않았던가. 나는 새로운 도전을 원했다. 뭔가 대단한 일을 하고 싶었다. 그리고 나는 그 대단한 일이 실제 가능한 시기의 중국에서 살고 있지 않은가. 그뿐만 아니라 훌륭한 투자자가 되기 위해서라도 실제 기업가로서의 경험이 필요하다고 생각했다. 당시 벤처 캐피털 업계에 종사하는 사람들은 대부분 숫자나 계산할 줄 알았지, 실제로 기업을 운영할 수 있는 사람은 거의 없었다. 나는 두 가지를 다할 수 있는 사람이 되고 싶었다.

결국 나는 2000년 초에 팜인포의 CEO로 합류했고, 란은 회장 자리로 한발 물러났다. 차이나베스트가 지원한 자금으로, 우리는 베이징 동부 지역 번화가에 있는 켐핀스키 호텔Kempinski Hotel 옆의 화려한 사무실 건물 한 층 전체를 사들였다. 우리는 모토로라 중국 법인 출신의 고위 간부를 영입했고 100명의 직원을 추가로 고용했다. 또 미국 캘리포니아 어바인에 지사도 개설했다. 우리가 아주 잘나가는 회사임을 보여 주고 싶었다. 명함에는 12개의 자회사가 적혀 있었다. 국영 통신회사의 고위 임원이 내 명함을 만지작거리며 이렇게 말했던 것이 기억난다. "흠, 이제 당신네 회사는 국제적인 재벌 기업이군요."

하지만 팜인포에서 우리의 성과는 아쉬운 점이 많았다. 비용은 많이 늘어났지만, 수입은 미약했다. 우리는 중국의 은행들에 우리 서비스를 구매하도록 설득하지 못했다. 우리 기술에 관심이 있는 기업들이 나타났을 때도 다른 회사와 경쟁해야 했다. 우리는 우리만의 독점 소프트웨어를 사용하고 있었는데, 한 직원이 회사를 떠나 새 회사를 창업하더니 같은 기술을 더 낮은 가격에 팔았다. 우리를 보호하기 위해 누구에게도 의지할 수 없는 상황이었다. 중국은 지적재산권에 관한 한 세계 최고의 짝퉁 국가였다. 불법복제 소프트웨어와 DVD가 판치는 무법 천지의 나라였다. 2000년 당시에 중국 사법기관은 우리의 주장에 관심이 없었다.

2001년 늦은 봄, 사업을 시작하고 18개월 만에 변화가 필요한 시점에 봉착했다. 우리는 사무실 규모를 더 작게 줄였다. 직원도 해고했다. 나 역시 불필요한 존재임이 분명했다. 그래서 그만뒀다. 나는 베이징에서 아무런 결실도 보지 못한 채, 부모님이 계신 상하이로 향했다(이때 부모님은 홍콩에서 상하이로 다시 이사 오셨다).

아버지의 직장 상황은 나와는 정반대였다. 그는 타이슨의 중국 사업을 무無에서 연간 1억 달러 이상으로 성장시켰다. 성공에 대한 대가로 타이슨은 중국 본토에 법인을 개설하고 아버지를 중국 법인 대표로 임명했다. 아버지는 고향(상하이)에 돌아온 것을 승리로 여겼다. 그는 열악한 환경에서 일하던 교사의 신분으로 중국을 떠났고, 홍콩에 와서는 창고 노동자로 시작해 마침내 수십억 달러의 사업체 대표가 된 것이다. 그의 귀향을 두고 아버지의 친구들은 '메이궈 마이반(美國 買辦)'이라고 불렀는데, 이는 중국 공산화 이전에 미국 기업에 고용되어 미국 기업을 위해 일하는 중국인을 일컫는 말이다. 그 호칭은 두 가지 의미를 담고 있었다. 하나는 아버지가 양키 제국주의의 충견이 되었다는 비난 섞인 농담이었고, 다른 하나는 아버지의 성공에 대한 부러움이었다.

아버지는 어쨌든 자신의 성공을 인정하는 것이라며 그 호칭을 받아들이셨다. 유리로 된 고층 빌딩의 모서리 사무실(corner office, 미국에서는 회사 중역들을 C-Suite라고 부르는데, 이 C는 chief라는 단어와 corner office라는 단어의 첫 자이다-옮긴이)과 도심에 자리 잡은 고급 아파트는 그의 자존심을 더욱 높여주었다.

상하이의 경제 호황은 단지 닭고기 판매가 늘어난 것만을 의미하는 것이 아니었다. 아버지가 근무하셨던 샹밍중등학교는 철거되고 고급 가라오케 바가 들어섰다. 나는 부모님이 주말 휴가를 위해 마련한 세샨 교외에 있는 별장 아파트로 들어갔다. 개발업자들은 그곳에 상하이 최고의 민영 골프 클럽을 만들고 있었다.

나만 빼고 모든 것이 잘되어 가고 있었다. 나는 늘 발전하는 데 익숙했지만, 지금은 패배를 인정해야만 했다. 태어나서 처음으로, 데일 카네기Dale Carnegie의 『인간관계론』 같은 자기계발서에서부터 중국 철학자 공자와 맹자, 불교계의 영적 스승 난화이친(南懷瑾)에 이르기까지 닥치는 대로 읽으면서, 자기비판과 자기 발견의 여정을 시작했다. 그리고 그때 비로소 "뛰고 싶으면 먼저 머리 숙이는 법부터 배워야 한다"라는 중국 속담의 의미를 이해했다.

난화이친은 쿵푸 챔피언 출신으로, 제2차 세계대전 중에 전도유망한 군 생활을 정리하고 불교 승려가 되었다. 1949년에 공산주의 혁명을 피해 타이완으로 건너가 종교와 중국 철학 분야에서 가장 인기 있는 작가가 되었다. 그가 쓴 책을 읽고 공부하면서 나는 언제나 인생의 다음 목표를 추구하느라 너무 바쁘게만 살아왔다는 것을 깨달았다. 내 인생에서 멈춤과 반성이 없었다. 난화이친의 책을 읽으면서 팜인포가 왜 실패했는지보다 내가 왜 실패했는지에 훨씬 더 관심을 두게 되었다. 내게 부족한 것은 과연 무엇이었을까?

결론은 너무 앞으로 나가는 데에만 급급한 나머지 집중하지 않고 매사를 건성으로 대했다는 것이다. 나는 세세한 부분까지 신경 쓰는 것은 너무 지루한 일이라고 생각했지만, 공부를 더 많이 할수록 세세한 부분이 중요하다는 것을 이해할 수 있었다. 팜인포에서의 실패는 내게 심각한 불면증을 남겼다. 나는 명상을 시작했고, 숙면하기 위해 마음 비우는 법을 배웠다. 나는 호흡을 완화하는 연습을 했다. 이 기술은 훗날 내 삶이 더 힘들어졌을 때도 큰 도움이 되었다. 자신을 초월하라는 난화이친의 가르침은 훗날 내가 자선단체에 관심을 두게 된 동기가 되었다. 이 기간에 나는 국외자로 살아온 내 삶의 허울을 벗을 수 있었다. 그동안 만나왔던 여자 친구와도 결별을 선언했다. 이 기간에 생활비는 부모님이 대주었다.

그러는 와중에도 가끔 팜인포 일을 했다. 우리는 통신업계에 하드웨어를 판매해 온 '그레이트오션Great Ocean'이라는 회사와 합병을 논의하고 있었다. 우리의 소프트웨어가 그들의 제품을 보완했기 때문에 고객이 겹

칠 때가 많았다. 그레이트오션은 늘 현금 부족에 시달려 왔기 때문에 새로운 투자자들을 원했다. 주 고객인 국영 통신사들은 그레이트오션의 하드웨어를 구입하고도 항상 결제가 늦었다. 2001년 겨울, 베이징으로 가서 베이징 호텔 옆 동방 광장東方廣場에 있는 그레이트오션 사무실을 방문했다. 그곳에서 나는 단종Duan Zong이라는 사람을 만났다. 그는 자신을 이렇게 소개했다.

"그레이트오션의 회장 휘트니 단이라고 합니다."

나는 거의 6년 동안 중국을 누비면서 많은 사람을 만났지만, 이렇게 독립적으로 사고하는 여성 기업가는 만나 본 적이 없었다. 내가 휘트니를 처음 봤을 때, 그녀는 열 명 남짓한 사람들과 함께 회의실 테이블에 둘러앉아 있었다. 그녀가 한쪽 끝에 앉았고 나는 그 반대쪽 끝에 앉았다. 그녀의 말이 아주 빨라서 도중에 끼어들 수가 없었다. 가부장적인 중국 사회에서 한 여성이 회의실을 압도하는 장면은 충격적이었다. 내 경험상, 중국의 여성들은 언제나 과소평가되어 왔다. 나는 휘트니 단 회장처럼 여성이 비즈니스 전면에 나서서 주도하는 것을 본 적이 없었다.

합병에 대한 논의를 계속 진행할수록, 휘트니는 내가 중국인들의 고질병이라고 생각하는 부분에 대해서도 상식적인 판단을 내렸다. 한번은 내가 다리를 꼬고 앉아서 한쪽 발을 공중에서 흔들고 있는데, 그녀가 내 자세를 지적했다. "당신의 발이 테이블보다 높군요." 그녀는 중국에서 관리들을 만날 때는 그렇게 서양인들처럼 격식을 차리지 않는 자세는 곤란하다고 말했다. "교실의 아이처럼 얌전히 앉아 있어야 해요. 항상 긴장을 늦

쳐서는 안 됩니다. 그리고 말을 시키기 전에는 절대 말해서는 안 돼요."

지금껏 그녀처럼 자신만만하게 나를 관찰하고 지시를 내리는 사람은 만나 본 적이 없었다. 에르메스 가방을 들고 샤넬 정장을 입은 그녀는 품격을 지키면서도 성공적으로 이미지를 전달했다. 자책감에 시달리면서 새로운 길을 찾고 있던 나는 휘트니의 단호한 태도에서 내 목표를 찾았다. 나도 그녀처럼 되고 싶었다.

휘트니의 키는 약 170센티미터로 중국 여성치고는 큰 키였다. 그녀는 목소리가 좋아서 대학 시절에는 학교 합창단의 리드 싱어로 활동했다. 우리는 함께 노래방에 갔는데, 그녀가 마이크를 잡자 노래를 듣기 위해 모두가 조용히 했다.

빼어난 미인은 아니었지만 그녀가 젊었을 때는 분명히 아름다웠을 것이다. 우리가 만났을 때 그녀는 30대 중반이었고, 몸무게도 좀 불어난 것 같았다. 그래도 그녀는 타고난 인품을 지니고 있었다. 그녀의 눈은 통찰력과 에너지로 빛났다. 내 과거 여자 친구들과 비교했을 때, 휘트니는 지적으로나 정신적으로나 완전히 차원이 다른 여성이었다. 그녀도 내가 읽는 책을 읽었다. 그녀는 중국이 어떻게 움직이는지에 대해 철학적으로 이해하고 있었고, 중국 사람들이 왜 외국인들과 다르게 반응하는지를 설명해 주었다. 그녀는 사랑하는 조국과 나를 다시 연결해 주는 다리가 되었다. 더구나 그때 나는 인생의 전환기에 있었기 때문에 그녀의 매력에 흠뻑 빠지고 말았다.

나는 휘트니가 중국 성장의 원동력(공산당 고위층)에 상당한 연줄이 있다는 인상을 받았다. 나로서는 그런 사람을 직접 만난 것은 처음이었다.

그녀는 내가 신문에서나 보고 들어봤을 법한 관리들을 잘 알았다. 그녀는 그 외에도 내가 들어본 적이 없는 다른 사람들을 많이 알았다. 이것은 새로운 세계였다. 나는 이 세계를 배우고 싶었고, 휘트니 역시 나의 가이드 역할을 원하는 것 같았다.

나는 다시 베이징을 들락거리기 시작했다. 휘트니는 보면 볼수록 감명을 주는 사람이었다. 그녀는 중국 철학자, 공자와 맹자, 프랑스 계몽 사상가 몽테스키외의 저서에 나오는 구절을 자유자재로 구사했다. 결국 그녀는 자기 회사의 자금 조달을 도와 달라며 나를 고용했다. 마침내 나는 그녀에게 재정 문제를 조언하는 자리에 서게 되었다.

우리는 사귀기 시작했고, 하이킹이나 영화를 보러 다녔다. 하지만 우리의 관계가 남달랐던 것은 토론이었다. 연애에 대한 그녀의 생각에는 우리의 목표를 토론하고 조율하는 것도 포함되어 있었다. 나는 이런 식의 연애를 해 본 적도 없거니와, 자신의 방식이 옳다고 그렇게 확신하는 사람을 만나 본 적도 없었다. 2002년 초, 우리는 대리석으로 치장된 베이징 그랜드 하얏트 호텔의 커피숍에서 만나 무려 3시간 동안 이야기를 나눴다. 휘트니는 결혼에 대한 내 사고방식에 관해 꼬치꼬치 캐물었다. 그녀는 내가 나 자신의 삶을 임상적으로 보도록 유도했는데, 사실 내게 그렇게 조언한 사람은 지금까지 아무도 없었다. 나는 여성들에게 인기 있는 남자는 아니었지만, 연애에 대한 내 관점은 꽤 서구적이었다. 그러니까 어떤 일이 벌어지면, 자연스럽게 그 흐름을 따르는 스타일이었다. 할리우드 로맨스 영화에서 주인공들은 늘 마음 가는 대로 따르지 않던가?

하지만 휘트니는 그런 접근 방식과는 완전 거리가 멀었다. 그녀는 단호하게 말했다. "당신의 접근 방식은 좀 더 나아져야 해요." 실제로 그녀와 나는 SWOT 분석(기업의 환경분석을 통해 강점과 약점, 기회와 위협 요인을 규정하고 이를 토대로 마케팅 전략을 수립하는 기법-옮긴이)을 자주 했다. SWOT 분석은 기업을 평가하는 데 주로 사용되는 체크리스트다. 우리는 이 모델을 근거로 우리의 관계에 대해서도 장점, 약점, 기회, 위협을 분석했다. 그러고 나서 서로의 메모를 비교했다.

휘트니의 주장은 내 분석에 큰 영향을 미쳤다. 그녀는 성공을 위한 마법의 공식이 있는 것 같았다. 내 공식에는 그런 마법이 없었기 때문에 매우 흥미로웠다. 열정, 사랑, 섹스에 대한 휘트니의 견해는, 우리가 그것들을 통해 성장할 수는 있지만 그렇다고 해서 우리를 구속해서는 안 된다는 것이었다. 우리의 관계를 굳건하게 만드는 것은 그런 감정보다는 근본적인 논리여야 한다는 것이다. 그러니까, 성격이 서로 맞는가, 가치를 공유하고, 같은 목적을 갈망하며, 그것을 달성하기 위한 수단에 동의하는가 등이 중요하다는 것이다. 그럴 수만 있다면 다른 모든 것은 저절로 뒤따를 거라고 했다. 우리는 일찌감치 이 부분에 대해 생각이 일치했다. 우리는 중국과 세계에 흔적을 남기기 위해 무언가를 하고 싶었다. 이것이 수년 동안 나의 목표였고 휘트니도 그 생각에 전적으로 공감했다. 그 방법에 관한 한, 그녀는 성공으로 가는 티켓을 찾았다는 자신감에 넘쳐 있었다. 나는 그런 그녀를 전적으로 신뢰했다.

우리의 관계는 감정적이라기보다는 정신과 두뇌의 연결과 같았다. 마치 중매결혼을 하는 것 같다는 생각이 들었다. 다른 중매결혼과 다른 점은 우리 스스로가 중매하고 있다는 것이었다. 그 논리는 꽤 설득력이 있었다. 우리는 서로에게 완벽한 보완적 존재가 되었기 때문이다. 나는 스프레드시트를 읽을 수 있었고, 서양식 사고방식을 갖고 있었다. 휘트니는 베일에 싸인 중국 권력의 심장부에 접근할 수 있었다. 그녀는 내가 몇 년 동안 베이징에서 사업을 해 왔음에도 불구하고 중국의 내부 세계에 대해 얼마나 아는 것이 없는지를 깨닫게 해 주었다. 그녀는 나를 새로운 차원의 세계로 들어가게 한 안내자였고, 그곳은 내게 신세계였다. 그녀 덕분에 나는 그 세계에 들어갔고, 감동했으며, 완전히 사로잡혔다.

내 인생의 다음 단계를 찾기 위해, 휘트니의 성공 공식을 따라갔다. 내가 홍콩의 사촌들에게 그랬던 것처럼, 그녀에게 새로운 나를 형성하도록 전적으로 나를 맡겼다. 나는 그녀의 프로젝트가 되었다. 마치 일라이자 둘리틀Eliza Doolittle이 헨리 히긴스Henry Higgins에게 모든 것을 맡긴 것처럼 말이다(조지 버나드 쇼의 희곡 〈피그말리온Pygmalion〉에서 꽃 파는 소녀 일라이자는 출세를 위해 언어학자 히긴스에게 자신의 사투리 고치는 일을 전적으로 맡긴다-옮긴이). 나는 좀 더 성숙해 보이기 위해 콘택트렌즈 대신 안경을 쓰기 시작했다. 즐겨 입던 캐주얼 차림은 말쑥한 정장으로 바뀌었다. 그녀는 내게 매사 신중해야 한다고 말했고, 그래서 나는 "나이보다 조숙하게 행동하라"라는 중국 격언을 따르기 위해 최선을 다했다.

어느 날 함께 차를 타고 가면서 나는 평소처럼 아무 생각 없이 창밖을 내다보고 있었다.

그녀가 물었다. "무슨 생각을 하고 있나요?"

내가 대답했다. "아니, 아무 생각도 안 하고 있었어요."

그녀가 자세를 고쳐 앉으며 나를 보고 말했다. "그건 옳지 않아요. 항상 정신을 작동하게 해야 해요."

그녀는 누구를 부를 것인지, 무엇을 말할 것인지, 어떻게 운영할 것인지 등 언제나 다음 단계를 계획했다. 그녀는 한 발 앞서가는 것이 아니라 열 걸음 앞서갔다. 나는 그녀의 그런 사고방식을 모두 받아들였고, 시간이 지나면서 제2의 천성이 되었다. 그러나 삶을 그런 식으로 접근하는 데는 단점도 있었다. 처음에는 서로 함께 있는 것이 아주 즐거웠다. 하지만 미래에 집중하면 할수록, 우리의 마음은 현재에 더 무관심해졌다. 우리 자신보다는 오직 바깥세상에만 온 신경을 썼다.

휘트니는 내게 중국 정치 시스템을 속성 과정으로 가르쳐 주었다. 서방 세계에서 정당들은 선거에서 승리하고 정권을 장악해야만 권력을 가질 수 있다. 그러나 중국에서는 중국공산당과 싸울 경쟁자가 없었다. 군, 시 또는 성省의 당서기는 군수, 시장, 성의 자치장관(우리나라의 도지사-옮긴이)보다 서열이 높았다. 심지어 중국 군대인 인민해방군도 법적으로는 국가의 군대가 아니라 당의 군대였다.

나는 휘트니의 시야를 넓히는 데 최선을 다했다. 그녀에게 와인과 서양 음식에 대해 가르쳐 주었다. 그녀를 체육관에 데리고 가서 내가 수년 동안 익힌 체력 훈련 방법을 이용해 몇 파운드의 체중을 감량시켰다. 우리는 그랜드 하얏트 헬스클럽에서 함께 운동을 했고, 야자수 같은 열대 우림과 반짝이는 전구로 치장되어 있는 수영장에서 수영을 즐겼다.

우리는 정신적인 측면에서도 공감대를 형성했다. 휘트니는 독실한 기독교인이었고 종교에서 위안을 찾았다. 그녀는 오랫동안 나를 기독교로 개종시키려고 노력했다. 그녀는 나를 교회에 데리고 가서 『성경』을 읽게 했고, 내가 기독교를 믿으면 우리의 관계가 더 굳건해질 것이라고 말하곤 했다. 하지만 나는 이슬람 경전인 『코란』과 바하이교(Baha'i faith, 모든 사람과 종교는 같으므로 평화로이 살아야 한다고 가르치는 아브라함의 종교-옮긴이)의 교본도 읽었다. 나 역시 영적인 길을 추구했지만, 그녀의 기독교는 내 영혼을 끌지 못했다.

휘트니가 이끄는 대로 따라가면서 나는 열정적인 욕망을 억제했고, 시간이 지나면 서로 친밀감이 깊어질 것이라는 그녀의 주장을 수용했다. 그녀의 동반자가 되면 영광스러운 삶에 이를 수 있다는 생각에 사로잡혀 있었기 때문이다. 물론, 함께하면서 행복한 순간도 있었다. 남녀 간의 노골적인 애정 표현에 여전히 눈살을 찌푸리는 중국 사회에서 우리는 종종 손을 잡고 다녔다. 사적인 애기를 나눌 때 그녀는 소녀다웠고 느긋했으며, 나는 그녀의 그런 점을 좋아했다.

우리가 사귀는 동안 그녀는 나를 영어 이름인 데즈먼드라고 불렀고, 나는 그녀를 샤오돤(小段, Little Duan, '사랑스러운 돤'이라는 의미-옮긴이)이라고 불렀다. 그녀와 만난 지 1년 만에 우리는 동거에 들어갔다.

돌이켜 보면, 사랑에 대한 휘트니의 실용주의와 나와 함께하고 싶은 그녀의 열망이 동시에 존재했음을 설명해 줄 수 있는 것이 몇 가지 있다.

한 가지만 말하자면, 그녀는 중국에서는 어린 나이가 아니었다. 우리가 처음 만났을 때, 그녀는 나보다 한 달 모자란 34세라고 말했다. 여성의 평균 결혼 연령이 25세인 중국 사회에서 그녀는 혼기가 한참 지난 여성이었다. 게다가 그녀는 늘 이곳저곳 여행을 다녔는데, 혼자 여행을 다니는 독신 여성들은 범죄의 표적이 되기 쉬웠다.

힘 있는 남자들은 늘 여성을 탐닉한다. 중국에서는 돈 좀 있어 보이는 미혼 여성들은 대개 성관계가 난잡한 여성으로 간주된다. 휘트니는 스무 살 연상인 공산당 고위 당원의 청혼을 거절한 적도 있었다. 그녀가 계속 독신으로 지냈다면, 그런 청혼은 더 많았을 것이다. 중국 여성들에게는 누군가에게 속해 있는 것(누군가의 부인이 되는 것)이 일종의 보호막이 될 수 있었다. 하지만 우리가 사귀기 시작한 후에도 중국은 계속 진보하고 있었다. 공산주의 국가인 중국은 수십 년 동안 국민들의 물질적·성적 욕망을 억눌러 왔다. 그러나 이제 그들의 욕구가 분출하기 시작했다. 당시에 '베이징에는 공기에도 호르몬이 들어 있다'(베이징의 성 문란 분위기를 나타냄-옮긴이)는 우스갯소리가 유행할 정도였으니까.

휘트니가 나와 함께하기로 마음먹은 데에는, 내 키가 크고 그다지 불쾌하지 않은 외모를 가졌다는 것이 영향을 미쳤을지도 모른다. 서양에서 교육을 받았다는 것과 금융업계의 경험도 강점이 되었을 것이다. 중국인이지만 서양 교육을 받은 내부자 아웃사이더로서의 나의 신분은 어느 정도 가치가 있었을 것이다. 하지만 휘트니에게 가장 중요한 것은 신뢰였다. 휘트니에게는 단순한 사업 파트너가 아니라, 전적으로 의지할 수 있는 누군가가 필요했다. 그녀는 중국 권력의 정점에 있는 사람들과 큰돈이 걸린 게임을 시작하려던 참이었다. 그것은 생사가 달린 게임이었기 때문에, 누구와 파트너가 되든 110퍼센트 신뢰할 수 있는 사람이 필요했다. 그래서 일반적인 파트너십으로는 충분하지 않았을 것이다. 그녀는 자신의 대의명분에 전적으로 헌신해 줄 수 있는 사람을 원했다.

5장

휘트니와의
만남

나는 휘트니가 베이징 출신인 줄 알았지만, 최근에야 베이징에 왔다는 사실을 알게 되었다. 그녀는 강력한 군대로 유명한 해안 지역이자 철학자 공자孔子의 출생지인 산둥성(山東省)에서 태어났다. 그녀의 어머니는 방언으로 말하기를 좋아하는 중국계 복음주의 기독교를 믿는 가정주부였다. 중국계 복음주의 기독교는 비옥한 토양의 농촌에서 형성되어 번창했다. 1850년대에 자신이 예수 그리스도의 동생이라는 환상에 빠진 한 기독교 개종자가 주동해 중국 역사상 가장 피비린내 나는 농민 폭동을 일으킨 적이 있다. 1990년대에도 농민 설교자들이 등장해 비슷한 주장을 펼쳤는데, 그중에는 입에서 불을 뿜는다는 한 여성이 나타나 자신이 예수의 누이라며 '동방 번개(Eastern Lightning)'라는 광신적 종교 집단을 이끌기도 했다. 휘트니도 어머니의 영향을 받아 자연스럽게 기독교인이 되었다.

휘트니의 어머니는 휘트니를 임신한 채로 남편의 학대를 피해 작은 마을의 관리와 재혼했다. 휘트니는 어머니의 그런 행위가 여성들이 자신의 운명을 받아들이도록 강요당하는 사회에서 보기 드문 도전적 행동이었다며 어머니를 우상화했다. 휘트니는 어머니가 자신의 유일한 혈족이었기 때문에 어머니에 대한 집착이 강했다. 그녀는 항상 자신의 어머니를 극찬하곤 했는데, 이는 상하이라는 대도시에서 자란 내가 자신의 어머니를 무시할까 봐 걱정했기 때문이기도 했다. 나는 휘트니의 어머니가 『성경』 구절을 끊임없이 인용하는 데 익숙해졌다.

휘트니의 의붓아버지는 지역 수도국의 하급 관리였다. 그는 여행을 갈 때마다 엄청나게 매운 칠리소스 병을 싸 가지고 다니며 자신이 먹는 모든 음식에 듬뿍 뿌려 먹는다. 그는 휘트니 어머니와 결혼하면서 전처의 아들(휘트니의 의붓오빠)을 데려왔고, 이들 부부는 나중에 또 한 명의 아들(휘트니의 이부동생)을 낳았다. 휘트니는 그녀의 의붓오빠를 종종 부동산 사업에 내세우곤 했다. 그러나 그녀의 이부동생은 한 번도 일을 하지 않았고, 그녀가 사라질 때까지 휘트니에게 얹혀 살았다.

휘트니는 장쑤성과 산둥성의 남쪽 경계에 있는 호숫가 마을 웨이산(微山) 근처의 수도국 안뜰에 있는 원룸 기숙사에서 다른 가족들과 함께 자랐다. 휘트니의 의붓아버지는 지방 관리로서 현금으로 월급을 받았기 때문에, 늘 현금이 부족한 인근 농부들에 비해 부유한 편이었다. 우리 가족도 1년에 한 번 닭고기를 먹을까 말까 했지만, 휘트니의 가족은 오리, 민물고기, 달걀, 신선한 야채 등을 마음껏 먹었다.

휘트니가 열일곱 살에 치른 첫 대학 입학 시험에 떨어지자, 그녀의 부모님은 그녀를 자동차 정비 직업학교에 등록시켰고 그곳에서 1년 동안 자동차 수리를 배웠다. 장갑도 끼지 않은 채 매일 부동액과 윤활유를 만

지느라 손에는 물집 잡히지 않는 날이 없었고 피부는 하얗게 벗겨져 갔다. 그녀의 손은 1년 내내 퉁퉁 불어 있었다. 그러나 운명을 받아들이라는 부모님의 설득에도 불구하고 대학 시험을 다시 보기 위해 아침 일찍부터 밤늦게까지 열심히 공부했다. 한 겨울 내내 외풍이 술술 들어오는 홀의 등불 아래 의자에서 공부를 했는데, 그때 생긴 요통은 평생 그녀를 힘들게 했다.

휘트니는 자신의 비천한 집안 내력을 원망하지는 않았지만, 숲에는 잎이 다 떨어진 나목만 남아 있고 야생 동물도 사라지고 없는, 악취 나는 관개 도랑으로 둘러싸인 황량한 시골의 지저분한 수용소(그녀는 자신의 집을 그렇게 불렀다)에서 벗어나기를 원했다. 그녀도 나처럼 중국에 흔적을 남길 수 있는 무언가를 하고 싶어 했다.

1986년 휘트니는 이웃 장쑤성의 일류 군사 대학인 난징공과대학교(Nanjing Polytechnic Institute)에 들어갔다. 그녀는 컴퓨터공학을 전공했고, 과 수석으로 졸업했으며, 당시 모두가 탐내던 학교 일자리를 제안받았다. 중국공산당에 입당하고 학교 총장의 비서가 된 것이다.

중국 대학 총장의 비서 자리는 중국 관리들을 다루는 방법을 배우는 값진 기회가 되었다. 휘트니는 이때 그 기술을 완벽하게 연마할 수 있었다. 그녀는 대화 상대에 따라 태도, 목소리 톤, 언어를 어떻게 바꿔야 하는지를 배웠다. 난징공과대학교는 인민해방군과 밀접한 관련이 있었기 때문에, 그녀는 군 장교들을 다루는 방법도 속성으로 배울 수 있었다.

휘트니는 총장의 연설문을 작성하며 탁월한 작문 실력을 갈고닦았고,

총장의 목소리를 조율하는 법을 배웠다. 휘트니는 연설문을 작성할 때마다 중국 고전에 나오는 구절을 빠트리지 않았다. 중국어 작문은 때로는 지나치게 문학적 암시에 빠지는 경우가 있는데, 휘트니는 글을 너무 과장하지 않으면서 중국 문학에 대한 깊은 지식을 보여 주었다.

총장의 비서로 1년을 보낸 후, 총장은 그녀를 산둥의 외부 투자 유치를 담당하는 부군수로 일하도록 알선해 주었다. 공산당은 이런 방식으로 재능 있는 젊은 남녀를 양성해 정부 업무의 일선에 배치했다. 휘트니는 주로 베이징에서 시간을 보내면서, 당 관료 체제에서 일하는 산둥 출신 간부들을 찾아 그 도시에 대한 투자를 촉진하기 위한 향우회 네트워크를 발전시키고자 했다.

휘트니는 산둥에서 귀중한 교훈을 배웠는데, 그것은 내가 홍콩에서 배운 것만큼이나 값진 것이었다. 그녀는 중국에서 진정으로 성공한 사람들은 그 시스템의 연줄, 즉 꽌시가 있는 사람들이라는 것을 발견했다. 그럼에도 불구하고 그녀는 산둥의 부군수 자리를 좋아하지는 않았다. 어쩔 수 없이 술을 너무 많이 마시다 보니 두드러기가 났고, 때로는 성희롱도 당했다. 그리고 군수가 부패 혐의로 체포되어 징역형을 선고받자, 뒤에서 떠드는 험담과 뒤숭숭한 소문은 참기 힘든 지경이었다.

그 경험 때문에 정부를 위해 일하고 싶은 욕구가 싹 사라져 버렸다. 그것은 그녀의 마음 깊은 곳에 중국 체제에 대한 본능적인 두려움과, 그녀의 표현을 빌리자면 '관에서 자신의 시체를 꺼내 채찍질한다 해도 먼지 하나 발견하지 못할 만큼' 깨끗하게 살아야 한다는 결심을 하게 했다. 그녀는 정부 관련 일을 떠나 기업에 종사하는 것이 자신이 가야 할 길이라고 생각했다.

휘트니는 난징공과대학교 총장에게 전직을 요청하는 편지를 썼다. 그녀는 국영 회사에서 일하기를 원했다. 자신이 성공할 수 있는 최선의 길을 기업이 제공해 줄 것이라고 생각했다. 그리고 기업에서 정부 시스템에서처럼 책망받는 일은 절대 하지 않겠다고 스스로 약속했다. 비록 더러운 시스템에서라도 자기 자신, 심지어 자신의 시체까지도 깨끗하게 유지할 수 있을 것이라고 생각했다.

총장은 중국 군부가 운영하는 부동산 개발회사 CEO의 비서 자리를 찾아 주었다. 당시 인민해방군은 식품 생산, 제약, 주류, 무기 등 온갖 사업에 관여하며 수십억 달러의 상업 제국을 구축하고 있었다. 이런 인민해방군의 회사에 근무한 덕분에, 휘트니는 상류사회의 첫맛을 보게 되었다. 그녀는 홍콩 페닌슐라 그룹Peninsula Group과 중국 군대가 합작으로 설립한 베이징의 왕푸(王府) 호텔에서 디자이너 브랜드 제품을 사고, 호화로운 만찬에도 참석하며, 공산당 고위 관리들과의 꽌시를 차곡차곡 쌓아 나갔다.

인민해방군의 기업들이 벌이는 부패의 규모는 믿기 어려울 정도로 거대했고, 이는 중국의 전투 능력을 갉아먹고 있었다. 나도 차이나베스트를 대표해 타이트 아시아에서 일하면서, 맥주를 밀수입하기 위해 군함을 제공했던 중국 해군 장교의 부패를 직접 목격한 바 있었다. 1996년 휘트니는 마침내 자신의 회사를 설립하고, 회사명을 영어로 '그레이트오션'이라고 불렀다. 1년 후, 장쩌민 공산당 서기장은 군부에 상업적 소유물을 모두 처분하라고 명령했다.

그레이트오션은 톈진에서 부동산 프로젝트로 사업을 시작했다. 중국 원양운수집단의 톈진 지사가 휘트니에게 첫 100만 달러를 투자했는데, 이는 훗날 휘트니에게 불길한 연결 고리가 되었다. 휘트니가 세 개의 프로젝트를 개발하며 회사를 급성장시키면서 톈진은 그녀에게 너무 좁은 시장이 되었다.

휘트니는 더 큰 시장을 원했고, 마침내 북서쪽으로 90마일 떨어진 베이징으로 진출했다. 내가 그랬던 것처럼, 그녀도 기회의 나라에서 뭔가 주목할 만한 일을 열망했다. 억누를 수 없는 야망과 우리의 삶에서 뭔가를 만들어 보고자 하는 열망이 우리를 함께 뭉치게 했고, 그것이 우리가 손잡게 된 가장 근본적인 논리가 되었다. 휘트니는 자신의 야망을 회사의 중국 이름에 그대로 반영했다. 타이홍(泰鴻). 이 두 글자는 고대 중국의 역사학자 사마천이 쓴 문장에서 유래했다. 사형을 면하기 위해 궁형을 자처한 사마천은 '사람은 언젠가 한번은 죽는데, 어떤 죽음은 태산(泰山)보다 무겁고 어떤 죽음은 기러기 털(鴻毛) 하나보다 더 가볍기도 한 것은 살아가면서 추구하는 바가 다르기 때문이다'라고 썼다. 그것이 그녀가 궁극적으로 자기 자신과 나를 보는 방식이었다. 우리는 무에서 태어났고, 결국 우리 삶에서 아무것도 이루지 못한다면, 삶은 아무 의미가 없다고 본 것이다. 우리 삶이 그럴진대, 어떻게 무엇이든 시도해 보지 않을 수 있단 말인가? 그것이 그녀의 좌우명이었고, 그런 태도가 없었더라면 그녀는 밑바닥 인생에서 꼭대기까지 자신을 끌어 올릴 수 없었을 것이다. 그녀의 고향은 이른바 삼류 도시 축에도 끼지 못하는 시골이었고, 그녀의 원래 가족은 완전히 파괴되었다. 그녀의 의붓오빠와 이부동생은 그녀에게 전혀 도움이 되지 못했다. 하지만 그녀는 자신의 삶을 깃털처럼 하찮은 것으로 만들지 않으리라 다짐했다. 그녀와 나의 삶은 태산처럼 무거워질 것이었다.

1999년 휘트니는 베이징으로 회사를 옮겼다. 그녀는 권력, 성공, 신용을 과시하기 위해 베이징에서도 가장 화려한 상업지대인 동방 광장에 사무실을 차렸다. 그녀는 군부와 일하며 쌓은 꽌시를 활용해, 이제 막 서비스 확장에 나선 국영 통신 회사에 IBM 서버와 기타 장비들을 판매하기 시작했다. 그리고 그녀는 여전히 중국공산당 고위 관리들과의 독점 행사에 초대장을 보내며 네트워크를 활발하게 구축해 나갔다.

아시아인포의 에드워드 티안처럼 휘트니도 중국에서 성공의 문을 열기 위해서는 두 개의 열쇠가 필요하다는 것을 잘 알고 있었다. 첫 번째 열쇠는 정치적 수완이었다. 중국에서 기업가들은 공산당의 이익에 영합해야만 성공할 수 있었다. 구멍가게의 주인이든, 중국 실리콘밸리의 기술 천재든, 사업을 하려면 예외 없이 이 시스템 안의 스폰서가 필요했다. 두 번째 열쇠는 기회가 왔을 때 실행할 수 있는 능력이었다. 이두 가지 열쇠를 모두 가지고 있어야만 중국에서 성공할 수 있다. 그것이 휘트니가 시작하고 내가 함께 가담한 이야기의 핵심이다.

휘트니와 나는 여러 면에서 잘 맞았다. 그녀가 자신의 미천한 출신에 관해 이야기했을 때 나는 나 자신을 보는 것 같았다. 우리 둘 다 혼기가 지난 사람들인 데다 성공을 갈망한다는 점도 비슷했다.

우리는 개인적 정체성 차원에서 중국 근대화의 방향성을 공유한다는 점도 비슷했다. 19세기에 중국의 학자-관료들은 실용을 위해 서양 학문은 받아들이되 중국 학문이 미래를 향한 중국 행진의 핵심으로 남아 있어야 한다고 주장했다. 학자들은 이것을 '중학위례 서학위용中學為體 西學為用'이라고 불렀다. 휘트니는 중국 학문, 즉 중학의 전형적인 본보기였고, 나는 서양 학문, 즉 서학을 상징했다. 문자 그대로나 은유적으로나 중국의 비주류인 내가 중국 정통 핵심부에 있는 휘트니와 결합한 것이다.

휘트니는 중국 심장부로의 여정에 나를 초대했다. 사건의 고비를 넘을 때마다 우리는 더 깊숙이 들어갔다. 반전을 겪을 때마다 우리는 점점 더 중국 '체제'가 만든 창조물이 되어 갔다. 여기서 '체제'란 이 나라의 모든 힘은 중국공산당 최고위층만이 갖는 정치적 파워와 경제적 파워에서 나온다는 것을 의미하는 중국 암호어다. 중국 14억 인구 대부분이 이 '체제'라는 마법에 걸려 일생을 보내는 동안, 우리는 이 '체제' 안으로 들어갔고 그 안에서 번창했다.

2002년 초여름, 휘트니와 나는 캐나다의 휴양도시 밴프Benff로 열흘간 여행을 떠났다. 휘트니는 함께 여행하는 것이 배우자가 될 사람에 대해 알 수 있는 가장 좋은 방법이라고 생각했다. 내게는 그 서방 세계로의 여행이 내 재능을 보이고 '실용'을 지향하는 서학을 과시하는 기회가 될 수 있었다. 우리는 다른 방법으로 서로를 보완했다. 의아하게도 휘트니는 내 생각보다 더 폐쇄적이었다. 그녀는 안전 지역에서 벗어나거나, 잘 모르는 길을 가야 할 때 자신을 인도할 누군가를 필요로 했다. 그리고 내가 바로 그런 안내자가 될 수 있으리라 믿었다. 모든 여행 일정은 내가 다 준비했다. 나는 캐나다를 대표하는 럭셔리 열차인 유리 천장 열차 로키 마운티니어Rocky Mountaineer와 호수가 내려다보이는 페어몬 트 샤토 레이크 루이스 호텔을 예약했다. 우리는 최고의 레스토랑에서 식사를 했고 아름다운 경치를 감상했다. 함께 탐험하고, 서로를 더 깊이 들여다보고, 그 순간을 만끽했다.

베이징으로 돌아온 휘트니는, 이제 우리 관계가 다음 단계로 넘어갈 준비가 되었으므로 우리의 결합을 승인해 줄 특별한 사람을 만날 때가 되었다고 말했다. 그녀의 선언으로 또 다른 문이 열렸고, 우리의 삶은 새로운 변화를 앞두고 있었다.

놀라운 인맥,
원자바오의 부인

나는 우리가 왜 또 다른 사람의 승인을 받아야 하는지 궁금했다. 이미 휘트니의 부모님도 만난 터였다. 또 벤프 여행을 통해 우리의 관계가 충분히 시험받았는데, 누구의 축복이 또 필요하단 말인가? 2002년 늦여름 저녁, 휘트니가 주선한 저녁 식사를 앞두고 나는 왠지 모를 불안감에 휩싸였다.

휘트니는 베이징 그랜드 하얏트 호텔 지하에 있는 최신 유행의 광둥식 레스토랑 '유팅'을 만남의 장소로 예약했다. 그 호텔은 2000년대 중국의 이상을 보여 주는 상징적 호텔로 과시적으로 보일 만큼 지나치게 화려한 곳이었다. 주문 제작한 고급 의자, 화려한 광택의 흑단 테이블, 이탈리아 대리석 바닥, 금 장식품 등이 서로 잘 아우러졌다. 손님 중에는 휘트니를 처음 만났을 때 동석했던 중국인 두 명이 포함되어 있었다. 한 명은 소위 신흥 졸부로 옷차림은 화려했지만 왠지 잘 어울리지 않았다. 그는 옷의 브랜드를 자랑하기 위해 일부러 재킷 소매의 꼬리표를 떼지도 않았다. 또 다른 사람은 중국 관리 같았는데, 원치 않는 관심과 시기를

—— 6장

피하려는 듯 카메라를 피했다.

휘트니와 나는 일찍 도착해 메뉴를 정하고 그녀가 예약한 방을 미리 살펴보았다. 휘트니는 오늘 만날 분이 매우 존경하는 중요한 어른이라면서, 식사를 다 마친 후에 그분의 신분을 밝히겠다고 말했다. 나는 그녀가 누구를 초대했는지 전혀 알지 못했다. 다만 이 만남이 우리의 미래에 영향을 미치리라는 것만 짐작할 뿐이었다.

약속 시각인 6시 30분이 되기 전에 우리는 원형 대리석 계단을 통해 로비로 올라가 손님을 기다렸다. 옷차림도 신경 썼다. 휘트니는 샤넬을 입었고 나는 깔끔한 정장을 입었다. 이윽고 검은색 BMW가 미끄러지듯 들어왔고, 파란색 막스 마라 의상에 꽃무늬 스카프를 한 다소 평범해 보이는 중년 여성이 차에서 내렸다. 휘트니는 그녀를 '장 아이'(張 阿姨, '아이'는 이모라는 뜻임-옮긴이)라고 소개했는데, 이는 나이 많은 여성에 대해 존경심을 표시하면서도 친밀감을 주는 중국식 호칭이다.

장 이모가 반가운 미소를 지으셨기 때문에 나는 곧 마음이 놓였다. 휘트니는 장 이모의 팔꿈치를 잡고 호위하듯 아래층의 예약한 방으로 안내했다. 장 이모는 냅킨을 와인 잔에 공작 꼬리처럼 잘 정돈해 놓은 상석으로 곧장 걸어가 앉았다.

삶은 농어와 볶은 중국 브로콜리를 먹으면서 장 이모는 나의 배경과 교육 그리고 상하이, 미국, 홍콩에서의 생활, 사모 주식, 팜인포 등에 대한 질문을 연거푸 퍼부었다. 그럴 때에는 꼬치꼬치 캐묻는 전형적인 노인이었다. 휘트니가 내게 사전에 귀띔해 준 거라고는 그녀가 친한 친구이자 중요한 존재라는 것뿐이었다. 식사를 다 마칠 때까지도 나는 그녀가 누구인지 전혀 짐작할 수 없었다.

하지만 나는 처음부터 그녀가 고위 관리이거나 또는 고위 관리의 부인일 거라는 생각은 하지 못했다. 그런 종류의 사람들은 별종에 가까웠다. 그들은 우리 같은 보통 사람과는 다르게 행동했고, (공산당을 지칭하는) '조직'과 같은, 자기네들만 쓰는 단어를 은연중 과시하며 으스대는 투의 중국어를 사용했다. 그들과의 대화는, 누가 뜨는 인물이고 누구는 이제 한물갔다는 둥, 곧 새로운 정책이 나올 것이라는 둥, 미국의 정치 도시 워싱턴 D.C. 같은 곳에서나 들을 수 있는 잡담의 중국판이나 다름없었다. 이들은 또 결코 혼자 다니는 법이 없었고, 늘 옆에서 굽실거리는 똘마니들을 거느리고 다녔다. 이들이 방 안에서 식사를 할 때, 똘마니들은 대개 방 밖으로 쫓겨나는 것이 관례였다. 그러나 장 이모는 호텔에 혼자 오셨다. 그녀에게서 중국 정치 엘리트들의 고질적인 권위의식 같은 것은 전혀 찾아볼 수 없었다.

사실, 장 이모는 우리 같은 보통 사람 같았다. 물론 부티 나고 자신감에 찬 모습이었지만, 적어도 유전적으로는 우리와 같은 종류의 사람으로 보였다. 그녀는 사귀기 쉽고 가까이하기에 편안한 사람처럼 보였다. 그럼에도 불구하고 휘트니가 그녀에게 확실한 존경심을 보인 데다가 그녀의 겸손한 태도는 그녀를 더 특별한 존재로 보이게 했다.

식사가 끝난 후, 휘트니와 나는 존경하는 손님에게 작별 인사를 하려고 로비 현관에서 기다리고 있는 자동차까지 그녀를 배웅했다. 나는 자동차 문을 열고 그녀가 차에 탈 때 머리가 부딪치지 않도록 문틀 위에 손을 얹은 다음, 그녀가 차에 타자마자 곧바로 뛰어가 운전기사에게 팁을 주었다. 중국에서는 운전기사의 대우에 적지 않은 신경을 써야 한다. 수다스러운 운전기사 때문에 낙마하는 관리들이 의외로 많기 때문에, 그들의 비위를 맞추는 일을 중요하게 여긴다. 나는 휘트니와 하얏트 호텔 현관에 나란히 차렷 자세로 서서 손을 흔들었다. 장 이모는 창문을 내리고 웃음으로 답례했고, 차는 붐비는 베이징의 밤 도로를 헤치며 사라졌다.

그녀가 떠나고 휘트니에게 다가가자, 휘트니는 그제야 장 이모가 중국 부총리 중 한 명인 원자바오(溫家寶)의 부인 장페이리(張培莉)라고 말해 주었다. 원 부총리가 이듬해인 2003년에 주룽지(朱鎔基)의 뒤를 이어 중국의 차기 총리가 되리라는 것은 공공연한 비밀이었다. 원 부총리는 곧 중국 정부의 수장이자 중국공산당의 이인자가 될 것이다. 휘트니가 그런 사람의 부인과 친구라니, 나는 입을 다물 수가 없었다.

휘트니는 베이징으로 진출한 지 약 2년 후인 2001년에 장 이모를 만났다. 장 이모는 이제 막 60세가 되었고, 그녀의 남편 원자바오는 부총리로서 중국의 WTO 가입이라는 중차대한 임무를 맡고 있었다. 휘트니는 장 이모가 참석한 어느 파티에 초대되었다. 그날 저녁이야말로 휘트니가 자신의 매력적인 성격을 유감없이 발휘한 날이었다. 그녀는 자신이 잘 아는 중국 고전을 인용하면서 장 이모의 마음을 완전히 사로잡았다. 두 사람은 전화번호를 교환했고, 장 이모는 휘트니에게 자신을 '이모'라고 부르라고 말했는데, 그것은 개인적으로 좀 더 친해질 의향이 있다는 표시였다. 그런데 휘트니는 웬만한 중국인들은 하지 못할 일을 했다. 바로 장 이모에게 연락하지 않은 것이다.

휘트니는 중국에서 힘 있는 사람과의 관계를 구축할 때, 너무 적극적으로 달라붙어서는 안 된다는 것을 잘 알고 있었다. 보통 사람들은 어쩌다 힘 있는 사람을 알게 되면, 너무 적극적으로 가까이 다가가려고 눈치 없이 그 사람을 귀찮게 한다. 하지만 휘트니는 중국 엘리트들의 심리를 잘 꿰뚫고 있었다. 휘트니는 장 이모와의 관계를 통해 이익을 챙기려고 달라붙으려는 수많은 사람과는 다르게 행동해야 한다고 생각했다. 다른 사람의 성격을 판단하는 데 뛰어난 능력을 지닌 휘트니는 첫 만남에서 장 이모의 마음을 확실히 사로잡았다. 이제 그녀는 낚싯줄을 물속에 두고 기다렸다.

일주일이 지난 후, 장 이모가 미끼를 물었다. 그녀가 먼저 휘트니에게 전화를 걸어왔고, 왜 연락하지 않느냐고 꾸짖은 것이다. 장 이모가 휘트니에게 말했다. "우리 지난번에 정말 좋은 얘기를 많이 했잖아요. 왜 나한테 연락 안 했나요? 나는 당신 생각을 많이 했는데." 그러면서 장 이모는 다시 만나자고 제안했다. 이번에는 더 친밀해질 수 있는 기회였다. 단 둘이만 만나는 저녁 식사 자리였으니까.

휘트니는 다른 사람들 삶의 세부 사항을 알아내는 데 뛰어난 재주가 있었다. 그것은 꽌시를 구축하는 것이 성공에 필수적인 세상에서 매우 중요한 능력이었다. 일단 장 이모를 자신의 출세에 가치 있는 타깃으로 결정하자, 휘트니는 그녀에 대해 할 수 있는 모든 것을 배우기 시작했다.

휘트니는 장 이모가 다른 중국 관리의 부인들 사이에서 흔히 볼 수 있는 허세를 보이지 않는 이유를 알아냈다. 첫째, 그녀는 '홍색 귀족' 출신이 아니었다. 그녀의 부모는 평민이었다. 그래서 그녀는 대부분의 베이징 홍색 귀족 자녀들처럼 보모들의 손에서 자라지 않았고, 공산당 당원에게만 허용되는 전용 급식을 먹지 않았으며, 공산당 엘리트 학교에 다니지 않았다. 게다가 장 이모는 남편의 출세로 호의호식하기 전에 자신의 사회 경력을 가지고 있었다. 그리고 그 경력을 통해 그녀는 모든 부류의 사람들과 편안하게 지내는 습관을 길렀다.

장 이모는 제2차 세계대전 중인 1941년, 중국 북서부의 가난한 지역인 간쑤성(甘肅省)에서 태어났다. 원래 저장성(浙江省) 해안 출신인 그녀의 가족은 1949년 중국공산당 혁명 이후 중국 서부로 이주했다. 그녀는 간쑤성의 성도(蘭州)에 있는 란저우대학교에서 지질학을 전공했다. 그녀는 베이징에서 대학원을 다니던 1968년에 원자바오를 만났는데, 그는 대학원 과정을 마치고 간쑤성에 파견되어 장 이모와 함께 지질조사팀을 이끌었다.

소문에 따르면 원자바오보다 한 살 위인 장 이모가 원자바오를 쫓아다녔다고 한다. 그녀는 외향적인 성격에 노래하고 춤추는 것을 좋아했는데, 원자바오의 기숙사에 자주 들락거리며 빨래까지 해 주면서 그의 마음을 사로잡았다. 매사에 진지한 스타일에 책벌레였던 원자바오는 활기차고 모험을 좋아하는 그녀의 성격에 마음이 끌렸다. 그녀는 지질학 프로젝트를 진행하던 시절, 중국 서부의 오지 산 속 깊은 곳에서 찍은 두 사람의 사진을 우리에게 보여 주었는데, 장 이모는 밝게 웃는 모습이었고 원자바오는 멍한 표정을 짓고 있었다.

간쑤성에서 머문 지 얼마 되지 않아 원자바오는 성의 지질국에서 승진을 거듭하면서 공산당 직책을 맡게 되었고, 이후 그의 일은 지리적인 업무에서 정치적인 일로 바뀌기 시작했다. 장 이모는 남편의 응원자이자 조언자로서 능력을 십분 발휘했다. 그녀의 활기찬 기질과 위험을 무릅쓰는 의지가 원자바오의 내성적이고 신중한 성격을 보완해 주었다.

두 사람은 마침내 결혼했고, 1982년 원자바오는 간쑤성에서 베이징으로 발탁되어 지질광물자원부 당위원회에서 근무했다. 지질광물자원부의 부부장으로 복무한 후, 1985년에 몇 단계 건너뛰어 중국공산당 중앙위원회 총국의 부국장으로 승진했다. 공산당 총국은 당의 모든 부서를 모니터링하는 부서로, 미국으로 따지면 대통령 비서실장의 직무와 다소 유사하다. 당의 중요한 회의 계획을 관장하고, 주요 주제에 대한 정책 문서를 취합하며, 당의 결정을 보안기관, 정부 부처, 국영 기업 등 이해 관계자에게 전달하는 역할을 한다.

당 총국 국장은 흔히 '내시 장관'으로 불리는데, 이는 명청(明·淸) 시대에 거세된 남성이 자금성 내에서 행정 인력의 중추 역할을 했던 중국 제국주의 과거를 빗댄 말이다. 원자바오는 1986년에 '내시 장관'이 되었다. 그는 이후 7년 동안 총국 국장으로서 한 명도 아닌 세 명의 '황제'(공산당 총서기)를 섬겼다. 바로 후야오방, 자오쯔양(趙紫陽), 장쩌민이 그들이다.

평상시였다면, 세 명의 당 총서기를 위해 일하는 것은 대단한 위업이었겠지만, 정치적 격동기에서는 매우 괴로운 일이었을 것이다. 당 원로들은 학생 시위대를 진압하지 못했다는 이유로 첫 두 지도자인 후야오방과 자오쯔양을 숙청했다. 1989년 군부가 천안문 광장 사태를 진압한 이후 강경파들은 장쩌민을 선택했지만, 원자바오는 그대로 유임되었다.

원자바오의 가장 큰 시험은 1989년 5월 19일 새벽 5시, 천안문 광장의 대규모 시위가 절정에 이르렀을 때였다. 그는 자오쯔양 당 총서기와 함께 광장으로 나가 수천 명의 대규모 학생 시위자들과 즉석 회담을 가졌다. 중국 중앙TV(CCTV)에 방영된 긴 성명에서 자오쯔양은 시위자들에게 당이 선의를 가지고 그들과 협상할 것이라고 약속했다. 하지만 그는 진실을 말하지 않았다. 자오쯔양은 당 원로들이 이미 자신을 숙청하기로 결정하고 광장의 시위를 진압하기 위해 군대를 동원했다는 사실을 밝히지 않았다. 자오쯔양이 천안문을 방문한 다음 날, 강경파인 리펑(李鹏) 총리는 계엄령을 선포했다. 2주 후인 1989년 6월 3일 밤, 인민해방군은 시위자들을 향해 발포했고, 6월 4일 아침까지 수백 명이 사망했다. 천안문 광장에 탱크가 진입해, 미술대 학생들이 거대한 마오쩌둥 초상화 맞은편에 세워 놓은, 미국 자유의 여신상같이 생긴 민주주의의 여신상을 짓밟았다. 자오쯔양은 2005년 1월 17일 사망할 때까지 가택 연금 상태로 향후 15년을 보내게 된다.

천안문 사태 진압 이후, 당 수사관들은 좀 더 자유로운 미래를 추구한 자오쯔양의 주장을 지지했던 수천 명의 관리들을 제거했다. 그러나 장 이모의 조언을 따랐던 원자바오는 숙청을 면했다. 다만 자아비판 정도는 있었던 것 같다. 1989년 이후 거의 10년 동안, 원자바오는 당 관료체제의 핵심에서 한눈 팔지 않고 열심히 일했다. 당시 원자바오의 사진에는 당에 대한 충성심을 보이려는 듯 오직 마오쩌둥 복장(인민복)을 입은 모습만 보인다. 원자바오가 양복 차림으로 모습을 처음 드러낸 것은 1998년,

당시 주룽지 총리가 원자바오를 당에서 정부 최고위직인 부총리로 발탁한 이후였다.

원자바오의 성격도 자신을 구하는 데 한몫했다. 그가 정말 정치적 내시였다고 말하는 것은 지나친 표현이지만, 매우 조심스러워하는 스타일이라는 것은 분명하다. 그는 결코 누구를 모욕하거나 위협한 적이 없다. 그는 어떻게 해서든 특정 정파와 연결되지 않으려 했다. 대부분의 관리들과는 달리, 지켜야 할 선을 넘지 않았다. 그가 그 자리까지 오르기 위한 야망을 가진 것은 분명했지만, 그것은 당 최고위층의 동지들을 위협하지 않는 절제된 야망이었다. 2003년 3월 주룽지 총리가 퇴임하면서, 원자바오는 자연스럽게 그를 이을 무난한 후보로 거론되었다.

총리로서 원자바오는 서민 출신이라는 이미지를 강조했다. 2008년 쓰촨성에서 대지진이 발생했을 때, 원자바오 총리는 구겨진 재킷과 운동화를 신은 채 현장으로 달려갔다. 중국인들은 그를 원 할아버지라고 부르기 시작했다.

그러나 원자바오의 강점(신중한 성격)은 또한 약점이 되기도 했다. 그는 중국을 좀 더 자유롭고 개방적인 나라로 건설하고 싶은 비전을 가지고 있는 것 같았다. 원 총리는 그의 옛 보스인 자오쯔양이 가택 연금으로 제 목소리를 내지 못하는 상황에서 자유와 민주주의와 같은 보편적 가치에 대해 공개적으로 계속 발언하는 유일한 중국 지도자였다. 원 총리는 총리의 관할권을 엄격히 제한하는 중국 권력구조의 규칙을 강하게 비난했다. 원 총리의 책임은 정부를 운영하는 것이었다. 정치 개혁은 원 총리보다 높은 유일한 직급인 후진타오(胡錦濤) 당 총서기만이 할 수 있는 일이었다. 그래서 그는 자신이 직접 정치 개혁을 주도하지는 않았다.

원자바오 총리를 직접 관찰하고, 휘트니와 장 이모 그리고 그의 자녀들과 이야기를 나누고 보니 원 총리가 민주주의에 대한 열망이 있다는 인상을 받았다. 그러나 그는 민주주의에 대해 많은 이야기를 하면서도, 현 상태를 뒤엎고 중국을 좀 더 자유로운 곳으로 만드는 데 필요한 일을 할 의지까지는 없어 보였다. 원자바오 총리가 그 자리에 오르고 또 그 자리를 오랜 기간 지킬 수 있었던 이유는 때로는 목소리를 높이지만 '체제'의 규칙을 어기는 행동을 하지 않았기 때문이었다.

원 총리는 자신의 가족, 특히 장 이모를 무척 신뢰했다. 그는 그녀에게 많은 것을 위임했고, 심지어 그의 자녀들이 자신의 명성을 이용해 돈을 버는 일도 허락했다. 그는 오직 일에만 관심이 있었다. 중국 현악기인 얼후(二胡)를 즐겨 연주한 주룽지나, 카드 게임 브리지를 즐긴 덩샤오핑과는 달리 취미가 없었다. 그는 일 중독자였다. 일 외에 다른 모든 것은 장 이모에게 맡겼다.

장 이모는 사람들과 어울리는 것을 좋아했다. 그녀는 사람들을 자신의 주변으로 끌어들였다. 그녀가 남편을 만나고 싶어 하는 사람들을 데려오면, 그들은 남편과 함께 사진을 찍고 그 사진을 다른 사람들에게 보여 주며 정부 고위층과의 관계를 자랑하곤 했다. 장 이모는 결코 남들과 벽을 쌓는 일을 하지 않았다. 대부분의 관리와 그 가족들은 자신에게 접근하려는 사람들을 차단하거나 호의적이지 않은 뉴스를 만들지 않기 위해 경호원을 두었다. 하지만 장 이모는 그렇게 하지 않았다. 그녀는 만나

려는 사람을 차단하거나 걸러내지도 않았다. 그래서 그녀가 보석을 구입
했다는 기사가 홍콩 가십 잡지 지면을 심심찮게 장식하곤 했다. 장 이모
가 무슨 행동을 하든 기삿거리가 되었다.

7장

악어의 이빨을 청소하는
물고기처럼

휘트니가 장 이모에게 정말 흥미를 느낀 부분은, 그녀가 고위 공직자인 남편을 외조하면서도 자신의 경력 개발을 멈추지 않았다는 사실이다. 간쑤성에서 대학에 다니면서 장 이모는 지질학 중에서 보석 원석을 전공했고, 중국 보석산업의 개척자 역할을 했다. 1983년 부부가 베이징으로 이사했을 때, 장 이모는 중국 지질박물관에 첫 보석 전시장을 열었고, 보석광물연구소를 설립했으며, 《차이나젬스China Gems》라는 잡지를 창간했고, 중국 최초 보석 감정기관의 설립을 도왔다.

1992년, 남편인 원자바오가 당 관료주의의 핵심에서 일하는 동안에도 그녀는 중국 전역에 보석을 공급하고 판매하는 국영 중국광물보석 회사의 대표로 활동했다. 대표로 일하는 동안 중국 경제가 회복되어 여성들이 다시 보석을 착용하기 시작하자, 그녀는 보석 스타트업들에 국비를 투자하기 시작했다. 그 스타트업들 중에는 최고의 보석 원석을 파는 소매 체인점인 베이징 다이아몬드 보석회사(Beijing Diamond Jewelries Company)가 있었는데, 장 이모는 1997년에 이 회사를 상하이 증권거래소에 상장시켜 주주의 일원으로서 큰 수익을 올렸을 뿐 아니라 '다이아몬드의 여왕'이라는 별명까지 얻었다.

장 이모가 순전히 돈을 벌기 위해 했다고 할 수는 없지만, 베이징 다이아몬드는 상하이 증권거래소에 상장된 첫 국영 기업 중 하나였다. 그녀는 자신이 중국에서 새로운 산업을 창출하고 있다는 것을 알았다. 장 이모도 그때의 우리처럼 뭔가 특별한 일을 하고 싶은 욕망에 사로잡혀 있었다.

1998년 원자바오가 당을 떠나 부총리로 승진했을 때, 장 이모도 중국 최고 보석 감정기관인 국가원석감정센터 소장이 되었다. 그러니까 보석 업계의 선수에서 심판으로 전환한 셈이다. 장 이모는 그 자리를 수락한 이유가 남편 덕에 돈을 번다는 인식을 불식시키고 싶었기 때문이라고 했다. 물론 상장 회사 임원으로서, 자신의 재산을 공개해야 하는 상황을 피하고 싶었던 이유도 있었을 것이다. 당시는 남편인 원자바오에게 중요한 시기였다. 그는 공산당 고위 공직자가 되기 위해 엄격한 시험을 받고 있었기 때문에, 그의 출세를 방해할 만한 어떤 문제도 생겨서는 안 될 때였다. 그럼에도 불구하고 장 이모는 새로운 산업을 개척하고 회사를 성공적으로 상장시킨 경험을 살려 업계에서 더 성공하고 싶은 욕구로 고무되어 있었다. 휘트니는 장 이모가 앞으로 그녀의 완벽한 파트너가 될 것이라고 확신했다.

휘트니는 장 이모의 삶과 관련된 모든 주요 인물을 알아야 했다. 그래서 그녀는 장 이모의 두 자녀 원윈쑹(溫雲松, 영어 이름 윈스턴 원

Winston Wen)과 원루첸(溫如春, 영어 이름 릴리 창Lily Chang)을 만났다. 많은 당 엘리트 계층과 마찬가지로 두 사람 모두 미국에서 석사 학위를 받았다. 윈스턴 원은 노스웨스턴대학교를 졸업하고 켈로그 경영대학원에서 MBA를 받았고, 여동생 릴리는 델라웨어대학교에서 유사한 학위를 받았다.

릴리는 자주 짜증을 내고 남을 무시하는 전형적인 부잣집 아이의 기질을 지니고 있었다. 그녀는 평상시에도 부모에게 소리 지르기 일쑤고 버릇없이 행동했다. 릴리는 1998년 졸업 후부터 2008년 금융위기를 촉발하고 파산한 월가의 리먼 브라더스에서 일하면서 맨해튼 허드슨강이 내려다보이는 고급 아파트 단지인 트럼프 플레이스에 거주했던 것으로 알려졌다. 나중에 크레디트 스위스 퍼스트 보스턴으로 옮겼고, 그 후 다시 베이징으로 돌아와 풀마크 컨설턴트Fullmark Consultants라는 컨설팅 회사를 설립했다.

《뉴욕타임스》는 2013년에 투자은행 JP모건이 중국 고객 유치를 지원하기 위해 풀마크에 2006년부터 2008년까지 180만 달러를 지불했으며, 미 증권거래위원회(SEC)가 이 거래와 관련해 JP모건이 해외부패방지법(Foreign Corrupt Practices Act)을 위반했는지 여부를 조사했다고 보도했다. 이 법은 미국 기업들이 사업상 부적절한 이익을 얻기 위해 외국 관리나 그들의 가족에게 어떤 금품도 제공해서는 안 된다는 내용을 담고 있다.

윈스턴은 릴리만큼 말썽꾸러기는 아니었지만 꽤 야심이 컸다. 그는 사모펀드 회사를 설립하기로 결심하고, 2005년에 일본 소프트뱅크 그룹의 계열사인 SBI 홀딩스와 싱가포르 정부투자기금인 테마섹Temasek의 투자를 받아 뉴호라이즌 캐피털New Horizon Capital을 설립했다.

싱가포르 국영 정부투자기금은 공산당 거물들의 자녀들을 일컫는, 이른바 '태자당太子黨'과 친분을 쌓는 데 일가견이 있었다. 이 기금과 관련이 있는 여러 회사들은, 윈스턴의 회사뿐만 아니라 중국공산당 총서기 장쩌민의 손자 등이 관련되어 있는 사모투자 회사들에도 투자했다.

싱가포르 투자자들은 세계의 어느 누구보다 중국에서 게임이 어떻게 진행되는지 잘 알았고, 그 지식을 통해 상당한 이익을 챙겼다. 결과적으로 중국공산당 지도자들의 다른 많은 자녀도 윈스턴을 따라 사모펀드 업계에 진출하며, 싱가포르로부터 투자를 받았다. 그러니까 윈스턴이 얼리 어답터였던 셈이다.

휘트니와 나는 윈스턴의 행동이 너무 지나치다고 생각했다. 우리는 그가 동년배들을 거래에서 배제하고 많은 사람을 적으로 만드는 것이 걱정되었다. 윈스턴의 회사는 전 세계의 증권거래소 상장을 목전에 둔 회사들의 지분을 인수했다. 그 회사들 중 대부분은 이미 꽤 성숙한 상태였기 때문에 이익이 확실한 투자였다. 우리는 엔젤 투자자들이 나쁘다고 말하는 것이 아니다. 그런 기회를 좇는 돈은 많았지만, 윈스턴은 단지 지분을 획득하려 하기보다는 그 업계를 지배하려는 것처럼 보였다. 그는 그런 회사들을 찾아가 아버지의 명성을 팔면서, "당신네 회사가 다른 사람들보다 내게 먼저 진입할 기회를 주면, 내가 누구를 동원할 수 있는지 보여 주겠다"라며 자신의 신분을 과시했다. 우리는 그런 행동이 경솔하다고 생각했고, 실제로 그의 회사는 질투심 많은 다른 경쟁자들의 표적이 되었다.

휘트니에 대한 장 이모의 신임이 두터워지면서, 휘트니는 두 자녀에게 보다 편안하게 조언해 줄 수 있었다. 휘트니는 윈스턴에게 이렇게 조언했다. "굳이 당신이 누구인지 말하며 다른 사람의 주목을 끌지 않아도 많은 돈을 벌 수 있어요. 전면에 나서지 말고 무대 뒤에서 돈을 버는 게 어때요?" 하지만 윈스턴은 빨간 롤스로이스를 타고 다니던 내 옛 동료 펑보처럼 남들에게 주목받는 것을 좋아했다. 그는 큰 무대에 직접 나서기를 좋아했는데, 우리는 그것이 못마땅했다.

사람들과 뉴스 보도는 윈스턴의 회사가 번 돈과 그가 번 돈을 의도적으로 구분하지 않는다. 예를 들어 그의 펀드 회사가 투자로 5억 달러를 벌었다면, 그들은 윈스턴 개인이 5억 달러를 벌었다고 말한다. 사실 그의 몫은 그 일부분에 불과한데도 말이다. 우리는 장 이모에게 윈스턴이 전면에 나서지 않고도 돈을 더 잘 벌 수 있는 방법이 있다고 말해 주었다. 하지만 그는 듣지 않았다.

원자바오의 아내인 장 이모와 그 자녀들이 큰돈을 번 경우를 대변하는 중국 속담이 있다. "집안의 남자가 출세하면 그 집 애완동물도 덩달아 천국을 맛본다." 우리는 원 총리가 자신의 가족이 억만장자가 된 사실을 나중에까지 완전히 알지 못했다고 생각했다. 나는 원 총리의 딸 릴리도 아버지의 명성을 내세워 외국 회사들로부터 많은 돈을 끌어들였다고 생각했다. 윈스턴은 뉴호라이즌을 운영하고 있었고, 장 이모도 원 총리를 등에 업고 많은 사람을 만나며 기회를 엿보고 있었다. 그들은 저마다 고급 자동차를 몇 대씩 소유하고 있었지만, 원 총리는 그것이 무엇을 의미하는지 거의 알지 못하는 것 같았다.

장 이모가 커다란 보석이나 값비싼 옥팔찌를 차고 집에 와도, 원 총리는 노련한 보석상이 아니라 지질학자의 눈으로 보고 그냥 지나치곤 했다. 원 총리는 평생 단 한 순간도 상업적인 기업에서 일해 본 적이 없는 골수 공무원이었다. 그는 하급 관리였을 때도, 구내 식당에서만 식사를 했다. 집에서도 그저 해 주는 대로 불평 없이 아무 음식이나 잘 먹었고, 비용에 대한 개념이 없었다. 그는 한 번도 에르메스 같은 명품 매장에 가 본 적이 없었다. 유일하게 쇼핑몰에 한 번 다녀온 적이 있었는데, 그것도 수행원을 동반했다. 그는 핸드백 하나가 1만 달러를 넘는다는 사실을 전혀 알지 못했다. 마치 조지 H. W. 부시 미국 대통령이 1992년 식료품점에 들렀다가 바코드 스캐너를 보고 어리둥절했다는 일화를 연상케 했다. 원 총리에게는 보통 사람들의 일상생활이 미스터리처럼 느껴졌다.

이를 더욱 이상하게 보는 시각도 있었다. 원 총리가 그의 가족에게 기만당했다기보다는, 그가 가식적인 행동을 하지 않기로 선택했다는 것이다. 2007년 9월 위키리크스Wikileaks(정부나 기업 등의 비윤리적 행위와 관련된 비밀 문서를 공개하는 웹사이트-옮긴이)가 공개한 문서에 따르면, 미국 투자회사 칼라일 그룹Carlyle Group의 중국 사업부 대표는 미국 외교관들에게 "원 총리가 가족들의 활동에 혐오감을 느끼지만, 가족들의 활동을 제지하거나 축소시킬 생각이 없었다"고 말했다. 그는 또 원 총리가 이혼을 고려했지만, "자신의 사회적 지위 때문에 참고 있다"는 소문도 퍼뜨렸다.

휘트니와 나는 그 소문을 믿지 않았다. 우리는 원 총리와 장 이모 간의 애정에 아무런 문제가 없음을 직접 목도했다. 우리는 본능적으로, 원 총리가 그저 아내와 자식들의 일에 연연하지 않을 뿐이라고 생각했다. 그는 가정보다는 나라 일을 더 걱정했고, 마음속 깊이 중국의 개방화와 민주화를 바라는 것 같았기 때문이다.

2003년 3월 원자바오가 총리로 임명된 직후 그의 가족은 베이징 중심가에 마당 있는 집으로 이사했다. 중국에서는 국가주석에게도 백악관 같은 관저가 주어지지 않고, 물론 이인자에게도 미 해군관측소 같은 관사가 주어지지 않는다. 그 대신 당은 베이징에 수백 채의 부동산을 소유하고 이를 당 고위 관리들에게 나누어 주는데, 그들은 죽을 때까지 그곳에 살 뿐 아니라, 심지어 자녀들에게 상속해 주기도 한다. 이로 인해 베이징 시장은 중국 정치 엘리트들에게 나누어 줄 마당 있는 주택을 확보하기 위해 골머리를 앓는다.

왕조 시대에서는 고위 관리가 은퇴하면 가족과 함께 성도를 떠났고, 그간의 모든 연줄을 끊고 고향으로 돌아갔다. 그러나 이제는 아무도 고향으로 돌아가지 않는다. 윈스턴과 릴리도 간쑤로 돌아가는 일은 절대 없을 것이다.

원 총리 부부가 새 집으로 이사하면서, 장 이모는 집에서 그리 멀지 않은 동방 광장에 휘트니와 함께 개인 사무실을 열었다. 휘트니는 장 이모의 가장 가까운 여성 동반자로서, 때로는 친구, 때로는 조언자, 때로는 가장 믿을 수 있는 보좌관 역할을 두루 담당했다. 나는 장 이모의 세계에 빠르게 스며드는 휘트니의 능력에 놀랐다. 마치 시녀들이 황후의 관심을 받기 위해 경쟁하는 황실 생활을 다룬 중국 드라마를 보는 것 같았다. 수백 명의 사람들이 장 이모와 친해지길 원했지만, 휘트니는 단연 최고였다. 그러나 그것은 장 이모의 삶과 가족에 대한 지식과 친밀함을 바탕으로 필요한 모든 것을 예상하고 이를 발전시킨 휘트니 자신의 노력이 가져온 결과였다. 휘트니는 장 이모 본인이 필요한 것을 깨닫기도 전에 그것을 정확하게 제공해 주었다. 그것이 몇 차례 반복되자, 장 이모는 휘트니에게 푹 빠지고 말았다.

휘트니는 장 이모와 당 서열 안에 있는 필요한 사람들을 우리 편으로 만들기 위한 계획을 나와 공유했다. 중국에서 인간관계를 다루는 일은 매우 복잡했기 때문에, 휘트니는 함께 전략을 짤 신뢰할 수 있는 사람이 필요했다. 모든 관계에는 나름의 계산과 차원이 있었다. 우리는 상대방이 무엇을 원하는지, 무엇으로 그에게 동기를 부여할 수 있는지, 어떻게 하면 그들이 우리의 대의를 돕도록 할 수 있는지를 계산하면서, 이 문제들을 함께 연구했다. 휘트니는 "그 여성(우리의 표적이 된 인물)에게는 어떻게 접근해야 할까요?", "그러면 그녀가 어떻게 반응할 것 같은가요?" 등등을 내게 묻곤 했다. 나는 휘트니가 그런 문제들을 허심탄회하게 나눌 수 있는 유일한 사람이었다. 그러면서 우리는 더 가까워졌고 친밀감도 높아졌다. 우리는 그렇게 장 이모의 세상 속으로 들어갔다.

중국 권력의 중심에서 장 이모를 보좌하는 것이 휘트니의 삶이 되었다. 장 이모가 필요할 때마다 휘트니는 그 곁에 있었고, 그녀는 자신이 하던 모든 것을 버리고 장 이모의 세계에 몰두했다. 사실 그녀뿐만 아니라 나도 마찬가지였다. 우리는 다른 사람들의 기분을 맞추기 위해 최선을 다했다. 마치 악어의 이빨을 청소하는 물고기처럼.

장 이모는 전문 직업인으로서 휘트니의 삶에 가장 중요한 체스판의 말이었다. 휘트니는 베이징에서 게임의 달인이 되는 것을 목표로 삼았다. 물론 거기에는 엄청난 재정적 보상과 신분 상승이 뒤따를 것이었다. 하지만 그녀가 최선을 다할수록, 공산주의 중국의 복잡한 퍼즐을 풀어가면서 '체제'가 어떻게 작동하는지 알아내야 하는 정신적 어려움도 있었다. 휘트니는 이 도전을 기꺼이 받아들였고, 누구도 따라올 수 없는 맹렬함으로 그 일을 해냈다.

그 세계에서 장 이모를 더 유용한 존재로 만들기 위해, 휘트니는 그들의 가족 관계에도 깊이 개입해야 했다. 휘트니는 인테리어 디자이너를 동원해 원 총리 가족이 새로 이사 간 집을 재단장하는 프로젝트를 진행했다. 동자오민(東交民) 골목에 있는 그 집은 자금성 동부, 1860년대 청나라가 아편전쟁에서 영국에 패한 후 베이징에 서양 외교 사절의 주둔을 허용하면서 개발된 동네의 옛 공사관 자리에 있었다. 공산주의 나라인 중국의 총리가, 당에서 '외국 제국주의자들'의 본거지라고 불렀던 집의 침실에서 자고 있다는 사실이 아이러니했다.

원 총리의 집은 골목에 있는 세 채의 주택 중 하나였다. 그 집들은 모두 당 간부들이 살고 있었는데, 하나같이 높은 청회색 대문이 있었다. 집 안에 배치된 군인들은, 마치 『오즈의 마법사』에 나올 법한 대문의 구멍을 통해 바깥과 소통했다. 원 총리 가족이 사는 집은 골목 끝의 2층 벽돌건물로 사방이 넓은 마당으로 둘러싸여 있었고, 현관문을 열고 들어가면 왼쪽으로 큰 로비와 넓은 거실, 오른쪽으로 식당이 있었다. 위층의 거실로 올라가는 계단은 넓은 나무로 되어 있었다.

휘트니는 장 이모에게 아래층에 이탈리아 대리석을 깔라고 권했다. 그것이 베이징 스타일이었다. 그녀는 장식물도 직접 골랐는데, 점잖은 느낌을 주는 브러시드 니켈보다는 화려한 금 색상을 선호했다. 휘트니는 집 공사를 직접 지휘하려 했지만 그건 불가능했다. 보안상의 문제를 들어 정부의 특수 부서가 개축을 담당했다. 장 이모는 그들의 형편없는 솜씨와 비싼 가격에 계속 불평을 늘어놓았다.

나는 그 집을 여러 차례 방문했다. 한번은 윈스턴의 아들 백일 날이 되어 중국의 전통에 따라 축하하기 위해 찾아갔다. 그 집은 이들 세 식구가 살기에 넉넉했지만, 윈스턴은 한 지붕 아래 여러 세대가 사는 것을 싫어하는 것이 분명해 보였다. 윈스턴이 미국 유학 시절에 만난 그의 아내도 시어머니인 장 이모와 까탈스럽게 구는 시누이 릴리의 간섭에서 벗어나 따로 살고 싶어 하는 것처럼 보였다.

우리는 릴리의 애정 관계가 장 이모에겐 골칫거리라고 생각했고, 휘트니는 곧 그 문제에도 관여하게 되었다. 릴리는 처음에 해변 도시 다롄(大連) 출신의 거물이자 부동산과 플라스틱으로 큰돈을 벌었고 중국 프로 축구팀을 소유한 뚱뚱한 중국인 사업가 쉬밍(徐明)과 사귀었는데,《포브스》는 2005년 그의 순자산을 10억 달러 이상으로 추정했다. 두 사람이 함께 떠난 휴가 여행에서 쉬밍은 릴리와 여러 장의 셀카를 찍었다. 그는 자신이 원 총리의 사위가 될 것이라고 주장하면서 그 사진들을 여기저기 보여 주며 자랑했다. 그런 촌스러운 행동만 보아도 릴리의 남자 취향이 어느 정도 수준인지 알 수 있었다.

휘트니는 쉬밍 같은 인물이 비록 큰 부자이긴 하지만, 원 총리의 가문에 큰 짐이 될 것이라고 주장했다. 쉬밍은 보시라이(薄熙來) 전 다롄 시장이 이끄는 당파에 속했는데, 보시라이 역시 보이보(薄一波)라는 골수 공산당원의 아들이었다. 쉬밍의 재산 상당 부분이 부정 축재라는 소문이 돌았고, 실제로 쉬밍은 몇 년 후 부패로 유죄 판결을 받고 징역형을 선고받았다(그는 석방되기 1년 전인 2015년 44세의 나이로 갑작스럽게 사망했다). 그러자 릴리를 쫓아다니는 또 다른 추종자 류춘항(劉春航)이 나타났다.

류춘항은 나와 아주 비슷한 유형의 인물이었다. 그는 해외에서 공부했는데, 하버드에서 MBA, 옥스퍼드대학교에서 박사 학위를 받았고, 컨설팅 회사 맥킨지 앤 컴퍼니McKinsey & Company와 투자은행 모건 스탠리Morgan Stanley에서 근무했다. 류의 부모는 상하이의 하급 관리여서 나와 마찬가지로 홍색 귀족에 속하지 않았다. 그 역시 평민이었다.

릴리는 그에게 기회를 주라는 장 이모의 충고를 받아들였다. 류춘항의 우수한 학업 성적과 경력은 릴리에게 자랑거리였다. 휘트니와 나는 류춘항 같은 사람이 릴리에게 관심이 있다는 점에 매우 놀랐다. 릴리는 심술궂은 성격이었기 때문에 우리는 실제로 결혼 이후 류춘항이 행복해하는 것을 보지 못했다. 결혼 후에도 릴리는 류춘항의 부모를 무시하는 것 같았고, 그래서 그런지 류의 부모는 베이징에 있는 아들을 거의 방문하지 않았다. 중국에서는 결혼해도 아내가 남편의 성을 따르지는 않지만, 일단 결혼하면 남편의 가문으로 들어가는 것이 전통이다. 그러나 릴리는 결코 그렇게 하지 않았다.

류춘항은 중국 총리의 딸과 결혼한 대가로 그의 부모님들이 그런 사소한 고통을 겪는 것 정도는 감수해야 한다고 생각했을 터이다. 몇 년 후, 휘트니와 장 이모는 류춘항을 정부 부처의 부부장(우리나라의 차관에 해당-옮긴이)으로 승진시키기 위해 노력했는데, 이는 류가 가오간(高干, 고급 간부의 준말-옮긴이), 즉 고위급 관리가 되는 것을 의미했다. 어느 관리에게 나 승진은 중요하다. 높은 계급은 더 많은 연금, 최고 병원에서의 최고 의료 서비스, 최고의 음식을 제공받을 뿐만 아니라 정치 권력의 전당으로 진입하는 것을 예고하기 때문이다. 그러나 류춘항의 승진은 이루어지지 못했다. 그래도 릴리와 결혼한 덕분에 그는 결코 보지 못했을 중국을 볼 수 있게 되었다.

윈스턴과 릴리는 장 이모와 휘트니의 가까운 관계를 탐탁지 않아 했다. 특히 릴리는 장 이모가 딸인 자신보다 휘트니를 더 좋아한다고 늘 큰소리로 불평하곤 했다. 휘트니는 릴리와 함께 패션쇼 등의 행사에 다니는 등 릴리와의 대립을 완화하려고 노력했다. 휘트니는 내게도 릴리의 남편과 가까이 지내라고 말했지만, 릴리의 나쁜 성격은 고쳐지지 않았다.

장 이모의 가장 친한 여자 친구가 휘트니였다면, 가장 친한 남자 친구는 양쯔강 굽이의 작은 마을 출신인 황쑤화이라는 이름의 건장한 전직 공장장이었다. 두 사람은 1992년에 만났다. 당시 황은 26세로 경제적으로 매우 힘든 시기였고, 장 이모는 51세로 막 보석업계에서 이름이 알려지기 시작할 때였다. 황은 장 이모를 따라 베이징으로 왔고, 늘 그녀의 수행원단에 끼려고 노력했다. 결국 그의 적극성이 결실을 맺어 장 이모는 자신이 경영하는 다이아몬드 회사에 그를 취직시켜 주었다. 나중에 장 이모가 휘트니와 함께 동방 광장에 사무실을 열었을 때 황도 가까운 곳에 작은 사무실을 얻었다. 그의 명함에는 '원자바오 부인의 사무장'이라고 쓰여 있었다.

황은 장 이모가 어디를 가든 따라다녔다. 비록 직접적인 증거는 없었지만, 휘트니는 황의 볼록한 배와 촌스러운 행동에도 불구하고 그가 장 이모의 정부情夫라는 의심을 품고 있었다. 우리는 그를 장 이모의 '미안수 (面首)'라고 불렀는데, 이는 중국 고전에서 따온 말로 '귀족 여인의 숨겨진 남자'라는 뜻이다. 한마디로 남첩(男妾)을 의미한다. 이것은 당 엘리트들에게 흔히 있는 일이 아니었다. 물론 남자 고위 관리들은 때로 수십 명의 정부를 두었지만, 여성이 남자를 두는 것은 흔치 않았다. 휘트니는 장 이모가 무엇을 보고 황을 곁에 두는지 궁금해했다. 하지만 우리가 이미 아는 바처럼 장 이모는 특별한 사람이었다.

중국의 고위 지도부 주변에 몰려든 정부들처럼, 황도 자신의 모든 것을 장 이모를 위해 바칠 것처럼 보였다. 장 이모 주변의 높은 지위에 있는 사람들은 이런 기회를 자주 접하지 못했다. 장 이모의 주변에는 경호원, 비서, 운전기사 등이 늘 붙어 있었지만 자신들의 개인적 욕망을 채우기는 쉽지 않았다. 황과 같은 사람이 그의 영혼을 바칠 만한 기회를 보았을 때, 이를 거부하기는 쉽지 않았을 것이다. 게다가 장 이모에게는 항상 처리해야 할 불편한 일들이 있었다. 휘트니의 역할은 사업에 대한 조언을 제공하는 것이었지만, 장 이모에게는 더러운 빨래를 대신 해 주거나, 감옥에 있는 사람을 꺼내 오거나, 아니면 누군가를 처치해 줄 다른 사람이 필요했다. 아마도 그런 일을 처리하는 것이 황의 강점이었던 것 같다.

장 이모는 중국이라는 무대에서 많은 역할을 했다. 어떤 면에서는 꼭 두각시를 조종하는 사람이었다. 그녀는 황과 같은 사람들을 거의 완벽하게 통제했다. 휘트니와의 관계도 위계적이긴 했지만, 의견을 주고받는

식이 더 많았다. 장 이모가 구축한 모든 관계는 대개 냉정한 계산과 조작을 바탕으로 했지만, 어느 정도는 진실한 감정에서 우러난 관계도 있었다. 휘트니와 나는 게임이 어떻게 이루어지고 있는지 안다고 생각했다. 우리는 적어도 장 이모를 두려워하지 않았으니까.

그러나 휘트니가 정작 두려워한 것은 중국이라는 국가였다. 그녀는 산둥성의 어린 시절부터, 소위 부패 수사가 어떻게 사람들의 삶을 파괴하는지를 수없이 봐 왔다. 휘트니는 중국 엘리트들 사이에서 치열한 관계 구축 게임을 펼치면서도, 청렴이라는 기조를 유지하려고 노력했다. 앞서 말한 것처럼, 그녀의 신조는 '관에서 자신의 시체를 꺼내 채찍질한다 해도 먼지 하나 발견하지 못할 만큼' 깨끗하게 사는 것이었다. 그녀가 그렇게 말하는 것은, 어떤 면에서는 사람들에게 자신과 사업하는 것이 안전한 선택이라는 확신을 심어 주기 위한 방편일 수도 있다. 다른 한편으로 그녀 역시 자신도 모르게 당이 주도하는 수사의 대상이 될 수 있다는 두려움 때문이기도 했다.

우리가 함께 했던 초창기부터, '체제' 내에 있는 친구와 연락책 들은 휘트니에게 정부의 요직을 제안하기도 했다. 하지만 그녀는 그런 제안을 모두 거절했다. 어느 당 거물은 휘트니에게 "당신도 중국 지도층에 낄 수 있다"며 회유했지만 휘트니는 관심이 없었다. 또 다른 중국 고위 관리가 휘트니에게 "일만 잘되면 중국 최초의 여성 총리가 될 수 있다"며 유혹했지만, 그녀는 "나는 단지 산둥의 삶으로 돌아가고 싶지 않을 뿐"이라고 말했다.

휘트니는 황과 같은 기생 인간들이 원 총리 부부에게 재앙을 가져다

줄까 봐 걱정했다. 그는 매우 건방진 태도를 보였다. 그는 원 총리 일가와의 연줄을 무기처럼 휘두르고 다녔다. 어느 날, 황이 베이징 중심부를 가로지르는 동서 대로인 장안로(長安路)에서 교통사고를 냈다. 경찰관이 현장에 도착하자, 황은 오히려 그에게 위압적 태도를 보이면서 원 총리 부부를 당황스럽게 했다.

휘트니와 나는 늘 조심스럽게 행동한 것에 대해 지금도 자부심을 느낀다. 우리는 원 총리 일가와의 관계를 이용해 큰돈을 벌려고 하지도 않았고, 오랫동안 눈에 띄지 않게 행동했지만 황은 달랐다. 그런 사람들은 너무 표나게 관계를 과시하기 때문에 항상 위험하다.

황은 또 자신의 축재에 원 총리의 이름을 이용하는 것 같았다.《뉴욕 타임스》보도에 따르면 2004년 도이체방크Deutsche Bank는 화샤은행(華夏銀行)이라는 중간 규모의 은행에 투자하는 것에 대한 중국 정부의 승인을 받아 내기 위해 황을 고용했다.《뉴욕타임스》는 은행의 발표를 인용해, 황이 금융 분야에 대한 경험이 전무함에도 불구하고 200만 달러(24억원)라는 거액의 보수를 받았다고 보도했다. 결국 도이체방크의 화샤 인수 신청은 승인됐다.《뉴욕타임스》에 따르면 황은 2006년에 도이체방크로부터 300만 달러를 추가로 받은 것으로 알려졌다. 휘트니와 나는 이런 식의 행동에 찬성하지 않았다. 휘트니는 장 이모에게 황을 조심하라고 경고했지만, 장 이모는 황을 제지하고 싶지 않은 것 같았다.

그때는 몰랐지만, 2002년 여름날 저녁 장 이모와 처음으로 한 저녁 식사는 취업 면접인 동시에 내가 어떤 사람인지 알아보기 위한 자리였다. 휘트니가 날 믿을 수 있는 존재인지 판단하는 자리이기도 했지만, 나에 대한 장 이모의 의견을 확인하는 것도 똑같이 중요했다. 그 자리에서 나는 단지 휘트니의 결혼 상대로만 고려된 것이 아니었다. 주도면밀한 이 두 여성은 내가 함께 일할 만한 파트너인지를 판단하고 싶었던 것이다. 궁극적으로 어떻게 함께 일하게 될지는 정확히 알지 못했지만, 그들은 내가 함께 일하는 데 잘 어울리는 인물인지 확인해야 했다. 내가 휘트니의 남편감이 될 만한 인물인가? 그들이 성취하려는 목표를 달성하는 데 있어서, 내가 장 이모의 정치적 수완과 휘트니의 네트워킹 능력을 보완할 수 있는 비즈니스 통찰력을 가지고 있는가? 그리고 가장 중요한 것은, 내가 신뢰할 만한 인물인지를 판단하는 것이었다.

그러니까 내가 중국 권력의 핵심에 있는 사람들로만 구성된 이너 서클에 들어갈 준비가 되어 있느냐를 판단하는 자리였다. 금융 분야에 대한 나의 전문지식 외에도, 그들에게 어필했던 장점은 내가 백지상태라는 것이었다. 나는 중국인이었지만, 해외에서 교육을 받았다. 그들에게 특별히 짐이 될 만한 요인이 하나도 없었다. 나는 중국 관료 조직에 아는 사람이 없었고, 우리 가족 중 누구도 관리가 아니었다. 내게는 휘트니에게 접근하려는 어떠한 숨겨진 의도도 없었다.

그러나 휘트니는 항상 3차원의 체스를 두고 있었다. 지금까지 장 이모는 장기판의 가장 강력한 말이었다. 하지만 장 이모와의 만남 자리를 주선한 것은, 단순히 내가 파트너로 적당한지를 판단하기 위한 것만은 아니었다. 그것은 장 이모와 관계에서 휘트니 자신이 얼마나 소중한 존재인지를 장 이모에게 알리기 위한 의도이기도 했다. 장 이모가 휘트니를 수양딸로 대하는 것처럼, 휘트니도 장 이모를 어머니 같은 존재로 생각했다. 그날 그 자리에서 나를 장 이모에게 소개하면서, 휘트니는 자신의 삶에서 가장 중요한 결정에 대한 거부권을 장 이모에게 준 것이었다. 휘트니는 내가 자신의 남편이 되려면 장 이모의 축복이 필요하다고 생각했다. 중국은 그런 관계에서 신뢰가 최우선이었다. 만일 장 이모가 나를 못 믿겠다고 생각했다면, 휘트니와의 관계는 그때 거기서 끝났을 것이다.

휘트니는 무의식적으로 원 총리 부부를 모델로 삼아 우리 관계를 만들어 가려는 것 같았다. 장 이모가 원자바오를 쫓아다닌 것은, 원자바오가 진지하고 유능한 청년이며, 그가 영광의 자리로 나아갈 때 자신도 그 전차를 탈 수 있다고 생각했기 때문이었다. 결국 휘트니도 나를, 가부장적인 사회에서 자신처럼 능력 있고 야망이 있는 여성이 자신의 꿈을 실현하도록 도울 수 있는 남자로 생각한 것이었다. 휘트니는 장 이모와 원 총리가 어떻게 오랜 세월 동안 그렇게 긴밀한 동반자 관계를 유지할 수 있었는지, 그리고 장 이모가 어떻게 평범한 결혼 생활을 초월해 정치와 사업을 주무르면서 남편을 뒷바라지해 왔는지에 깊은 감명을 받았다. 원 총리가 평범한 가문 출신이라는 것은 휘트니에게 큰 반향을 일으켰다. 장 이모의 활달한 성격도 휘트니에게 큰 영향을 미쳤다. 장 이모도 휘트니처럼 말하는 것을 매우 좋아했고, 일단 말을 시작하면 방 안 전체의 분위기를 압도했다. 휘트니는 장 이모와 원 총리 부부가 살아가는 모습을 우리의 삶에도 반영하고 싶어 했다.

그때까지 휘트니와 장 이모와의 협업은 초기 단계였다. 휘트니는 아이디어를 가진 사람들을 장 이모에게 데려왔지만, 그녀들은 아직 나아갈 방향을 정하지 못했다. 그날 저녁 식사 자리는, 휘트니가 자신들의 미완성 꿈을 수익성 있는 현실로 만들어 줄 자신의 미래 파트너를 장 이모에게 소개하는 자리였다. 그랜드 하얏트 호텔에서의 저녁 식사가 있고 나서 며칠 뒤 휘트니가 다시 보고했다. "장 이모께서 당신이 그리 나쁘지 않다고 말씀하셨어요." 마침내 내가 그들의 시험을 통과한 것이다.

8장

'꽌시'의
시작

휘트니와 나는 장 이모의 에너지와 더 넓은 세상에서 활동하고 싶어
하는 그녀의 열망에 놀라지 않을 수 없었다. 그녀는 이미 다이아몬드 사
업으로 상당한 돈을 번 데다가 남편의 고위급 지위를 고려할 때 평생 국
가로부터 편안하게 지원을 받고도 남을 것이다. 하얏트 호텔에서 보았던
검은색 BMW는 언제부터인가 시트 마사지 기능이 있는 렉서스로 바뀌었
고, 다시 검은색 아우디로 바뀌었다. 하지만 그 정도는 약과였다. 그녀는
보석도 좋아했다. 하지만 장 이모는 반짝이는 싸구려 보석으로 화려하게
치장하는 것보다는 옥팔찌를 좋은 가격에 사는 것을 더 즐거워했다.

아마도 장 이모는 그것을 일종의 '보물찾기의 즐거움' 같은 것으로 생
각했을 것이다. 남편인 원자바오를 중국의 총리가 되도록 준비시키는 과
정에서도, 장 이모는 자기 나름의 영향력을 미치는 범위를 개척하고 싶
어 했으며 그저 남편의 부속물로 여겨지는 것을 원치 않았다. 결혼 초부
터 그녀와 원은 동등했고, 결혼 생활 내내 그 관계를 유지했다. 그녀는
여전히 자신의 스케줄을 따랐고, 원 총리의 국내외 여행에 동행한 적이

거의 없었다. 자신이 원 총리와 함께 있는 모습을 대중들이 자주 보지 못한다면, 그만큼 자기 일을 할 자유가 많다는 뜻이 아니겠느냐고 말하곤 했다. 그녀는 딸 릴리처럼 가명을 써 가며 자신의 신분을 숨기려고 하진 않았지만, 잠행을 자주 즐겼다.

장 이모의 이런 독자적인 행보는 미국 빌 클린턴 대통령이 선거에서 이겼을 때 그의 부인 힐러리 클린턴을 연상케 했다. 장 이모는 당 지도부의 다른 많은 부인처럼 남편의 그림자 속으로 사라지지 않고, 자신만의 공간에서 자신의 삶을 살기를 원했다. 그리고 장 이모의 이상적인 무대는 바로 사업이었다. 특히 많은 것들이 빠르게 변화하고 기회가 넘쳐나는 시기의 중국에서, 사업은 매혹적인 게임이 아닐 수 없었다. 그녀는 사업 일선에서 직접 활동하고, 사람들을 만나고, 아이디어를 흡수하고, 향후 전망을 판단하고, 그에 따라 행동에 옮기기를 즐겼다. 그녀가 정계에 높은 연줄이 있다는 것을 감안하면, 실패할 가능성이 낮다는 점도 한몫했다.

그러나 그녀가 관여하는 사업은 단순히 다른 당 간부들이 하는 사업체와 같이 조작된 보물찾기처럼 쉬운 게 아니었다. 원 총리도 장 이모도 중국 공산정권을 수립한 가문의 후손이 아니었다. 그런 가문의 사람들이 운영하는 사업체는, 면세점 쇼핑 혜택은 물론 심지어 돈을 찍어 내는 인쇄기라고 할 정도로 누워서 떡 먹듯이 독점 계약을 하는 사업체였다.

반면 장 이모와 원 총리는 스스로 열심히 노력해 당 고위층에 오른 사람이었다. 다른 중국 지도자의 부인들은 남편이 권좌에 있는 동안 돈을 벌어야겠다는 생각에 서둘러야 했고, 오직 파워 게임에만 큰 관심이 있었다. 우리는 그런 사람들을 '아내들로 구성된 와이프 갱(Gang of Wives)'이라는 의미의 '타이타이방(太太房)'이라고 불렀다. 하지만 그들 중에서 장 이모와 견줄 만한 사람은 거의 없었다. 그녀는 폭죽의 불꽃같이 강렬했지만 서두르지 않고 태평스러웠으며, 풍부한 사업 경험을 가진 매우 유능하고 단호한 사람이었다.

장 이모는 또 자신의 사업 활동을 남편에게 비밀로 했다는 점에서 다른 부인들과 달랐다. 다른 중국 지도자들은 자기 식구가 참여한 재정 문제(사업체를 포함해서)에 적극적으로 관여했다.

2002년부터 2012년까지 10년 동안 중국 최고 권력기관인 정치국 상무위원을 지낸 자칭린(賈慶林) 같은 관료들은 금융업계에서 일하는 나도 잘 아는 인물인 그의 사위와 식사하는 것을 아무렇지도 않게 여겼다. 자칭린 영감은 늘 강력한 권력을 쥐고 있는 지방 관리들을 동원해 자신의 사위에게 독점 사업권을 주도록 했다. 당의 최고 지도자인 장쩌민도 특사를 보내 자신의 아이들과 손주들을 위해 영향력을 행사했다. 그러나 장 이모는 본질적으로 원 총리의 어떠한 지원도 받지 않고 자신의 사업을 일궈 냈다. 비록 장 이모나 우리가 중국 총리 원자바오의 후광을 등에 업고 활동했지만, 원 총리가 실제로 관여해 영향력을 발휘하리라고 기대하지는 않았다. 그것이 때로 상황을 어렵게 만들기도 했다.

휘트니와 장 이모는, 우리의 합작회사가 내는 수익 중 장 이모가 30퍼센트, 그리고 우리와 우리를 돕는 다른 파트너들이 70퍼센트를 공유하기로 구두 합의했다. 이럴 경우, 이론적으로 장 이모도 자본금의 30퍼센트를 출자해야 하지만 거의 그렇게 하지 않았다. 장 이모 측에서 30퍼센트의 자본을 분담하는 경우가 가끔 있었지만, 그것은 수익이 확실한 프로젝트일 때였다. 장 이모는 위험을 감수하려 하지 않았기 때문에, 우리는 수익을 배분할 때 장 이모의 출자 지분을 면제해 주었다.

우리는 이에 관해 어떤 서류도 만들지 않았다. 모든 것은 신뢰로 이루어졌고, 일의 처리는 '업계 표준'을 따랐다. 다른 고위 당원 가족들도 자신들의 정치적 영향력을 대가로 비슷한 비율의 수익을 챙겼다. 그러나 규칙은 언제나 변경될 수 있었고, 투자 기회가 발생할 때마다 합당하게 조정됐다.

당과 친분이 있는 관료, 국영 기업 간부, 민간 기업인들은 장 이모 같은 내부 인사들에게 늘 여러 기회를 제안했지만, 그 거래들은 중국의 홍색 귀족들이 하는 것만큼 달콤하지는 않았다. 홍색 귀족들은 독점 사업에 접근할 수 있었다. 예를 들어 중국 고속철도망에 '티베트 5100'이라는 광천수를 공급하는 계약이 있다. 보도에 따르면, 티베트의 광천수 개발에 거의 아무것도 한 게 없는 덩샤오핑의 친척들이 이 사업의 독점권을 가진 것으로 알려졌는데, 중국 철도부는 2008년부터 2010년까지 2억 병의 '티베트 5100'을 구입했다. 이 회사가 2011년 홍콩 증권거래소에 상장했을 때, 시가총액은 무려 15억 달러에 달했다. 덩샤오핑의 가족들은 그들이 이 회사와 연계되어 있다는 보도에 대해 아무런 언급도 하지 않았다. 어쨌든 장 이모는 아직 그런 독점 사업을 확보하지는 못했다.

따라서 우리가 하는 거래에는 더 많은 작업이 필요했다. 누구도 수익을 낼지 확신할 수 없었기 때문이다. 그래서 우리는 두 단계에 걸친 판단이 필요했다. 첫째는 그 사업이 정말로 수익성이 있는지 기본적인 실사를 하는 것이었다. 그리고 그것이 내가 이 팀에 합류한 이유였다. 나는 그동안 키운 시장 감각을 발휘해 산업을 분석했다. 현장을 방문해 세세한 부분까지 파헤치는 등 부지런히 발품을 팔았다. 둘째는 우리에게 제시된 제안의 정치적 비용을 평가하는 것이었다.

우리에게 거래를 제시하는 사람들은 항상 무언가를 원했다. 그래서 그 거래를 성사시키기 위해 어떤 정파나 개인적인 네트워크와 손을 잡을 가치가 있는지, 언젠가는 우리에게 돈을 요구할 그들에게 신세를 질 가치가 있는지를 판단해야 했는데, 그것이 바로 휘트니의 전문 분야였고, 장 이모는 그런 판단을 내릴 때 휘트니의 조언에 크게 의존했다. 그들은 잠재적인 파트너들이 우리에게 기회를 주는 대가로 무엇을 기대할지 다양한 각도로 추측했다.

우리의 관계가 깊어지면서, 휘트니와 나는 장 이모의 사업 활동이 원치 않게 공개되는 것을 막는 보호막 이상의 역할을 했고, 마침내 파트너가 되었다. 우리는 재정, 방향, 판단, 그리고 실행에 이르기까지 모든 것을 제공했다. 장 이모는 이른바 '정치적 힘'을 동원해 주었다. 장 이모는 우리의 '공군'이고, 우리는 참호에서 치열하게 싸우는 '보병'이라고 말하곤 했다. 하지만 원 총리 가족과 다른 공산주의 일가와는 큰 차이가 있었다. '공군'으로서 장 이모의 영향력은, 현직 총리라는 연줄로 인해 확실히 충격 요법의 가치는 있었지만, 남편인 원 총리가 실제로 직접 폭탄을 투하해 주리라는 기대는 없었다.

우리는 그랜드 하얏트의 유팅 레스토랑을 아지트로 삼았다. 물론 그 외에 홍콩 경마장 베이징 지부 근처의 현란한 진바오가(金寶街)에 위치한 미슐랭 스타 레스토랑 레이 가든Lei Garden에서 만나기도 했다. 1인분에 500달러인 농어는 우리가 가장 좋아하는 메뉴였고, 큰 물고기의 부레로 만든 1천 달러짜리 수프도 있었다.

정부 부처의 부장(장관), 부부장(차관), 국영 기업 사장, 기업가들이 우리 식탁에 초청받기 위해 줄을 이었다. 우리는 장 이모의 영향권에 들어오려는 사람들의 성격을 판단하고, 파트너가 될 수 있는 사람들과 원 총리가 채울 수 있는 정부 고위직 빈자리에 대한 후보들을 면밀히 조사하며, 기회를 모색했다.

휘트니와 나는 점심값으로 1천 달러 이상을 쓰는 것에 큰 불편함을 느끼지 않았다. 우리는 그것이 2000년대 중국에서 사업을 하는 데 드는 비용일 뿐이라고 생각했다. 그것이 우리가 일하는 방식이었다. 어쨌든 중국에서 사업을 하는 데 가장 큰 요소는 '체면'이었다. 우리는 수프, 생선, 야채를 먹는 데 터무니없는 비용을 치르고 있다는 것을 잘 알았다. 그러나 엄연한 사실은 그렇게 함으로써 고객의 체면이 세워진다는 것이다. 만약 내가 개인적인 소비를 위해 그렇게 비싼 점심을 먹는다 해도, 나는 그것을 가치 제안(value proposition, 기업이 왜 자신의 물건이나 서비스를 사용해야 하는지에 대한 주장을 간략하게 요약한 것-옮긴이)이라고 간주했을 것이다. 어쨌든 나는 즐기기 위해서가 아니라 비즈니스를 위해 그렇게 한 것뿐이다. 베이징에서 사업을 하려면, 그 정도 점심값은 치러야 했다.

2002년 가을, 그러니까 내가 장 이모의 테스트를 통과한 지 몇 달 후, 휘트니는 중국원양운수집단(COSCO)의 연락책으로부터 비밀 정보를 들었다. 휘트니는 그 사람들에게 우호적이었다. 그 회사는 휘트니가 그레이트오션을 운영할 때 자금을 지원하기도 했었다. 휘트니가 받은 정보에 따르면, COSCO가 평안보험(平安保險)의 지분 일부를 매각하고 싶어 한다는 것이다. 당시 중국에서 종합적인 금융 및 보험 서비스를 제공하는 회사는 몇 개 되지 않았다. COSCO는 평안보험이 설립된 1988년부터 중국초상은행中國招商銀行, 선전 정부와 함께 평안보험의 3대 창립 주주 중 하나였다.

2002년은 COSCO의 해운 사업이 어려운 해였다. 자금난에 직면한 COSCO의 CEO 웨이 지아푸(魏家福)는 회사의 대차대조표를 개선하기 위해 평안의 지분 일부를 매각하기를 원했다. 휘트니는 웨이에게 접근해 주식을 매입하는 데 관심이 있다는 뜻을 표명했다.

웨이는 COSCO의 지분 일부를 휘트니, 더 나아가 원 총리 일가에 매각하는 데 이견이 없었다. 웨이는 별다른 요구를 하진 않았지만, 공기업을 이끄는 임원으로서 총리 가족의 호감을 사는 것이 나중에 자신의 목적에 도움이 될지 모른다고 생각했을 것이다. 원 총리의 후광으로 우리는 COSCO의 지분 일부를 사들이기 위한 내부 준비를 시작했다. 웨이는 평안 지분의 3퍼센트를 팔고 싶어 했다. 우리는 우리가 1퍼센트를 사고, 나머지 2퍼센트는 장 이모가 관심이 있을 것이라고 생각했다. 장 이모와의 첫 합작 프로젝트인 데다가 단발의 투자로 끝날 건이었기 때문에 우리는 70 대 30 규칙을 적용하지 않았다. 게다가 우리는 1퍼센트 지분을 인수할 자본조차 부족했다.

그것은 달콤한 거래가 아니었다. 그들은 회계법인이 산정한 순자산 가치보다 10퍼센트 높은 가격에 주식을 매각하겠다는 제안을 했다. 당시 비슷한 가격의 주식 매물이 협상 중이었지만 모두 성사되지는 않았다. 1993년에 평안의 지분 10퍼센트를 3,500만 달러에 사들인 미국 투자은행 골드만 삭스도 비슷한 시기에 지분을 매각하려 했지만 인수자를 찾지 못했다. 그래서 골드만은 당시 알려지지 않았던 알리바바(훗날 세계 최대의 전자상거래 회사로 성장했지만)라는 회사에 평안의 주식을 헐값에 매각했는데, 골드만이 이 주식을 팔지 않고 가지고 있었다면, 수백억 달러를 벌 수 있었을 것이다.

휘트니는 선전에 있는 평안의 본사를 방문해 평안의 CEO이자 설립자인 마밍저(馬明哲)를 만났다. 그때 장 이모가 함께 동행했다면, 우리와 원 총리 일가는 평안의 주요 주주가 되었을 것이다. 마 회장은 무심코 홍콩상하이은행(HSBC)이 평안의 주식 상당 부분을 매입할 계획이라는 사실을 밝혔다. HSBC는 금융계의 거물이었기 때문에 위험한 투자는 하지 않는 것으로 알려져 있었다. 우리는 장 이모에게 평안 지분 인수가 위험 부담이 적고 안정적인 수익을 올릴 수 있는, 이른바 '안전한 게임'이라고 생각한다고 말했다.

그러나 장 이모는 별로 좋아하지 않았다. 릴리도 반대했다. 릴리는 평안의 주식이 특별한 이득이 될 것이라고 생각하지 않았다. 하지만 그녀의 그런 견해는 평안의 사업에 대한 어떤 지식에 근거한다기보다는 휘트니와 자신의 어머니와의 관계에 대한 시기심 때문으로 보였다. 어쨌든 장 이모는 내켜 하지 않았다.

하지만 휘트니는 장 이모를 설득하기 위해 많은 노력을 기울였다. 휘트니는 우리의 논리를 설명했다. 당시 중국에서 보험 면허는 인기 있는 업종이었기 때문에 모든 유형의 보험은 떠오르는 사업이었다. 만일 이 투자가 위험하다면 HSBC와 같은 거물급 기업이 참여하지 않을 것이라는 사실을 누차 강조했다. 더군다나 핑안은 아직 증권거래소에 상장되지 않았기 때문에, 회사 실적과 무관한 시장 변동성으로부터 보호받을 수 있었다. 당시 중국에서는 주식을 인수할 때 대출받는 것이 일반적이었으므로, 우리도 핑안 주식을 사기 위해 대출을 받을 수 있다는 점도 설명했다.

며칠간의 논쟁이 소득 없이 끝나자, 휘트니는 장 이모에게 원 총리 일가가 관심이 없다면, 우리(휘트니와 나)만이라도 일을 추진하겠다고 말했다. 그러자 장 이모가 탁자를 두드렸다. 누가 뭐라 해도 원 총리 일가의 수표책을 쥐고 있는 사람은 장 이모였다. "좋아, 참여해 보자."

2002년 12월 휘트니는 COSCO로부터 핑안 지분의 3퍼센트를 3,600만 달러(430억 원)에 매입하기로 합의했다. 거래 조건은, 원 총리 일가가 2퍼센트, 그레이트오션이 나머지 1퍼센트를 매입하는 것이었다. 그러나 원 총리 일가나 우리 모두 큰 문제가 있었다. 둘 다 주식을 살 돈이 없었던 것이다.

당시 우리에게 자본이 얼마나 필요했는지 아무리 과장해도 지나치지 않을 것이다. 중국 내 모든 기업인에게 공통적인 문제였으니까. 중국 경제 호황기에 투자 기회가 많았던 점을 감안하면 우리는 모두 이미 대출을 최대한 끌어다 쓴 상황이었다. 그것은 중국 시장이 얼마나 미쳤는지, 사회와 금융계 전반에 걸쳐 중국의 미래에 대한 열정이 얼마나 뜨거웠는지를 보여 주는 신호였다. 모두 기회가 보이면 최대한으로 투자했고, 그 때문에 대다수가 현금이 부족했다. 물론 모든 투자의 결과가 다 좋았던 것만은 아니었다. 중국의 100대 부자 명단에 오른 사람들 중 3분의 2는 사업상 잘못된 결정, 범죄, 정치적 의도가 있는 고소, 혹은 이미 권력을 상실한 당파에 줄을 잘못 섰다는 등등의 이유로 매년 교체될 것이다.

당시 중국에서 어느 정도 규모의 사업을 하는 사람은 환경, 세금, 노동 등 어떤 분야에서든 법을 위반할 수밖에 없었다. 물론 그래서 높은 수익을 얻을 수도 있었지만, 언제나 위험을 내포하고 있었다. 중국 정부는 법을 통과시키면 항상 소급 적용하기 때문에, 몇 년 전에는 법 위반이 아니었던 것도 오늘날에는 범죄가 될 수 있었다.

하지만 그런 문제가 중국의 미래가 밝다는 강력한 열풍을 약화시키지는 못했다. 2000년대 중국은 10년 연속 멈추지 않고 두 자릿수 성장률을 기록했고, 거대한 야망과 엄청난 성공, 역사상 가장 유례를 찾아볼 수 없는 부의 축적이 가능한 시기였다. 이런 상황에서 최대한 대출을 받지 못한다면 뒤처진다는 느낌을 면치 못했고, 사람들에게 어리석다고 비웃음을 당했다.

휘트니는 IBM 메인 프레임 장비를 중국 통신사에 판매해 연간 200만 달러의 적지 않은 수익을 올리고 있었지만, 여전히 현금이 부족했다. 사실, 2003년에 휘트니와 내가 동방 광장에 있는 고급 아파트로 이사한 후에도, 우리는 계속 부모님에게 손을 내밀었다. 여기서 10만 달러, 저기서 20만 달러의 돈을 빌리며 겨우겨우 살아왔다.

상하이 부동산 붐을 타 돈을 좀 번 우리 부모님은 놀라움을 금치 못했다. 우리가 처음 만났을 때, 휘트니는 최고급 차인 S600 메르세데스를 타고 다녔다. 그 후 아우디가 6,000cc W12 엔진을 장착한 모델을 출시하자 그녀는 그것을 가져야 했다. 우리는 엄청나게 비싼 아파트에서 함께 살았고, 비싼 차를 몰았다(중국에서는 자동차 가격이 해외보다 다섯 배나 비싸다). 우리는 뭘 사도 가장 비싼 것을 샀다. 그러면서도 부모님께 손을 벌린 것이다. 어느 날 어머니가 말씀하셨다. "네 생활 방식을 바꿔야 할 것 같구나." 부모님은 같은 중국이지만 가난한 나라에서 자랐다. 특히 아버지의 부모는 국가로부터 핍박받는 삶을 살았다. 부모님은 늘 절약하면서도 저축하고, 항상 낮은 자세로 사셨다. 검소함과 근면함 덕분에 마침내 중산층에 합류할 수 있게 되었다. 부모님은 내가 진입한 새로운 세계를 이해하지 못했다. '체제'의 논리, 즉 항구 정박이 허가된 기간에만 휴가를 즐길 수 있는 선원(sailors on shore leave)처럼 살도록 강요하는 세상을 말이다.

나와 휘트니는 고급스럽게 사는 것이 사업의 이익 창출에 도움이 된다고 생각했다. 중국에서 최고의 거래를 하려면 약해 보여서는 안 된다는 논리였다. 도대체 그때 우리의 상대가 누구였길래? 사실 아무도 없었다. 그저 잘난 척하는 것이 게임의 일부였을 뿐이었다.

사실, 휘트니의 유별난 과소비에는 심리 문제도 있었다. 그녀는 늘 자신의 초라한 배경에 대한 자격지심이 있었다. 항상 자신이 무시당하지 않을까 신경을 곤두세웠다. 그래서 그녀는 자신이 잘산다는 것을 남들에게 보여 주어야 한다는 생각에 사로잡혔다. 휘트니가 자동차, 보석, 심지어 고가 미술품 등에 많은 돈을 쓰는 것은 단순한 소비 심리에서가 아니라 세상의 비웃음에 맞서 성벽을 구축하는 일종의 자기방어였다.

휘트니는 '베이징 A 8027'이라는 자동차 번호판을 별도로 20만 달러에 구입해 자신의 아우디에 달았다. 휘트니는 그 자동차 번호판을 받기위해 베이징 경찰청장에 대한 로비까지 마다하지 않았다.

중국에서 자동차 번호판은 높은 신분의 상징이었다. 베이징 거리에는 여러 다양한 번호판을 단 자동차들이 다닌다. 우선 여러 군부대에서 발급한 군용 번호판이 있다. 그다음에는 중난하이(中南海, 베이징 중심부에 있는 중국공산당 중앙위원회와 국무원의 소재지-옮긴이)의 공산당 본부가 발급하는 번호판이 있다. 그리고 외국인을 위한 검은 번호판이 있다. 이 번호판들은 각자 사용하는 언어가 달랐다. 게다가 베이징 거리는 매우 복잡하기 때문에 높은 신분의 번호판을 다는 것은 필수였다. 좋은 번호판을 단 차들은 버스 전용차로에 진입할 수 있을 뿐 아니라 인도로도 다닐 수 있고, 심지어 불법 유턴과 빨간 신호를 무시하고 달릴 수도 있다. 자주 가는 식당 근처의 주차 금지 구역에 주차하는 것은 말할 것도 없다.

모든 것이 신분에 따라 차별화되는 나라에서 'A 8027' 번호판은 자부심 그 자체였다. 'A'는 우리가 베이징의 도시 중심부에 살고 있다는 것을 의미했다. 80은 차량 소유자의 신분이 정부 부처의 부장(장관)급 이상이라는 뜻이다. 그리고 27같이 작은 수는 차량 소유자가 어떤 식으로든 중국의 내각인 국무원과 연결되어 있다는 것을 의미했다. 그래서 휘트니가 이 번호판을 받기 위해 경찰청장에게까지 손을 쓴 것이다. 휘트니의 아우디는 번호판만 보면 고위 공직자의 소유로 보였다. 서양에서는 돈만 더 주면 개인 맞춤형 번호판(vanity plates)을 만들 수 있지만, 중국에서는 아무리 돈을 더 내도 그런 번호판을 받을 수 없다. '꽌시'가 있어야 한다.

꽌시가 없는 우리는 다른 방법으로 신분 상승을 추구했다. 우리는 보통 사람의 손목보다 더 두꺼운 휘트니의 손목에 맞는 옥팔찌를 찾기 위해 전 세계 여행을 가기도 했다. 결국 그녀는 50만 달러짜리 팔찌를 찾았다. 미술품도 중국 사업가들에게 성공의 증표다. 그래서 휘트니는 내게 미술품 경매에 참석하라고 말했다. 2004년, 우리는 송나라의 노래하는 새 그림을 포함한 두 점의 고화古畵를 거의 100만 달러에 낙찰받았다. 그 시대의 모든 중국 골동품처럼 우리가 산 고화의 가격은 크게 올랐다. 보석 가격도 무려 열 배나 뛰었다. 어떤 사람이 우리가 산 그림을 열 배 가격으로 사겠다고 제안하기도 했다. 하지만 우리가 그런 골동품을 산 것은 이익을 얻기 위해서가 아니었다. 우리는 오스트리아에서 구입한 옷장 크기의 금고에 우리가 산 골동품들을 넣어 두었다. 시계 30여 개를 넣을 수 있는 서랍과 골동품을 보관할 수 있는 선반, 그리고 사람이 서서 들어갈 수 있는 그림 보관함이 있는 금고였다.

이 모든 물건을 소유한다는 것은, 우리도 중국 사회에서 고위층에 속한다는 것, 그리고 우리보다 더 고귀한 출신 성분을 가진 사람들의 경멸을 뛰어넘었다는 것을 주변 사람들에게 보여 줄 수 있는 상징물을 의미했다. 그러기 위해서는 우리 삶의 모든 것이 최고가 되어야 했다. 그녀가 타고 다니는 자동차, 그녀가 차고 다니는 보석, 그녀가 일하는 사무실, 모든 것이 우리가 누구인지를 보여 주는 것이었다.

원 총리 일가와 우리는 핑안 주식을 매입할 자금을 각자 찾기로 합의했다. 휘트니는 한 제약회사로부터 1,200만 달러의 브리지론 bridge loan(자금이 급히 필요할 때 단기차입으로 자금을 조달하는 것. 단기차입으로 자금을 확보한 다음, 자금조달이 유리한 시기에 중장기 차입을 해 단기부채를 상환하는 방식-옮긴이)을 받았다. 일단 우리가 주식을 손에 넣은 후, 그 주식을 담보로 은행으로부터 저금리 장기대출을 받아 제약회사로부터 받은 차입금을 상환할 계획이었다. 원 총리 일가는 한 중국인 사업가가 장 이모에게 현금을 빌려주는 방식으로 자금을 마련했다.

장 이모에게 현금을 빌려준 중국인 사업가는, 자신의 이름으로 주식을 매입해 자신의 몫을 떼고 나머지를 장 이모에게 돌려준다는 조건으로 돈을 빌려주었다. 그러나 그 사업가는 주식을 매입한 다음 나중에 장 이모의 몫을 돌려주지 않았다. 장 이모가 그 사업가에게 자기 몫의 주식을 빼앗을 능력이 없었다는 사실은 원 총리 일가의 상대적 약점을 그대로 보여 준 것이었다. 결과적으로 장 이모 몫의 핑안 주식 가치는 이후 수천만 달러(수백억 원)로 부풀어 올랐다.

원 총리는 이론적으로는 당 서열 2위였지만, 공산당 가문이 아닌 데다 그의 소극적 기질 때문에 비슷한 수준의 다른 공직자보다 부의 축적에 적극적으로 나서지 않았다. 당의 최고위층에 있는 다른 사람들은 부패척결이나 범죄 수사라는 명분으로 정적들을 몰아내고, 개인적 이익을 위해 국가 사법 시스템을 이용하는 일이 다반사였다. 그러나 원 총리는 그런 교묘한 방법을 사용하는 데는 관심이 없었다. 가족 중 누구도 가장 영향력 있는 가족인 원 총리에게 핑안보험에서 무슨 일이 일어나고 있는지, 그들이 어떤 거래를 하고 있는지를 알려야 한다고 생각하지 않았다. 상황이 악화되거나, 심지어 홍콩 금융업자가 자신의 아내로부터 수백만 달러를 훔쳐 가도, 원 총리가 개입하는 것을 기대할 수 없었다.

우리(휘트니, 장 이모, 그리고 나)는 원 총리 일가에 대한 대중의 감시를 피하기 위해 매입한 주식을 그레이트오션 명의로 보유하기로 했다. 나는 또 핑안보험의 감사에 이름을 올렸는데, 그 기간에 중국 대기업이 어떻게 운영되는지를 배울 수 있었다.

핑안의 거래를 돌이켜 볼 때, 나는 그것이 부패라고는 생각하지 않는다. 《뉴욕타임스》가 2012년에 우리가 매입한 가격이 다른 사람들보다 낮은 가격이라고 보도했지만, 사실 우리와 동시에 매입한 다른 두 주주와 같은 수준의 가격을 지불했다. 우리는 주당 50센트가 조금 안 되는 시가대로 매입했다. 게다가 COSCO가 우리에게 매각한 가격은 그들이 해외에서 한 거래와 크게 다르지 않았다.

비상장사 주식의 개인 간 거래는 공개적으로 이뤄지지 않는다. 중국의 국영 대기업은 대차대조표를 개선하기 위해 투자 지분을 매각하려 한다거나 주식을 공매로 내놓는다고 공개적으로 발표하지 않는다. 그 거래가 베이징, 런던, 뉴욕, 어디에서 이루어지든 그 정보는 제한된 네트워크 안에 있는 사람만이 알 수 있을 뿐이다.

2004년 1월, 핑안보험이 홍콩 증권거래소에 상장되었을 때 주가는 우리가 매입한 가격의 여덟 배까지 뛰었다. 우리는 1,200만 달러를 투자했지만, 한순간에 그 가치가 거의 1억 달러가 된 것이다. 나는 일부라도 팔아서 은행 대출을 갚고 싶었지만, 당시 중국 정부의 자본 이동 통제 방침으로 중국 주식의 해외 매각이 금지되어 있었다. 법적으로 홍콩 시장에서 주식을 팔 수 없었다. 당시 중국 법에 따라 홍콩은 해외로 간주되었기 때문이다. 그러나 조금만 더 참으면 홍콩 주식 시장에서 평안의 주가가 훨씬 더 오를 것이라는 느낌이 들었다.

9장

수도국제공항
프로젝트

　휘트니와 나는 2002년 늦여름부터 함께 살았지만, 아직 결혼하지는 않았다. 우리가 홍콩에서 정식으로 혼인 신고를 한 것은 2004년 1월 17일이었다. 그 후에도 휘트니는 우리의 관계를 공개적으로 알리기 전에 결혼 생활을 오래 유지할 수 있을지 확인하고 싶다면서 결혼식을 연기했다. 그러다 1년이 지난 후 그녀는 결혼식을 계획했다.

　나로서도 결혼식을 서두르지 않았다. 당시 우리 관계에서 휘트니는 나보다 더 큰 영향력을 가지고 있었고, 그녀의 열정에 나 자신을 온전히 맡길 정도였다.

　휘트니는 호텔 체인회사인 포시즌스Four Seasons가 홍콩에 호텔을 짓고 있으며, 2005년 가을에 문을 열 예정이라는 사실을 알고 있었다. 그녀는 우리가 합법적으로 결혼한 지 21개월이 지난 2005년 10월에 이 호텔에서 피로연을 열기로 예약했고, 비용을 아끼지 않았다. 그녀는 수십 명의 웨딩 플래너, 플로리스트, 셰프들을 사전에 인터뷰했고, 사진작가들의 포트폴리오까지 일일이 검토하면서 마침내 전문팀을 구성했다. 그녀의 주선으로 우리는 춤 레슨도 받았고, 오케스트라를 방불케 하는 음악 연주팀을 예약했다. 그녀는 뉴욕까지 날아가 패션 디자이너 베라 왕Vera Wang의 스튜디오에서 웨딩드레스를 맞췄다. 나도 유명 디자이너인 톰 포드Tom Ford가 만든 검정 턱시도를 입었다. 휘트니는 또 자신의 부모님과 며칠을 보내며 화려한 의상과 장식으로 그들의 시골티를 말끔하게 포장했다.

호텔이 문을 연 지 한 달 만인 2005년 10월의 토요일 저녁에 우리는 대망의 결혼 피로연을 열었다. 장 이모도 베이징에서 날아와 휘트니의 대모 자격으로 참석했다. 당연히 휘트니의 생모는 이에 대해 화를 냈고, 딸이 자기보다 장 이모를 더 중시한다고 맹비난하며 소리쳤다. "네 진짜 엄마는 나란 말이야!"

물론 내 부모님, 퀸스 칼리지 시절의 동창생들, 그리고 홍콩에서 다녔던 경영자 MBA 과정 동료들도 피로연에 참석했다. 모두 합해서 200명가량 되었던 것 같다.

하지만 휘트니와 나는 베이징에서는 어떤 행사도 하지 않기로 했다. 누구를 초대할지, 누가 옆에 앉아야 할지, 누구를 신부 들러리 또는 신랑 들러리로 부를지, 누가 가장 가까운 테이블에 앉아야 할지 등등의 문제로 고민하고 싶지 않았기 때문이다. 또 여타의 하객들에게 우리의 관계를 드러내고 싶지 않았고, 하객들 입장에서도 그들과 우리와의 관계가 노출되어 불편해질 것을 염려했기 때문이다.

서양에서라면 결혼식이 사람들을 서로 만날 수 있는 좋은 이벤트이자 기회였겠지만, 정보가 엄격히 통제되고 사회 전반에 공포가 스며들어 있는 중국에서는 조심해야 했다. 중국에서 연줄은 삶의 토대를 구성하는 필수 불가결한 것이지만, 우리는 잠재적 경쟁자나 일반 대중에게 우리의 연줄을 노출시키고 싶지 않았다.

홍콩에서의 결혼식은 우리 결혼 생활에서 가장 행복했던 시절이었다. 휘트니는 내가 중국 '체제'에서 성공할 수 있는 사람으로 변화할 수 있도록 많은 노력을 기울였다. 우리의 출발은 그렇게 생산적으로 시작되었다.

피로연은 화려했고, 모든 면에서 우리가 완벽한 커플로 보일 수 있도록 세심하게 연출되었다. 하지만 이렇게 거창한 피로연을 가진 후, 신혼여행은 가지 않기로 했다. 베이징에서 해야 할 일이 너무 많았다.

당시 아주 흥미로운 일을 함께 추진하고 있었다. 그 일은 우리 경력에서 최고의 업적이 될 프로젝트였으며 뜻밖의 우연, 행운, 연출은 물론 당시 중국에서 우리의 삶을 다 바친 노력이 모두 복합적으로 어우러져서 성사된 일이었다.

나는 중국에서 뭔가 특별한 일을 하려면 꽌시를 이용해야 한다고 여러 번 말했다. 그 꽌시를 이용하는 가장 중요한 비결 중 하나가 땅이었다. 사람들은 휘트니가 장 이모와 친하다는 것을 알고 많은 거래를 제안했다. 우리는 마땅한 프로젝트를 찾기 위해 휘트니의 고향인 산둥성에서 몇 주를 보냈지만 결과는 헛수고였다. 한번은 중국 동쪽 바다인 황해안(중국 동부 해안과 한반도 사이에 있는 바다-옮긴이)의 지저분한 도시 르자오(日照)의 시장이 우리를 영접했는데, 그는 우리에게 반쯤 완성된 컨테이너 항구 하나를 보여 주었다. 일부만 완공된 발전소에서는 공무원들이 술을 너무 많이 마셔서 그중 한 명이 도랑에 빠지는 일까지 생겼다.

휘트니는 자신의 뿌리가 산둥이라는 것을 인식해서인지 투자할 만한 곳을 열심히 찾았다. 그러나 나는 그 지역의 많은 곳에서 컨테이너 항만과 발전소를 개발하고 있다는 점에 주목했다. 경쟁이 치열했기 때문에 이익도 적을 것이 뻔했다. 나는 그곳에 투자하는 것은 바닥치기 경쟁(참여자들의 비용 절감 경쟁으로 이익이 감소하는 상황-옮긴이)이 될 것이라고 생각했고, 휘트니에게 투자를 보류하라고 설득했다.

베이징으로 돌아온 우리는 고급 주택을 지을 땅을 확보하기 위해 노력했다. 2001년 휘트니는 쑨정차이(孫政才)라는 사람을 지원하기 시작했다. 당시 그는 베이징 북서부 끝에 있는 순이구(順義區)의 당서기였다. 쑨은 휘트니와 마찬가지로 산둥 지방 출신이었다. 쑨은 타고난 지도자였으며 말재주가 있었다. 찌푸린 듯한 눈썹에 항상 시선을 고정시키고 말하는 쑨은 특별히 잘생기지는 않았지만, 자수성가한 사람들에게서 볼 수 있는 상냥한 자신감을 발산했다. 그의 부모 역시 홍색 귀족 출신이 아닌 농부였다. 그는 노력과 총명함으로 당의 사다리를 타고 올랐다.

쑨은 산둥에서 대학을 졸업한 후, 베이징에서 대학원을 다녔다. 대부분의 중국 관리들이 대학원 석사 논문을 부하 직원들에게 시키는 것과는 달리, 그는 직접 석사 논문을 썼다. 1997년 대학원을 졸업한 그는 농무부 산하 농업과학연구원의 당서기에 임명되었다. 이후 베이징 순이구 구청장 자리에 올랐고, 2002년 2월에는 더 강력한 직책인 순이구의 당서기가 되었다.

쑨이 순이구의 당서기가 되었을 때는, 중국 정부가 부동산 분야를 민간 투자에 개방하고, 이 지역의 채소밭과 과수원을 수도 베이징의 베드타운으로 개발하던 시기였다. 베이징 수도국제공항 근처에 위치한 순이구는 처음에는 외국인 사업가와 외교관 들에게 주택 수당을 제공하며 주택을 짓도록 장려했는데, 곧 중국의 신흥 부자들이 들어오면서 이른바 외부인 출입 제한 주택지로 선호하는 지역이 되었다.

순이구 구청장이자 공산당 당서기인 쑨은 그가 동맹 관계라고 생각한 사람들에게 부동산 프로젝트를 나눠 주었고, 원 총리 일가와의 연줄 때문에 휘트니와 내게도 땅을 주었다. 그는 또 한때 국가 부주석을 지냈고 장쩌민 주석 겸 당서기의 오른팔로 꼽히는 쩡칭훙(曾慶紅)의 친척들에 대한 토지 매각도 승인했다. 나중에 쑨이 고위 공직자 부패 사건에 연루돼 숙청되었을 때, 당은 쑨을 뇌물 수수 혐의로 고발했다. 나는 그것이 사실이 아니라고 생각했다. 오히려 상호 교환에 가까웠다. 쑨은 자신의 출세를 도와준 사람들에게 호의로 토지를 할당했을 뿐이었다. 어쨌든 2002년 5월, 쑨은 순이구에서 벗어나 베이징시 당위원회 서기장으로 승진했다. 그는 이미 가오간의 대열에 들어선 것이다.

휘트니와 나는 쑨의 풍부한 지략과 자신의 진로를 계획하는 능력에 깊은 인상을 받았다. 휘트니는 쑨에게 무한한 잠재력이 있다고 믿었고 그와 가까이 지내려고 노력했다. 쑨은 또 휘트니가 아우디에 특별한 번호판을 붙이는 걸 도와주기도 했다.

베이징시 당위원회 서기장은 도전적인 일이었다. 그가 상대하는 곳은 국방부, 국가안보부, 상무부, 외교부와 같은 국가 차원의 기관이었다. 그들은 요구 사항이 많아, 그때마다 그는 그들을 만족시켜 주어야 했다. 하지만 당위원회 서기장은 권력의 중추에 제한 없이 접근할 수 있었다. 큰 압박을 받는 자리이긴 하지만, 그만큼 보상이 주어졌다.

쑨은 야망이 컸고, 자존심도 강했다. 그는 비교적 짧은 기간에 농무부 산하 기관의 연구원이라는 학문적 자리에서 100만 명 이상의 인구가 거주하는 지역(순이구)을 관리하는 자리로, 그리고 중국의 수도 베이징에서 중심 역할을 담당하는 자리로 빠르게 승진했다.

2003년 초까지 우리는 쑨이 준 땅을 개발하지 않았다. 그런데 법 개정으로 인해 할당된 토지를 개발해야 하는 시기가 지나 버렸다는 이유로, 우리는 그 땅에 대한 권리를 포기해야 했다. 모르는 사람들은 중국의 부동산 사업이 떼돈을 버는 허가증이라고 생각하지만, 그 이면에 얼마나 큰 위험이 도사리고 있는지는 알지 못한다. 규제가 심했고, 정책은 수시로 변해 그야말로 예측불허였다.

쑨은 이미 순이구를 떠났지만, 우리는 여전히 그 지역에 관심이 있었고 순이구가 개최하는 행사의 초청 명단에 항상 빠지지 않았다. 2003년, 순이구 춘절 행사에서 뭔가 이상하다는 낌새를 느꼈다. 예년의 행사에서는 대개 구청장이나 당서기가 몇 마디 하고, 사람들은 축배를 들고, 차려진 수십 가지 요리를 먹은 다음 늦겨울 추위를 뚫고 집으로 돌아오는 것이 관례였다. 그런데 이번에는 다혈질로 보이는 리핑Li Ping이라는 구청장이 갑자기 예정에 없던 발언을 하는 것이었다. 그는 순이구에 인접한 베이징 공항에서 온 대표단을 향해, 공항 측이 경계선을 넘어올 경우 공항 확장 계획을 저지할 것이라고 으름장을 놓았다. 리펑은 이미 술을 거나하게 마셔 얼굴이 벌겋게 붉어진 상태였다. "당신들은 내게 먼저 허락을 받아야 할 거요."

당시는 정부 관료들이 토지, 자원, 허가권을 놓고 서로 경쟁하는 그야말로 광란의 시기였다. 급성장하는 중국에서 그 모든 것이 돈과 관련이 있었기 때문이다. 국영 전화 회사들은 엄밀히 말하면 모두 국가가 소유한 기관임에도 불구하고 서로 경쟁하며 상대방의 회선을 가로챘다. 관료들은 자산을 개발할 권리를 놓고 다른 관료가 고용한 깡패들과 싸우기 위해 깡패들을 배치했다. 버스 제조사들도 성省 사이를 운행하는 노선을 확보하기 위해 깡패들을 동원했다. 순이구가 인접한 공항을 싫어해 확장 계획을 방해한다는 것은 비밀이 아니었다. 휘트니와 나는 이들이 휴전 협정을 맺을 수 있을지 궁금했다.

휘트니는 그 뒷이야기를 다음과 같이 짜 맞추어 나갔다. 2년 전인 2001년 7월, 국제올림픽위원회(IOC)가 2008년 올림픽 개최지로 베이징을 확정 발표하면서, 베이징 전역에 재개발 프로젝트가 촉발되었다. 베이징시가 뉴욕, 파리, 런던에 필적하기 위해 7억 달러를 들여 중국 중앙 TV 본사를 세계에서 가장 크고 가장 비싼 미디어 본부로 건설하겠다고 발표하자, 오랫동안 잠자고 있던 각종 계획들이 갑자기 활기를 띠기 시작했다.

베이징 공항은 올림픽 경기장으로 가는 관문이 될 것이기 때문에, 자연스럽게 재개발의 대상임이 틀림없었다. 베이징 수도국제공항은 영국의 유명한 건축가 노먼 포스터Norman Foster를 데려와 눈부신 강철과 유리로 뒤덮인, 용의 비늘을 연상시키는 공항 터미널 지붕을 설계하게 했다. 중국 정부는 새 여객 터미널 개발 외에도, 공항의 화물운송 사업을 확장하는 계획도 승인했다. 공항은 사람만 이동하는 곳이 아니라 수많은 화물이 이동하기 때문에, 베이징 공항의 화물 처리 능력은 업그레이드가 절실한 상황이었다.

국토자원부는 공항 물류 거점을 순이구의 경계선까지 확장하는 계획을 승인했다. 이에 맞서 순이구는 경계선을 따라 고속도로를 건설하는 것을 승인함으로써 공항 확장을 봉쇄했다. 휘트니는 순이구가 고속도로 맞은편에도 물류 시설을 건설해 경쟁력 있는 물류 지구를 만들 계획이라는 사실을 알게 되었다. 머리 회전이 빠른 휘트니는 곧 아이디어를 떠올렸다. 고속도로를 옆에 두고, 공항의 화물 구역을 순이구와 결합시켜 중국 내외로 화물을 운반하는 거대하고 효율적인 물류 허브를 만드는 것은 어떨까? 지게차가 여기저기 윙윙거리며 오가고, 보세창고, 수출입 화물 처리 센터, 삼엄한 보안 시설에 방역 역량까지 갖춘다면? 휘트니는 이 비전을 실현하려면 공항과 순이구가 전쟁을 끝내도록 설득해야 한다고 생각했다.

우리는 이 프로젝트를 실현하기 위해 관련된 중요 인물들을 파악하기 시작했다. 리펑 순이구청장과 리페이잉(李培英) 공항 총괄 책임자는 성은 같아도 친척은 아니었다. 우리는 그들이 서로 그리고 우리와 함께 일하도록 동기부여를 할 수 있는 것이 무엇인지 알아내야 했다.

리페이잉은 공항업계에서는 전설적인 인물이었다. 그는 공항의 순찰 경찰로 시작해서 공항 경찰서장을 거쳐 공항 간부로 승진했다. 그는 청년 시절 추락사고로 다리를 절었지만, 사이즈가 큰 감청색 셔츠와 흰색 셔츠를 입고 매일 공항 일대를 빠른 걸음으로 걸어 다녔다. 다리를 저는 것은 그에게 전혀 장애가 되지 않았다. 그는 무엇이든 '할 수 있다'는 정신으로 무장된 사람이었고, 베이징 공항뿐만 아니라 중국 전역의 36개 공항을 소유한 회사의 경영자가 되었다.

리페이잉은 자신의 개인 비행기로 중국 대륙을 횡단하기도 했다. 당시 그가 베이징 공항을 이륙할 때, 관제탑에서 "리페이잉 사장이 먼저 나갑니다"라는 방송과 함께 막 이륙하려던 국제선 항공기 앞을 가로질러 활주로로 끼어들었다는 이야기가 전설로 전해진다.

리페이잉은 자신을 높이 평가했다. 그는 베이징 경찰청장의 식사 초대를 거절함으로써 자신의 전설을 확장시켜 나갔는데, 꼭 현명한 처사는 아니라고 생각한다. 하지만 리페이잉은 약 4만 명의 직원을 거느린 경영자로서 사람들에게 인기 있는 지도자의 풍모를 유지했다. 그는 공항 직원의 급여를 올리는 등 공항을 실제 기업처럼 운영해 많은 지지를 받았다.

리페이잉은 베이징 공항을 통해 들어오는 모든 중국 당 고위 간부에 대해서도 철저히 준비했다. 정치 거물급이 베이징에 들어오면, 그는 항상 그 인사를 영접하는 방에 함께 참석했다. 그는 고위층을 대면하는 이 기회를 매우 유리하게 이용했다. 또 여러 공항의 최고경영자로서, 독점 사업에 대한 접근을 확실하게 통제했다. 그는 그 사업들을 케이크처럼 잘라서 고위 관료의 친척들에게 나누어 주었다. 그는 선라이즈Sunrise라는 회사를 통해 장쩌민 중국 국가주석의 가족이 베이징 공항에서 면세품 판매 허가를 받을 수 있게 도왔다. 면세점은 홍색 귀족들이 선호하는 사업 모델이었다. 선라이즈는 국영 기업인 중국면세점그룹(China Duty Free Group)과 함께 베이징 공항에서 면세점 사업을 운영하는 회사다. 이 두 독점 회사는 중국 경제의 상징으로, 한 곳은 홍색 가문이 지배하고 있고, 다른 한 곳은 국영 기업이다.

리페이잉은 공항과 베이징 시내를 연결하는 고속 지하철 시스템과 함께 새로운 터미널과 활주로 건설 등 공항의 거대한 변화를 직접 지휘했다. 그는 당시 공항에서 절대적으로 필요한 존재였고, 비전이 있는 강력한 지도자였다. 그런데 중국에서는 흔히 그렇듯이 낮에 권력을 독점하는 자에 대한 야간 감시는 소홀하게 마련이다. 리페이잉은 도박을 즐기는 습관이 있었다. 그는 감시가 소홀한 중국 남부, 오랜 포르투갈 식민지 마카오를 열네 차례 여행하면서 바카라(카드 도박의 일종-옮긴이)로 600만 달러의 나랏돈을 탕진한 것으로 알려졌다. 그는 또 서태평양의 미국 영토 사이판까지 가서 사흘 밤을 새우다시피 도박을 했다. 결국 그는 나중에 중국 정부와 마찰을 빚었는데, 이는 중국에서 낙마하는 사람들은 대개 가장 유능한 사람이라는 것을 다시 한번 증명한 셈이 되었다. 어쨌든 내가 리페이잉을 처음 만났을 때, 그는 게임을 좌지우지할 최고의 위치에 있었다.

우리는 리페이잉이 원하는 것, 바로 원 총리와의 연줄이 있었다. 리페이잉은 몇 년 동안 정부 서열의 국장급에서 정체되어 있었다. 그는 차관급으로 한 단계 승진할 방법을 고심했다. 이런 상황에서 명망을 얻는 것은 중요했다. 그가 차관급에 오를 수만 있다면 중국의 다른 모든 공항 책임자들보다 서열이 더 높아질 터였다. 차관급으로 승진한다는 것은 가오간으로 진입한다는 의미이기도 하다. 따라서 우리와 손을 잡고 장 이모를 만나서 순이구와의 문제를 해결하는 것은 그에게도 충분한 동기와 명분이 될 수 있었다.

리페이잉과 달리 순이구의 리펑 구청장은 승진에 그다지 욕심이 없었다. 불룩 튀어나온 배에 168센티미터의 단신인 리펑은 전형적인 배불뚝이 사장 스타일로, 매일같이 청색 바지에 흰 셔츠 차림의 공산당 관료 복장만 입었다. 다만 여름에는 반팔 셔츠, 겨울에는 긴팔 셔츠로 바뀔 뿐이었다.

리페이잉은 베이징 시내까지 나와서 부자 동네인 차오양구(朝阳區)의 쿤룬 호텔Kunlun Hotel에서 장 이모와 함께 식사하는 것을 좋아했지만, 리펑의 경우 순이구 밖으로 데리고 나오는 것 자체가 힘들었다. 그에게 베이징 시내는 외국 땅과 같았다. 그가 우리와 함께 식사하기 위해 위험을 무릅쓰고 시내에 나온 것은 한 손으로 꼽을 정도밖에 되지 않았다. 장 이모가 그를 직접 불렀을 때뿐이었으니까.

리펑은 순이구가 시골 벽지였던 시절부터 이 지역에서 농사짓고 살았다. 그는 자신의 본거지에서만 안전함을 느꼈다. 순이구 경찰은 그의 전화 한 통이면 자신이나 그의 손님을 위해 도로를 비워 놓을 정도로 모두가 그를 존경했다. 그는 순이구에서 일인자였다.

리펑은 또 순이구에서 접대를 후하게 하는 것으로도 유명했다. 그는 특히 자신의 주량을 자랑스럽게 생각했다. 사람들은 대개 자신의 주량을 정확하게 아는데, 리펑의 주량은 106도짜리 마오타이로 800밀리터나 되었다. 그러면서도 그는 상대방이 자기보다 더 많은 술을 마시게 하는데 명수였다. 이는 음주와 식사가 접대의 중요한 부분을 차지하는 중국 관료주의 제도에서 매우 중요한 기술이었다.

리핑의 관심사는 리페이잉과 달랐다. 그는 순이구 토박이였고, 공직 생활의 대부분을 그곳에서 보냈으며, 그곳에서 은퇴할 것이다. 또 그의 친척들은 그 지역의 관료 조직 곳곳에 포진해 있었다. 그는 당시 유행하는 말로, 투황디(土皇帝, 지방의 우두머리-옮긴이)로서 황금기를 구가하며 존경받는 존재로서 명성을 확고히 하고 싶었다. 그는 스스로 자랑할 만한 승리를 원했다. 훗날 우리가 중국 최초의 공항 개항장開港場 승인을 받았을 때, 리핑은 대단한 성취감을 느꼈다. 그 행사를 기념하기 위해 열린 연회에서 그는 "우리가 최초로 해냈소!"라는 말을 여러 번 외쳤다. 리핑은 자신의 구역인 순이구에서 모든 일이 일어나기를 원했다. 물론 규모가 커질수록 더 좋아했다.

휘트니는 공항과 순이구, 그리고 휘트니의 회사 그레이트오션이 참여하는 합작회사 '공항 도시 물류파크(Airport City Logistics Park)'를 설립하자는 아이디어를 제시했다. 우리가 40퍼센트, 공항이 45퍼센트, 나머지 15퍼센트는 순이구에 준다는 아이디어였다. 리페이잉은 이 거래가 원 총리 가문과의 관계를 맺을 수 있는 기회라고 확신하고, 공항이 절반이 안 되는 지분을 갖는 안에 동의했다. 이 합의에 따라 리페이잉이 합작회사의 회장이 되고, 내가 CEO가 된다.

휘트니는 굳이 원 총리 일가가 투자에 관심이 있다는 말을 할 필요가 없었다. 우리를 대하는 장 이모의 몸짓과 태도만으로도 충분했다. 리페이잉과 리펑 두 사람을 초대한 식사 자리에서 장 이모는 휘트니와 나를 칭찬하며 "우리 모두가 협력하고 상호 신뢰를 쌓아야 한다"는 취지의 일반적인 발언을 했지만, 중국 체제 내에 있는 사람이라면 누구나 그 메시지가 무슨 의미인지를 이해하고, 그녀가 왜 그들과 식사를 했는지, 그 자리에 왜 우리를 데려왔는지 알 수 있었다.

우리의 지분 제안은 어느 한 주주가 프로젝트의 절반 이상을 지배하지 못하도록 한 것이 특징이다. 그것이 결정적이었다. 국영 기업이 이 합작회사를 지배했다면 결코 순조롭게 시작하지 못했을 것이다. 우리의 아이디어는 매우 참신했지만 많은 부처의 협력이 필요했기 때문에 어떤 국영 기업도 이런 프로젝트를 선뜻 떠맡으려 하지 않았을 것이다. 관세, 검역, 운송, 항공, 인프라, 국가계획, 국가 자산 등 많은 부처와 관청이 관련된 일이었다. 그것은 이들 모두에게 로비를 해야 한다는 의미였다. 또 우리가 두 주요 파트너의 지분을 각각 절반 이하로 유지한 것은, 결국 중요한 의사 결정에서 휘트니와 내가 상당한 융통성을 가지고 결정권을 행사할 수 있다는 것을 의미했다.

합작회사 설립 조인식을 축하하는 식사 자리에서 리펑이 일어나 건배사를 했다. 이번에는 그의 협박이 칭찬으로 대체되었다. 그는 휘트니와 나를 가리키며 "당신들이 없었다면 공항과 순이구는 결코 협정을 맺지 못했을 것"이라고 말했다. "당신들이 우리를 이어 주는 연조직 역할을 했소."

우리가 그 역할을 할 수 있었던 것은 장 이모 덕분이기도 하지만 비전이 있었기 때문이었다. 리핑은 그 누구도 이 일을 성사시키지 못했을 것이라고 치켜세웠다. 우리는 돈, 노하우, 정치적 뒷받침을 모두 갖추고 있었다. 그것은 국영 기업이나 순수 민간 기업, 외국 기업들이 할 수 없는 일이었다. 리핑과 리페이잉 간의 휴전이 합의되면서 대역사大役事가 시작되었다.

공항과 순이구의 땅을 합쳐 496만 제곱미터(150만 평)가 넘는 땅덩어리가 생겨났다. 우리는 이곳에 100만 제곱미터(30만 평)의 창고와 7마일(11킬로미터)의 도로와 배관을 건설할 계획을 세웠다. 그 땅에는 몇 개의 공장과 마을 세 개가 자리 잡고 있었기 때문에, 우리는 일을 시작하기 전에 공장 노동자들과 주민들을 정리해야 했다.

그때만 해도 나는 우리가 하는 일에 대해 아무런 지식이 없었다. 나는 어떤 것도 건설해 본 적이 없었다. 하물며 무관세 수입품과 세금 부과 대상 품목을 엄격히 구분하는 대도시 공항의 물류 허브를 건설한다는 것은 꿈에도 생각해 본 적이 없었다. 보안에 대한 우려도 있었다. 나는 아시아와 전 세계의 공항을 가 보았다. 도움이 될까 싶어 프랑크푸르트, 서울, 암스테르담, 홍콩 등 여러 공항을 여행했다. 이 업계에 경험이 있는 외국 파트너를 데려올 생각도 해 보았지만, 이 프로젝트의 참여자들이 큰 지분을 차지하면서도 자본은 아주 조금 제공했기 때문에 그 생각은 접었다.

나는 모든 것을 처음부터 배워야 했다. 창고의 높이는 얼마나 되어야 하는가? 지게차가 자유롭게 움직이려면 기둥 사이의 거리는 얼마가 이상적인가? 하적장의 높이는 얼마나 되며, 도로의 넓이는 얼마로 할 것인가? 우리는 큰 꿈을 꿨지만, 계획을 세운 지 1년인 2004년 겨울이 되도록 여전히 기공식도 하지 못했다. 건물을 짓는 일이 문제가 아니었다. 승인을 받는 일이 훨씬 더 고통스러웠다.

베이징 공항 도시 건설을 위한 우리의 계획은 각기 다른 일곱 개 부처의 승인이 필요했다. 게다가 이 부처들 안에서도 승인 권한은 충충으로 나뉘어 있었다. 우리는 150개의 승인 도장이 필요했고, 하나하나 도장을 받을 때마다 사연 없는 것이 없었다. 공사를 시작하기까지 3년이라는 세월이 걸렸고, 그 이후에도 수많은 장애물이 있었다. 도장을 받아야 할 관리의 사무실 밖에 감시하는 사람들을 배치해야 할 때도 있었고, 해당 관리가 병원에 입원해 있어 도장을 받기 위해 사람을 병원에 보내기도 했다. 우리 직원들은 도장을 받기 위해 관리들의 비위를 맞추며 몇 달을 기다리기도 했다. 좋은 차를 갖다 주거나, 그들의 심부름을 해 주거나, 사우나에 데려가거나, 부인과 아이들을 돌보는 일은 비일비재했다. 한 직원은 목욕탕을 너무 자주 가서 피부가 벗겨지기도 했다.

순이구청 사람들은 나를 비웃었다. 그들은 국영 기업(리페이잉 측)이 프로젝트를 진행하기 위한 이런 복잡한 절차를 결코 통과하지 못할 것이라고 생각했다. 국영 기업 사람들은 그저 출퇴근부에 도장을 찍을 뿐, 하는 일이 없다고 떠들었다. 합작회사를 만들고 프로젝트를 시작했지만, 프로젝트가 성공하든 말든 아무도 신경 쓰지 않았다. 그러나 우리는 그렇지 않았다. 휘트니와 나는 기업가정신으로 이 프로젝트에 임했다. 이 프로젝트가 우리에게 엄청나게 큰 기회였기 때문이다.

이 기회를 놓치지 않기 위해 나는 계급에 상관없이 그들 앞에 늘 허리를 굽혀야 했다. 그것은 인간으로선 하기 힘든 일이었다. 원 총리 일가는 희미한 후광 역할을 해 준 것 외에는 아무것도 한 일이 없었다. 우리가 각 부처의 부장이나 부부장들의 도움을 구하기 위해 로비를 할 때 장이모가 종종 함께했지만, 장 이모는 절대 어떤 요구를 직접 하지 않았다. 그녀는 우리의 능력을 보증하면서 성격 증인(법정에서 원고 또는 피고의 성격이나 인품에 대해 증언하는 사람-옮긴이)처럼 행동했다. 이는 당시 중국 국가주석이었던 장쩌민 일가의 행동과는 달랐다. 그들은 확실한 복종을 요구했다. 하지만 원 총리는 우리가 하는 일을 잘 몰랐기 때문에, 장 이모는 그렇게 대담하게 행동할 수 없었다. 사람들은 그녀의 행간에 담긴 뜻을 이해해야 했다.

공항 프로젝트를 진행하면서 중국의 모든 기업인처럼 나도 중앙정부의 거시경제 정책과 정치적 변덕에 극도로 세심한 주의를 기울였다. 우리는 각 부처에 승인을 요청할 때마다, 이 프로젝트가 중국공산당의 변화하는 정치적·경제적 우선순위에 어떻게 부합하는지 보여 줘야 했다.

사실 공산당의 정치적·경제적 우선순위는 매우 주관적이다. 그것은 중국 경제의 자본주의화에도 불구하고, 경제의 모든 주요 측면이 어떻게 국가에 의해 통제되고 있는지를 보여 준다. 중국에서 모든 중요한 프로젝트는 국가발전개혁위원회라는 조직의 승인을 받아야 했는데, 이 위원회는 전국의 주요 도시, 32개 성, 그리고 수도 베이징 등 정부의 모든 단계에 지국을 두고 있었다. 국영 기업이든 민간 기업이든 기업이 큰일을 하려면, 이 위원회의 지지 없이는 불가능했다. 물류 허브를 건설하려는 우리의 프로젝트도, 모든 단계에서 이 위원회의 승인이 필요했다. 그리고 최종적으로 국가 최고 정부기관인 국무원의 승인이 필요했다.

국가발전개혁위원회는, 중국 경제가 계획에 의거해 실행되고 모든 물품의 가격은 국가에 의해 통제되던 시절의 산물인 중국 경제개발 5개년 계획을 책임지던 곳이다. 중국이 많은 경제 개혁을 단행했지만, 5개년 계획은 여전히 중요했다. 중앙정부가 5개년 계획을 발표하면 내각과 성, 시, 현 등 각 하급 정부는 국가 청사진에 맞춰 자체적인 5개년 계획을 발표했다. 대규모 인프라 프로젝트를 제시하는 합작회사의 CEO로서, 나는 각급 정부에 제출한 승인 신청서에 우리 프로젝트가 어떻게 각급 정부의 최근 연도 계획에 기여할 수 있는지 보여 주어야 했다. 사실 그런 신청서를 제출하는 공식이 있었다. 신청서는 항상 우리가 '모자(a hat)'라고 부르는 것으로 시작했는데, '모자'란 우리 프로젝트를 승인할 권한이 있는 각급 정부의 5개년 계획에 대해 먼저 언급한 다음, 우리 프로젝트가 그들의 목표에 어떻게 부합하는지를 설명하는 것이었다.

수출입을 관할하는 세관 격인 해관총서海關總署로부터 허가를 받는 것도 어려운 과제였다. 관세는 수년 동안 정부 수입의 상당 부분을 차지했기 때문에 해관총서는 당과 정부 내에서 상당한 영향력을 행사했다. 관세는 또 해외 기업과의 경쟁에서 중국 기업을 보호하기 위한 장벽 역할도 했다. 그런데 우리는 포괄적인 면세 구역을 건설하기 위한 승인을 요청하는 것이다. 당시 면세 구역은 단지 두 곳의 항구에만 허가되어 있었고, 공항으로서 면세 구역으로 허가된 곳은 단 한 곳도 없었다.

면세 구역 승인을 받는 것은 우리 계획의 수익성에 매우 중요했다. 베이징 공항이 관세가 면제되는 최초의 공항이 된다면, 우리는 억눌렸던 수요를 흡수할 수 있을 것이다. 또 많은 기업이 이 구역에 사업장을 개설하는 데 관심을 보일 것이다. 예를 들어, 항공기 정비를 생각해 보자. 만약 면세 구역에서 사업을 할 수 있다면, 각종 예비 부품과 엔진, 심지어 비행기까지 관세를 지불하지 않고 그 지역으로 들여올 수 있다. 해당 구역에서 정비 작업이 끝나면, 비행기는 아무런 세금을 내지 않고 출발할 수 있다. 창고업의 경우를 생각해 보자. 기업들은 수입한 모든 물품에 대해 한꺼번에 관세를 내고 싶어 하지 않는다. 그들이 면세 구역의 보세창고를 이용하면, 수입한 물품을 보관하고 있다가 중국 내로 반입할 때 반입한 물건에 대해서만 관세를 지불할 수 있다.

그동안 중국에서는 각 목적마다 별개의 관세 구역이 설정되었다. 예를 들어 콩 따로, 컴퓨터 따로 관세 구역이 설정되었다. 하지만 우리가 계획하는 포괄적 면세 구역에서는 구분 없이 모든 제품이 수출입 어느 방향으로든 이 구역을 통과할 수 있다. 게다가 중국은 대부분의 수출에 대해 보조금을 지급해 왔는데, 제조업체들은 일단 우리 면세 구역으로 상품을 들여놓기만 하면, 그 상품이 실제 해외 고객에게 도착하기 전에 즉시 국가에 보조금을 신청할 수 있다. 우리는 이 돌파구를 정당화할 적절한 표현 문구를 만들 필요가 있었다.

우리는 2001년 중국의 WTO 가입 이후 중국 세관 당국의 개혁과 연계해 프로젝트 보고서를 준비했다. 물론 중앙정부에 있는 다른 부처의 협조도 필요했기 때문에, 원 총리 일가와의 관계도 가동되었다. 이 모든 신청서를 작성하는 데는 상당한 창의력이 필요했다.

처음에는 이 프로젝트를 관리하기 위해 차이나베스트가 투자했던 한 회사의 CEO를 고용했다. 그의 회사가 베이징 남동쪽 끝에 있는 창고 지역을 개발한 적이 있었기 때문에, 나는 그가 이 사업을 잘 이해할 뿐 아니라 세관과 다른 부처에 연줄이 있으리라 생각했다. 나는 그에게 운전기사, 비서, 경리 직원까지 붙여 주었다. 내가 사무실을 방문할 때마다 그는 만면에 미소를 띠며 책상에서 벌떡 일어나 손을 비비곤 했다. 하지만 그는 아무것도 하지 못했고, 결국 그를 해고했다.

어떤 면에서는 중국이라고 해서 세계의 다른 나라들과 크게 다를 것도 없었다. 결국 사람을 움직이는 것은 돈, 섹스, 권력이었으니까. 다행히 휘트니와 나는 권력에 접근할 수 있었기 때문에 돈을 덜 써도 되었고, 섹스를 덜 주선해도 되었을 뿐이다. 우리는 현금을 직접 주는 일은 거의 없었고, 대신 선물을 제공했다. 1만 달러짜리 골프채 세트, 1만 달러짜리 시계 등등. 우리는 홍콩으로 여행을 갈 때마다 홍콩 센트럴 쇼핑가에 있는 칼슨 시계점에서 선물용으로 똑같은 시계 여섯 개를 사기도 했다. 사실 이런 종류의 선물은 신청을 승인한 사람들에게 주는 푼돈에 지나지 않았다. 그것은 뇌물이라기보다는 애정 표시였다.

장 이모가 원 총리 일가의 재정권을 쥐고 있는 것처럼, 휘트니도 우리의 돈줄을 좌지우지했는데, 그것은 우리가 결혼한 후에도 변하지 않았다. 회사의 대부분 직책에 대해서는 내가 직접 고용했지만, 최고재무책임자(CFO)만은 휘트니가 직접 고용하겠다고 주장했다. 돈을 만지는 사람은 그녀의 사람이어야 했다.

우리가 파트너십을 시작했을 때, 휘트니는 나보다 훨씬 더 많은 자본을 가지고 있었다. 그래서 그 돈이 그녀의 이름으로 되어 있어야 하는 것은 당연했다. 하지만 시간이 흐르고 사업이 성장하면서 돈 문제는 민감해졌다. 물건을 구매할 때마다 나는 그녀에게 미리 말해야 했고, 영수증을 CFO에게 보내야 했다. 그녀는 돈으로 우리의 관계를 조절했다. 나로서는 체면상 그 문제를 직접 언급하기가 어려웠다. 내가 그녀에게 재정에 대한 동등한 통제권을 달라고 꼭 말로 해야 한단 말인가? 나는 그녀가 그 권위를 기꺼이 내게 양도해 주기를 바랐다. 하지만 내가 먼저 부탁하고 싶지는 않았다. 우리는 이 문제로 가끔 말다툼을 했지만, 문제는 해결되지 않았다.

우리는 베이징에 있는 여러 호텔에서 손님들을 만나 술을 마시고 식사를 했다. 눈에 띄지 않기 위해 천안문 광장에서 조금 떨어진 곳에 있는 허름한 베이징 호텔 같은 장소를 선택했다. 프라이버시를 보호해 줬고, 호텔 식당 직원들도 어떻게 해야 하는지 요령을 잘 알고 있었다. 그 호텔 꼭대기 층에 있는 식당은 별실을 갖추고 있어서, 언제든 몇 명의 부장들이나 부부장들을 접대하기가 좋았다. 호텔 측은 다른 사람과 마주치는 것을 피하도록 직원 두 명을 우리에게 전담시켜 손님들을 응접하고, 음식을 나르고, 계산을 하게 했다. 정보가 중요하게 간주되는 시스템에서는 누가 누구를 접대하느냐 하는 것은 엄격하게 비밀에 부쳐졌다. 우리 회사 전체가 시계처럼 정확하게 움직였다.

하지만 부장이나 부부장 같은 고위층과 얘기가 잘 진행된 경우에도, 그보다 하급 관리들과 문제에 부딪힐 때가 종종 발생하곤 했다. 각 부처의 본부장, 국장, 과장급 관리들은 자기가 관할하는 부서를 개인 영지처럼 운영했다. 고위층과 얘기가 된 사안이라도 승인이 보류될 수 있는 이유는 천 가지가 넘는다. 그들은 절대 노골적으로 거절하지 않는다. 그들은 그저 기다리라고만 말한다. 이들은 중국 체제 전반에 걸쳐 자신의 영역에서 막강한 권력을 행사한다. 광신Kuang Xin이라는 사람도 그런 국장 중한 명이었다. 사람들은 그를 '광 할아버지'라고 불렀다.

10장

대박 난
핑안 주식

숱이 많은 검은 머리에 키가 크고 비쩍 마른 광 할아버지는 중국민용항공총국中國民用航空總局 공항건설국장을 지냈고, 이후 5개년 계획을 수립하는 국가발전개혁위원회에서도 비슷한 직책을 맡았다. 그는 중국 관료주의 계급 체제에서 꽤 낮은 위치에 속했다. 그가 민용항공국에서 근무할 때는 자기 방도 따로 없었다. 두 명의 부하 직원과 같이 사무실을 썼지만, 그의 영역에서는 절대 강자였다.

당시 중국에서는 공항 건설 붐이 일고 있었다. 휘트니와 내가 베이징에 물류 허브를 시작했을 때 중국의 공항은 120개였지만, 우리가 그것을 매각했을 때는 180개로 늘어났다. 광신은 그 모든 공항 건설 프로젝트에 대한 승인권을 쥐고 있었다. 광보다 당 서열이 훨씬 높은 가오간인 부성장副省長이 광에게 와서 공항 건설 계획을 승인해 달라고 청원하는 모습을 자주 볼 수 있었다.

광은 이 청원자들을 자신의 사무실 밖에 줄서서 기다리게 했다. 그들은 광의 사무실 밖에서 기다리며 휴대전화로 비디오 게임을 하기도 했다. 광은 문 오른쪽에 있는 벽을 향하도록 책상을 배치했다. 그리고 청원자들이 사무실로 들어와도 몸을 돌리지 않았다. 그는 단지 다리로 의자 균형을 잡고 상대를 쳐다보지도 않으면서 오른쪽 어깨 너머로 손을 내밀어 무성의하게 악수할 뿐 인사도 나누지 않았다.

그래서 언제부턴지 사람들은 그의 막강한 영향력 때문에 겨우 40대 중반인 광을 '할아버지'라고 부르기 시작했다. 서양에서라면 '빅 대디big daddy'(중요한 역할을 하는 사람-옮긴이)라고 불렸을 것이다. 하지만 중국에서는 할아버지가 아버지보다 사회적 지위가 높기 때문에 중요한 사람을 할아버지라고 불렀다.

광 할아버지는 자신을 지적인 사람이라고 생각했다. 나는 그와 함께 몇 번 저녁 식사를 했는데, 그는 항상 고전 한시漢詩 몇 문장을 읊조렸다. 나는 그럴 때마다 감탄하는 듯한 미소를 지으며 "광 국장님의 문화적 수준은 역시 최고십니다!"라고 장단을 맞춰 주었다. 그는 내가 아부한다는 것을 알았지만, 다른 사람들도 같은 말을 많이 했기 때문에 실제로 자신이 그렇다고 생각하기 시작했다.

우리는 공항 프로젝트의 규모를 늘리고 싶었기 때문에 광의 승인이 필요했다. 앞서 말한 대로, 순이구는 원래 공항과의 경계선을 따라 고속도로를 건설하려 했다. 하지만 우리는 순이구의 땅과 공항을 하나로 묶기 위해 고속도로 계획을 폐기해야 한다고 생각했다. 화물을 비행기에서 하역하면, 운송 트럭이 공항 구내를 떠나지 않고 그 구역 안에서 보세창고로 물건을 옮길 수 있게 하는 것이 우리의 구상이었다.

휘트니와 나는 광의 변덕에 비위를 맞추느라 혼란스러웠던 적이 한두 번이 아니었다. 그래서 식사할 때마다 그에게 비싼 메뉴를 권했고, 술도 마오타이주를 주문했다. 휘트니는 한술 더 떠, 그와 중국 문인들에 대해 토론하면서 내가 그랬던 것처럼 광의 한시에 대한 지식을 극찬했다. 또 함께 연극을 보고 난 후, 연극에 대한 그의 관람평에 감탄하는 척하기도 했다. 우리는 광의 자존심을 최대치로 치켜세웠다.

나는 광이 레드 와인 평가에 대한 관심이 높은 것에 대해서도 무척 신경을 썼다. 중국에서는 이제 막 와인 시장이 형성되는 시기였고, 광은 자신이 시장을 앞서가는 사람처럼 보이고 싶어 했다. 그의 와인 평가는 전혀 세련되지 않았지만 어쨌든 나는 칭찬을 아끼지 않았다. 그렇게 몇 달 동안 그의 비위를 맞추며 노력한 끝에 마침내 우리의 계획을 승인해 주었다. 하지만 그는 자신보다 서열이 높은 사람들을 지나치게 홀대했다. 2009년 12월, 중국 국영 언론은 그가 부패 혐의로 기소되었다고 보도했고, 그는 징역 10년형을 선고받았다.

우리는 다른 많은 관료와도 비슷한 게임을 했다. 모든 승인은 연줄이 있어야만 가능했다. 모든 연줄은 개인적 관계를 맺기 위해 투자해야 한다는 것을 의미했고, 그것은 엄청난 노력과 더 많은 마오타이주를 바쳐야 한다는 것을 뜻했다. 우리가 사업을 추진하는 데 가장 힘들었던 부분이 바로 개인적 유대 관계를 만들고 꽌시를 구축하는 것이었다.

꽌시는 무슨 계약처럼 단시간에 성사되는 것이 아니다. 그것은 인간 대 인간의 관계이고, 구축하는 데 오랜 시간이 걸리며, 그 사람에게 진심으로 관심을 보여야 가능하다. 정말 힘든 점은, 그런 꽌시가 필요한 곳이 너무 많았다는 것이다. 우리에게는 특정 시한 안에 해결해야 할 프로젝트들이 있었다. 우리는 이 모든 상호작용을 하나의 파이프에 짜 넣어야 했고, 파이프의 직경은 바로 시간이었다. 물론 어떤 일들은 직원들에게 위임할 때도 있었지만, 내가 꽌시를 직접 챙길수록 승인을 더 많이 받을 수 있었다.

광 할아버지 외에도 중국 세관, 국가질량감독검험검역총국國家質量監督檢驗檢疫總局이 승인해야 했다. 하지만 중앙정부 차원의 승인을 받았어도 여전히 일선 관리들의 협조가 필요했다. 사실 부처의 수장인 부장(장관)의 승인이 중요하지 않을 때도 많았다. 그의 부하인 일선 관리들이 언제든 그 거래를 파기할 수 있었다. 그들은 합리적인 것처럼 들리는 완전히 합법적인 집행 차원의 문제를 들고 나오곤 했다. 부장은 사소한 일에는 신경을 쓰지 않았기 때문에, 그저 "가능하면 빨리 그 문제를 해결하라"고 말할 뿐이다. 이런 식으로 사업에 대한 통제권이 관료제도의 상층부에서 바닥층으로 전이된다.

공항의 세관장은 유별나게 까다롭게 굴었다. 50대 중반의 뚱뚱하고, 카키색 당구공 같은 대머리 소유자인 두펑파Du Pingfa는 이 프로젝트를 자신의 업적을 쌓을 기회로 보았다. 과거에는 공항 확장이 무작위로 진행되었고, 중국 세관의 여러 기숙사, 창고, 사무실이 서로 1마일씩이나 떨어져 있었다. 우리는 새 프로젝트에서 세관의 모든 시설을 한곳에 모으기로 약속했다.

협조의 대가로 두펑파 세관장은 요구 사항을 제시했다. 그는 우리에게 300명의 세관 직원을 위한 3만 7천 제곱미터(1만 1,250평) 넓이의 새 사무실 건물을 지어 달라고 요청했다. 국제 규격 농구장과 배드민턴장을 갖춘 실내체육관, 고급 재료를 사용한 야외 테니스 코트, 200석 규모의 극장, 4성급 객실을 갖춘 기숙사, 간부들을 위한 별실을 갖춘 연회장, 노래방, 그리고 2층 높이의 홀로 된 로비를 만들어 달라고 요구했다. 두펭파 세관장이 이 같은 요구를 한 것은 어느 날 저녁 식사 자리에서였다. 그는 만면에 미소를 지으며 이렇게 말했다. "당신이 이 요구 사항을 들어주지 않는다면, 건축 허가는 꿈도 꾸지 마시오." 우리는 원 가문이 우리 뒤에 있음을 과시했지만 그의 고집을 꺾을 수는 없었다. 결국, 그의 요구에 부응하느라 프로젝트 비용이 5천만 달러나 더 늘어났다. 물론 땅값은 계산하지 않고도 말이다.

분명한 점은, 관료 체제 내에서 어느 한 부처가 큰 이익을 챙기면 다른 부처에서도 그 냄새를 맡는다는 것이다. 검역소도 1만 8천 제곱미터(5,600평)의 사무 공간을 요구했다. 극장이나 실내체육관까지는 아니었지만, 테니스 코트, 대형 식당, 4성급 호텔 수준의 기숙사 등이 요구에 포함되었다. 검역소의 한 고위 간부는 만날 때마다 "당신들, 우리가 크게 봐준 줄 아쇼. 우린 세관만큼 그렇게 탐욕스럽지는 않으니까"라고 말하곤 했다.

공항 프로젝트에 대한 우리의 초기 투자금은 3천만 달러(3,560억 원)였다. 휘트니와 내가 1,200만 달러를 냈고, 장 이모가 400만 달러를 투자하기로 약속했다. 하지만 장 이모는 한 푼도 내지 않아 우리는 대출로 메꿔야 했다. 다행히 국영 기업이 우리 프로젝트의 일원이라는 것이 도움이 되었다.

공항 사장 리페이잉을 우리 합작회사의 회장으로 내세운 덕분에 거대한 자본 풀을 이용할 수 있었다. 우리는 베이징 수도국제공항 그룹의 일원으로 프로젝트에 대한 신용대출 한도액을 설정할 수 있었다. 이에 따라 은행들은 민간 기업 대출 금리보다 최소한 2퍼센트포인트 낮은 국영 기업에 적용하는 금리로 대출을 해 주었다. 중국의 경제 시스템은 항상 민간 기업보다 국영 기업에 유리하게 맞춰져 있다. 2000년대 초 짧았던 자본주의 실험이 절정에 달했던 시기에도, 모든 규칙은 국영 기업에 유리하게 치우쳐 있었다. 어쨌든 이런 혜택이 없었다면 우리는 프로젝트를 끝까지 해낼 수 없었을 것이다.

리페이잉은 이 프로젝트에 올인했다. 그는 부하 직원들에게 우리의 일을 지지하도록 하기 위해 모든 지도력을 발휘했다. 리페이잉이 강력한 동맹이 되어 주면서, 휘트니가 처음 계획을 수립한 지 3년째인 2006년 6월 29일에 마침내 공사를 시작할 수 있었다. 그 시점에 맞춰 합작회사의 자본금을 3천만 달러 더 늘렸다.

그런데 착공 몇 달 만에 첫 위기가 닥쳤다.

공항 직원 대부분은 리페이잉을 좋아했지만, 그는 직원들에게 일을 시킬 때 강압적인 태도로 호통치며 화를 내곤 했다. 40개 공항의 수장으로서 그런 태도는 비난의 표적이 되었다. 게다가 많은 동료 관리를 제치고 최고 자리에 올랐기 때문에 그의 자리를 호시탐탐 노리는 경쟁자들이 많았다.

국가가 소유하는 관료적 기업에는 지켜야 할 기본 규칙이 있었다. 중국의 모든 국영 기업을 감독할 책임이 있는 국무원 산하 국유자산감독관리위원회國有資産監督管理委員會의 규정에 따르면, 모든 국영 기업은 매년 6퍼센트의 자기자본수익률(ROE)을 창출하도록 되어 있다. 똑똑한 국영 기업 사장들은 목표에 미달하면 해고되는 것은 말할 것도 없지만, 그렇다고 너무 크게 초과 달성하면 경쟁자들이 자기 자리를 노린다는 것을 너무나 잘 알고 있기 때문에 목표를 정확하게 맞춘다. 그런데 리페이잉은 그 기본 규칙을 어겼다. 그가 일을 너무 잘 수행했기 때문에 그의 자리가 많은 경쟁자에게 표적이 되었다.

리페이잉의 정적들은 도박 습관까지 더해 그를 부패 혐의자로 몰고 갔다. 그들은 그를 고발하는 보고서를 끊임없이 당 징계위원회에 올렸다. 결국 2006년 말에 많은 혐의가 사실로 드러나면서 리페이잉은 공산당 수사의 소용돌이 속으로 사라졌다.

이후 몇 달 동안 리페이잉과 연락이 되지 않았다. 2007년 1월 26일, 민용항공국은 리페이잉이 더 이상 베이징 수도국제공항 그룹의 총책임자가 아니라고 발표했지만, 이상하게도 우리 합작회사의 회장직은 그대로 유지했다. 그것은 우리가 프로젝트를 진행하려면 그의 서명이 여전히 필요하다는 뜻이다. 하지만 그가 어디 있는지 찾을 수가 없었다. 당국도 그가 어디 있는지 알려 주지 않았다.

리페이잉의 서명 없이는, 이미 은행에서 확보한 대출을 받아 낼 수 없었다. 프로젝트에 참여한 우리 모두는 그의 실종이 시사하는 바를 추측하기 시작했다. 독수리들이 원을 그리며 우리 주위를 돌기 시작했다. 하청업체들이 돈을 받으려고 줄을 섰다. 우리 합작회사는 이 사업에 수억 달러를 쏟아부었고 아직 수백만 달러를 더 투자해야 하는데, 은행 계좌의 잔고는 15만 달러뿐이었다. 하청업체에 대한 대금 지불은 차치하고, 직원 월급도 주지 못했다. 나는 이 위기를 어떻게 돌파할까 걱정하느라 한밤중에 식은땀을 흘리며 잠에서 깨곤 했다. 머리카락이 뭉텅이로 빠졌다. 휘트니까지 나를 압박했다. "이 사업이 실패한다면 우리가 어떻게 될지 아시나요?"

엎친 데 덮친 격으로, 마침 창고 지을 자리를 확보하기 위해 기존 건물 몇 채를 철거해야 할 일이 생겼다. 이런 경우, 서양에서는 기존 거주자들을 설득하는 게 순서지만 중국에서는 개발업자들이 거주자들의 권리를 무시하고 거칠게 다루는 경향이 있다. 실제로 그런 일이 비일비재하고, 그런 일이 벌어지고 나서야 사람들이 그 마을을 개발하려는 사업주의 계획을 알게 되고 사업주는 각종 유인책을 만들어 거주자들의 자산을 강탈하다시피 매수한다.

우리 공사장 한가운데 건물 몇 채가 자리 잡고 있었는데, 건물주들은 건물 철거를 허락하지 않았다. 건물주들도 나름 순이구청의 관리들과 연결되어 있었다. 이들은 우리가 순이구청의 합작 파트너라는 사실을 알면서도 더 많은 보상을 받기 위해 양다리를 걸쳤다. 하지만 나는 그들이 원하는 보상을 해 줄 수 없었다. 우리의 합작회사는 국영 기업과 관련되어 있기 때문에, 회계 장부도 국유자산감독관리위원회의 감사를 받아야 했다. 건물주에게 몇백만 달러를 건네주고 싶어도 그렇게 할 수 없었다. 이 와중에 2006년 11월, 순이구의 구청장 리펑이 전출되면서 순이구와의 핵심 연줄이 끊어지고 말았다.

그러던 중 나는 우리 회사의 장부가 일치하지 않는다는 점을 발견했다. 회사의 건설 책임자가 합작법인의 돈을 빼돌리는 것 같았다. 확실한 증거는 없었지만, 어느 날 예고 없이 그의 사무실을 찾아가 그를 자금 횡령으로 고소하겠다고 말했다. "당신은 국영 기업의 돈을 빼돌리고 있소. 그것은 국가의 돈을 훔치는 것과 같소. 얼마든지 부인해도 좋지만, 내가 가지고 있는 증거를 경찰에 제출할 테니 알아서 해결해 보시오." 그는 그날로 회사를 떠났다. 우리는 주어진 카드만 가지고도 게임을 할 수 있어야 한다(패를 다 받지 않고도 판단할 수 있어야 한다는 의미-옮긴이). 나는 중국에서 사장이 되는 법을 배워 가고 있었다.

내 안에는 자신감, 인내심 그리고 노력의 즐거움을 깨닫던 수영선수 시절의 내가 있었다. 나는 끊임없이 물살을 헤쳐 나갔다. 수영장 반대편에 언제 도착할지 알 수 없었지만 다른 방법이 없었다. 나는 계속 필요한 사람들을 만나고 식사했다. 지불을 미루기 위해, 관계를 원만하게 하기 위해, 또는 대출을 받기 위해, 점심에도 마오타이 한 병, 저녁에도 또 한 병을 마시는 일이 많았다. 우리는 비틀거리며 계속 걸어갔다. 그때 두 개의 돌파구가 우리를 구했다.

2007년 3월 1일, 핑안보험이 상하이 증권거래소에 상장되었다. 우리의 지분을 매각해 공항 프로젝트를 구하기 위한 자본을 마련할 수 있는 가능성이 열린 것이다. 규정에 따라 우리는 대주주로서 6개월 동안 거래를 할 수 없었지만, 그 기간 동안 핑안의 주가는 80배까지 치솟아 1퍼센트의 지분 가치가 거의 10억 달러(1조 2천억 원)에 달했다.

매매제한 기간(blackout period)이 끝나자 초기 투자액의 40배 가격으로 우리 주식을 매입하겠다는 구매자가 나타났다. 그것은 4억 5천만 달러(5,400억 원) 이상의 이익을 의미했다. 하지만 휘트니는 거절했다. 그녀는 핑안의 주가가 앞으로도 계속 오를 것이라고 생각했다. 그녀와 나는 근본적으로 위험 인식에 대한 생각이 달랐다. 그녀는 자산(주식)을 보유하는 것에 대한 잠재적 위험을 보지 못했지만, 나는 2007년의 아시아 금융위기를 겪은 바 있다. 그녀와 그녀 세대의 중국 기업가들은 경기 침체를 경험해 본 적이 없었다. 하강기가 있으면 항상 V자형 회복과 함께 큰 반등이 뒤따랐다. 하지만 나는 하방 위험을 피하고 싶었다.

핑안이 상하이 증권거래소에 상장된 지 6개월 후, 나는 휘트니에게 핑안 주식을 팔아야 한다고 설득했다. 이미 우리는 초기 투자액의 약 26배에 달하는 3억 달러가 넘는 이익을 낸 상태였다. 장 이모의 지분은 우리의 두 배였으니까 6억 달러 이상의 이익을 낸 셈이었다. 하지만 장 이모는 핑안 주식을 팔지 않았다. 그녀는 자기네 가족이 소유한 거액의 자산이 기술적으로 그레이트오션의 명의로 되어 있다는 점을 불안하게 생각했고, 그래서 원 총리 어머니의 회사로 명의를 이전하기로 결정했다. 결국 그 조치는 운명적인 실수가 된다.

핑안 주식을 매각한 자금으로 공항 프로젝트를 계속 진행할 수 있게 되었다. 우리는 공사를 멈추지 않으려고 사재 4천만 달러를 합작회사에 추가로 투자했다. 대부분의 민간 사업가들이 나랏돈으로 자신들의 이익을 챙기던 시절이어서 우리 친구들은 개인 돈을 국영 기업에 넣는 것은 미친 짓이라고 우려했다. 사실 휘트니조차도 이 프로젝트에 사재를 투입하는 것을 내켜 하지 않았으니까.

리펑이 떠난 후, 나는 순이구에서 새로운 연줄이 필요했다. 그런데 다른 곳도 아닌 로스앤젤레스에서 그것을 찾았다.

2008년 4월, 순이구 관리와 공항 직원 일행을 초청해 '해외 연수'라는 명목으로 미국 여행을 주관했다. 그런 종류의 관광성 시찰은 당시에 흔한 일이었고, 중국에서 사업을 하는 데 있어 거의 필수 사항이었다. 공항 물류 허브 몇 곳의 방문과 업계 콘퍼런스 참석 등 약간의 진짜 연수가 있긴 했지만, 주된 목표는 그들과 유대감을 쌓는 것이었다. 그들의 목표는 미국 여행을 즐기는 것이었다. 첫 기착지는 로스앤젤레스였지만, 모두들 라스베이거스를 무척 기대하고 있었다.

일행 중에 리유성Li Yousheng이라는 이름의 순이구 부구청장이 있었다. 그는 심장에 세 개의 스텐트stent(혈관 확장을 위해 설치하는 인공 혈관-옮긴이)를 주입한 상태였고, 미국의 월터리드 국립군사의료센터(Walter Reed National Military Medical Center)에 해당되는 베이징 301병원에서 저명한 심장전문의에게 치료를 받고 있었다. 리의 주치의는 그에게 여행 허가를 내주었다.

LA에 도착한 우리는 베벌리힐스 산타모니카 대로에 있는 페닌슐라 호텔에 체크인하고 푸짐한 식사를 했다. 그들이 밖에 나가고 싶어 했기 때문에 동네 카지노를 찾아 줬더니 거기서 밤새 블랙잭을 했다. 리유성은 물론 누구도 잠을 자지 않았다.

다음 날 아침, 리는 가슴 통증을 호소했다. 나는 그를 UCLA 메디컬센터로 데리고 가 심장전문의에게 진찰을 받게 했다. 혈액 검사 결과, 효소

수치가 매우 높았다. 의사는 경과를 관찰해야 한다며 리유성에게 병원에 머물라고 강력히 권고했다. 하지만 나머지 일행들은 라스베이거스로 떠났고, 리는 여행에 합류하기를 원했다.

그는 베이징에 있는 주치의에게 전화를 걸었다. 베이징의 의사는 "우리는 당신의 효소 수치가 항상 높다는 걸 잘 알고 있지요. 미국 의사들은 너무 신중합니다. 베이징에서라면 그 정도 수치로 병원에 잡아 두지 않을 겁니다"라고 말했다. 미국 심장전문의는 이에 동의하지 않았지만, 리는 떠날 것을 고집했다. 우리는 호텔로 돌아가 점심을 먹은 다음 라스베이거스에 있는 일행과 합류하기로 했다.

점심 식사를 마친 후, 리와 나는 페닌슐라 호텔의 로비를 걷고 있었다. 그런데 리가 홀 중간에 있는 꽃다발을 피해 가려다가 쿵하고 쓰러지더니 움직이지 않았다. 그의 입에는 거품이 일었다. 나는 휴대전화를 더듬어 911에 신고했지만, 곧 택시를 타는 게 더 빠르다고 판단했다. 택시가 길을 잘못 들었을 때는 '차 안에서 죽으면 어떡하지?' 하는 생각이 들었다.

마침내 UCLA 메디컬센터에 도착했고, 응급실에서 수술실로 급히 옮겨졌다. 외과의사 팀이 7시간에 걸쳐 삼중 혈관 우회 수술을 시행했다. 수술이 끝날 무렵, 라스베이거스로 갔던 일행 전원이 돌아와 병원 대기실에서 진을 치고 있었다.

우리 일행이 허락을 받고 중환자실에 들어갔을 때, 리는 자신이 중국으로 돌아갔다는 환각에 빠져 있었다. 몸에 여러 개 튜브를 단 채 그는 보이지 않는 적들을 향해 소리쳤다. "중국공산당에 반대하는 걸 보니 네 놈들은 마피아 놈들이군! 네놈들을 없애 버리겠다! 한 명도 남김없이 두

들겨 패 주마!"

그때는 2008년 4월이었다. 여행을 떠나기 전, 리는 다가오는 하계 올림픽 준비를 돕는 일을 맡고 있었다. 특히 그는 새로운 건축 부지를 확보하기 위해 기존 거주민을 이주시키는 일에도 관여하고 있었다. 대부분의 거주민은 이주하려 하지 않았기 때문에, 리는 그들을 쫓아내기 위해 이른바 정비팀들을 고용했다. 나는 리가 상상 속의 거주민들을 향해 소리치고 있다고 생각했다. "이 사람 정말 당에 충성하는 사람이군."

리는 하루가 지난 후에 의식을 되찾았다. 그런데 새로운 고민이 시작되었다. 현행 당규에 따르면, 당 간부들의 '해외 연수'는 여행 경비를 최대한 낭비하지 않기 위해 열흘 동안만 허용되었다. 중국에서 7시간의 삼중 혈관 우회 수술을 받으면 대개 몇 달 동안 입원한다. 하지만 우리는 미국의 의료 시스템이 중국과 얼마나 다른지 이번에야 비로소 알게 되었다. 미국의 의사들은 리에게 3일이면 퇴원할 수 있고, 일주일 안에 베이징으로 돌아갈 수 있을 거라고 말했다. 하지만 일행 중 그 누구도 실제로 그렇게 되리라고 믿는 사람은 없었다. 일행 중 한 관리가 자신 있게 말했다. "정말 그렇게 된다면, 내가 우리 일행 전부에게 마오타이 한 병씩 쏘겠네." 그러나 사흘째 되는 날, 리는 멀쩡하게 일어나 의사와 악수를 하고 있었다.

나는 리를 근처의 W 호텔로 옮겼고, 리는 수영장 옆의 접이식 의자에 앉아 비키니 입은 소녀들을 바라보는 신선놀음을 하며 며칠을 보냈다. 결국 우리는 미국 의사의 말대로 일주일도 안 돼 베이징행 비행기를 타게 되었다.

리는 우리 프로젝트의 성공에 중요한 인물이었지만 그동안 나는 잘 알지 못했다. 그는 순이구의 기획부와 토지부를 맡고 있었는데, 두 부서 다 우리 프로젝트에 큰 영향을 미쳤다. 리유성은 리펑 구청장과 마찬가지로 이 지역 출신으로, 순이구청 곳곳에 그의 친척들이 포진해 있었는데, 리펑과는 다른 파벌에 속했다. 프로젝트를 시작할 때부터 그는 우리 계획에 항상 냉담했다.

이번 미국 해외 연수에 그를 포함시킨 것은 어색함을 깨기 위한 내 나름의 방편이었다. 우리는 더 많은 창고를 짓고 기존 마을을 철거하는 일 등 여러 면에서 그의 도움이 필요했다. 그는 우리가 하려는 일에 꼭 필요한 존재였다. 그런데 여행 중에 그의 목숨을 구하고 상황이 완전히 바뀔 줄은 상상도 하지 못했다.

베이징으로 돌아오자, 순이구 전체가 우리를 대대적으로 환영해 주었다. 이후 내가 순이구청에 들어갈 때마다 관리들이 내게 건네는 첫마디가 "당신은 순이구의 은인이에요!"였다. 어떤 회의, 어떤 모임을 가든 순이구 직원이 리유성의 구사일생 이야기를 꺼냈다.

물론 리도 나를 그의 백기사로 여겼다. 그의 나이가 나보다 훨씬 많은 50세였지만, 함께 식사하는 자리에서 항상 나를 가장 상석에 앉혔다. 리를 따르는 사람들 사이에서 나는 화제의 사나이가 되었다. 그들은 나를 순이구의 수호자로 보았다. 그들이 '큰 형님'으로 모시는 사람이 타지에서 죽음에 직면했을 때 내가 구해 주었다는 것이다. 나는 그에게 새 엔진, 그러니까 새 심장을 준 셈이었다.

이후 프로젝트에 대한 협상 분위기는 완전히 바뀌었다. '당신에게 협력하는 대가로 우리에게 무엇을 줄 수 있느냐?' 하는 질문에서 '어떻게 하면 이 문제를 함께 해결할 수 있을까?'로 바뀌었다. 우리 직원들이 움직일 수 있는 공간도 훨씬 더 넓어졌다. 이제 리펑의 전출은 아련한 기억이 되었다.

리유성은 내가 누군가의 도움이 필요하다고 하면, 그 담당 관리와의 점심 식사 자리를 주선해 주었다. 그는 또 우리의 문제를 즉각 해결해 주려고 노력했다. 그는 당 동료들에게 '이 일을 완성시키자'라는 메시지를 암암리에 보냈다. 게다가 리가 구청장으로 승진하면서 일은 더 순조롭게 풀렸다. 우리는 순이구청의 가족이 되었다.

리의 사건이 있은 후 비로소 나는 인정받기 시작했고, 프로젝트를 성공시키기 위해 무엇이 필요한지를 배울 수 있었다. 물론 윗선과의 일을 처리한 건 주로 휘트니였지만, 나 역시 일선에서 일이 진행되도록 열심히 노력해야 했다. 리의 목숨을 구한 후에는, 리 자신뿐만 아니라 순이구를 떠난 적이 없는 많은 중년 술꾼들이나 체인 스모커들(순이구의 중간관리들)과 일대일 관계를 맺는 것이 내 일이 되어 버렸다.

나는 순이구 관리들과 식사하기 위해 순이구청을 더 자주 드나들었다. 순서는 매번 똑같았다. 퇴근 시각이 좀 지난 오후 5시 이후, 어둡고 눅눅한 구청 사무실 건물에 들어갔다. 직원들은 모두 퇴근하고 사무실에는 아무도 없었다. 형광등 불빛이 비치는 계단과 어두운 복도를 걸어 올라가 문을 열면 희뿌연 담배연기 뒤에 내가 만나려는 사람들이 순이 지역 과수원에서 가져온 과일 상자를 살펴보고 있었다. 우리는 아무 말도 하지 않고 잠시 빙 둘러 앉아 있곤 했다.

그들과 한자리에 같이 있다는 것 자체가 내가 그들 그룹의 일원이라는 것을 말해 주었다. 이런 식으로 관계를 맺는 것은 내게는 꽤 오랜만이었다. 마치 상하이의 어린 시절로 돌아간 느낌이었다. 친구들의 어깨에 팔을 두르고, 아무 이유도 없이 매일같이 어울려 다니며 유대감을 쌓았던 그 시절로 말이다. 어쨌든 전체적인 분위기는 소속감을 강화하는 것이었다.

무엇이 합법이고 무엇이 금지되는지를 규정하는 법령 자체가 회색투성이(내용이 애매모호해, 공산당이 원하는 대로 법령을 적용한다는 의미)인 시스템에서는 소속감을 강화하는 일이 매우 중요했다. 무언가 새로운 것을 하려 할 때마다 매번 이런 회색 법령과 씨름해야 했기 때문이다. 서양에서는 대개 일반적으로 법이 명확하고 법원도 독립적이기 때문에 합법과 금지의 경계선이 어디인지 잘 알 수 있다. 그러나 중국에서는, 법령 자체가 의도적으로 모호하고, 끊임없이 바뀌며, 그들 마음대로 소급 적용하기도 한다. 게다가 법원은 당이 통제하는 도구에 불과했다. 이것이 바로 소속감을 구축해야 하는 이유다. 그러니까 관리들에게 당신의 사업이 해당 법령에 위배되지 않고 합법임을 믿게 하려면, 먼저 그 관리가 당신을 믿도록 설득해야 한다. 그래야만 그 일을 성사시키고 당신도 성공할 수 있다.

그렇게 하려면 휘트니가 장 이모한테 했던 것처럼 양측이 서로 상대방의 배경을 조사해야 한다. 상대방의 예전 동료들과 이야기를 나눠 보고, 상대방을 확실하게 이해할 수 있을 때까지 오랜 시간 뜸을 들인다. 거시적인 차원에서는, 장 이모가 고위층을 상대로 휘트니와 나를 보증해 주었지만, 일선 관리들과 관계를 구축하는 일은 전적으로 나의 일이었다.

그렇게 그들과 함께 둘러앉아 한 시간 정도 담배를 피우고 과일을 먹으며 잡담을 나눈 후, 우리는 구청 청사를 가로질러 민간 식당으로 줄지어 들어갔다. 그 식당에는 이미 우리를 위해 테이블 위에 수십 가지의 음식이 준비되어 있었다. 음식의 양이 너무 많아서 4분의 1이나 제대로 먹을 수 있을까 싶을 정도였다. 식사 도중에 주방장이 나오면, 우리는 그에게 뭔가 특별한 음식을 급히 만들어 달라고 주문하거나 국수나 만두로 식사를 마무리하게 해 달라고 부탁하곤 했다.

그 모든 과정을 원활하게 하는 것은 역시 마오타이주였다. 홍콩에서 살던 때처럼 술을 먹으면 본래의 수줍음을 떨쳐버리고 이들과 더 친해질 수 있었다. 저녁 식사가 끝날 때쯤이면, 50대 정도 되는 관료와 손을 잡고 그의 등을 두드리며 음탕한 농담을 나누기도 했다.

이들과 가까워지면서 나는 차(茶)나 과일 등 어떤 주제의 이야기라도 편안하게 대화할 수 있었다. 이들 중 한 명이 "당신은 진짜 상하이에서 온 사람 같지 않소"라고 말하는 것을 듣고 그들이 나를 받아들이기 시작했다는 것을 알았다. 이것은 극찬의 말이다. 북부 지방 사람들은 상하이 출신들은 인색하고 남자답지 못하고 교활하다며, 한마디로 서구화되었다고 생각했다.

나는 휘트니가 나를 새로운 남자로 바꾸겠다며 씌운 겉치레도 벗어던졌다. 그동안 그녀의 감독 아래 안경을 쓰고, 제냐Zegna 브랜드 정장과 점잖은 색상만 고집하는 등 중국인 경영자의 갑옷을 입고 지냈다. 하지만 순이구 관리들이 나를 순이 촌놈으로 받아주면서 외모는 더 이상 중요하지 않았다. 나는 다시 캐주얼하게 입고 다니기 시작했다. 홍콩에서 친구 스티븐과 함께 발전시켜 온 스타일에 대한 본능이 다시 깨어났다. 옷장에는 다시 화려한 옷들이 들어왔다. 순이구 새 친구들은 나의 옷차림을 놀렸지만, 내가 그들과 같은 옷(공산당 관리복)을 입었다면 오히려 더 이상하다고 생각했을 것이다.

나는 리유성의 의료비로 30만 달러를 썼다. 몇 년 후, 순이구청은 내게 절반쯤 변상해 주었다. 하지만 돈이 중요한 게 아니었다. 그 경험으로 내가 받은 호의는 값을 매길 수 없었다.

2008년 늦은 봄, 공항은 마침내 리페이잉 전 사장이 조사를 받고 있다는 것을 시인했다. 그는 혐의가 드러나지 않은 채 1년 반 동안 수감되었다. 그런데 공항이 리페이잉의 근황을 공개적으로 발표하면서 합작법인의 융자 신청서에 서명할 새로운 공항 사장이 선임될 수 있는 길이 열렸다. 리유성의 목숨을 구하고, 평안 주식을 팔아 거액의 돈을 벌고, 합작법인의 새 회장 선임으로 은행 자금에 다시 접근할 수 있게 되면서, 나는 우리 프로젝트가 한층 더 발전할 수 있으리라는 기대를 품었다.

11장

슈퍼리치의
반열에 오르다

휘트니와 나는 아직 아이가 없었지만 아이를 가지려고 노력하지 않은 것은 아니었다. 2005년 가을 포시즌스 호텔에서 결혼식을 올린 이후부터 휘트니의 부모님은 우리에게 빨리 손주를 낳아 달라고 독려했다. 그들은 특히 손자를 원했다. 산둥 출신인 그들은 내 부모님보다 더 보수적이었다. 내 부모님은 자녀의 성별에 별로 신경 쓰지 않았다. 하지만 휘트니의 부모님은 손자를 고집했다. 휘트니와 나는 30대 후반으로 임신하는 것 자체가 쉬운 일이 아니었다. 2007년, 우리는 체외 수정에 대해 알아보기 시작했다.

베이징에서 체외 수정으로 명성이 자자한 한 군병원을 찾았다. 휘트니가 그 병원에서 몇 차례 배란기 검사를 받았지만, 내 정자는 채취하지도 않았다.

이미 많은 중국인이 그랬던 것처럼 우리도 중국의 의료 시스템에 대한 신뢰가 바닥이었기 때문에 해외로 눈을 돌렸다. 홍콩부터 알아보기로 했고, 휘트니가 아는 은행가를 통해 홍콩 최고의 체외수정 권위자라는 의사를 소개받았다. 그 병원에는 대기자 명단이 2년 후까지 밀려 있었는데, 물론 휘트니는 돈을 지불하고 앞 순위를 받았다. 그러나 그 병원에 1년을 다녔지만 아무 성과가 없었다. 우리는 뉴욕으로 눈을 돌렸다.

우리보다 앞서 이 길을 밟은 사람은 많았다. 중국은 2013년까지 한 자녀 정책을 완화하지 않았기 때문에, 중국에서는 둘째 아이를 갖거나, 불법인 성性 선택적 낙태를 하거나, 타국에서 아이를 낳아 외국 여권을 취득하게 하는 등 여러 가지 이유로 수단과 방법을 가리지 않고 해외에서 위험을 무릅쓰는 경우가 많았다.

우리는 뉴욕에서 뛰어난 생식 내분비학자를 찾았다. 그 병원에도 대기자 명단이 있었다. 이번에는 돈이 아니라 연줄을 활용했다. 원 총리의 전 부하 직원 중 한 명이 뉴욕 중국 영사관에 근무하는 고위 외교관에게 연락을 취했고, 그가 그 병원에 손을 써서 우리에게 예약 날짜를 잡아 주었다.

우리는 2007년 말에 뉴욕으로 갔다. 그 병원은 모든 게 아주 교양 있고 세련되어 보였다. 병원 직원은 언론계 거물의 아내를 위한 병상, 왕족 출신의 공주를 위한 병상 등 세계 유명인들이 예약한 병상을 보여 주기도 했다.

아이를 가질 꿈을 이루기 위해 휘트니는 그레이트오션에 휴가를 냈다. 뉴욕에 와서 처음에는 호텔에 머물렀고, 다음에는 집을 빌렸고, 마침내는 병원 근처에 아파트를 샀다. 휘트니는 뉴욕에서 베이징까지 통근할 수 없다는 것을 알고 있었으므로 이 모든 결정을 순순히 따랐다. 그녀는 어머니와 의붓아버지를 미국으로 데려와 자신을 돌보게 했다. 매일 아침 혈액 검사를 받고 호르몬 수치에 따라 주사를 맞아야 했기 때문이다.

휘트니는 '뉴욕에서 임신하기 프로젝트'에 대해서도 성공적인 중국 여성 사업가의 기질을 버리지 못했다. 그녀는 의사와 특별한 연줄이 없는 한 좋은 치료를 받을 수 없다는 중국식 사고방식을 갖고 있었기 때문에, 의사의 모든 가족에게까지 신경을 썼다. 의사의 아들은 화가가 되고 싶다는 꿈이 있었다. 우리는 뉴욕에서 열린 그의 전시회에 참석했고, 휘트니는 그에게 비싼 그림 선물을 받기를 바랐다. 우리가 의사 가족 모두와 함께 저녁 식사를 한 것만 해도 셀 수 없이 많았다. 이것이 휘트니가 일하는 방식이었다. 또 그녀가 가장 잘하는 일이기도 했다. 사실 중국에서는 이런 방법이 좋은 의료 서비스를 보장받을 수 있는 방법이기도 하다. 그녀는 뉴욕도 중국과 크게 다르지 않으며, 인간의 본성은 전 세계 어디서나 똑같을 거라고 생각했다.

하지만 담당 의사는 품위 있게 반응했다. 확실히 그 의사에게 감사하는 환자들이 많았다. 그가 생명이라는 선물을 주고 있었기 때문이다. 하지만 그는 철저한 직업인이었고, 고객이 자신에게 특별한 호의를 베푼다고 해서 서비스의 질이 달라지는 일은 결코 없었다. 휘트니가 뉴욕에 머무는 동안 그녀의 문화 충돌은 계속되었다. 아마 그의 가족 중 누구도 휘트니가 그렇게 혼란스러워하는 모습을 본 적은 없었을 것이다.

가끔 휘트니가 중국 비즈니스에서 사용하던 기술을 병원에서도 사용해 나를 당황하게 하였고, 그런 그녀의 행동이 어색하다는 느낌이 들었다. 서양에서는 그런 방식이 어울리지 않았기 때문이다. 우리는 아이를 가질 기회를 얻기 위해 병원에 이미 충분한 돈을 지불했다. 굳이 추가로 다른 일을 할 필요가 없었다. 하지만 어느 정도는 휘트니의 행동을 이해할 수 있었다. 휘트니는 개인적인 관계를 강조하는 환경에서 자랐다. 실제로 중국에서는 그런 유대 관계가 없다면, 의학 분야라 하더라도 제대로 되는 일이 하나도 없다. 중국에서는 의사가 현금으로 가득 찬 당신의 '빨간 봉투'를 받지 않으면 즉시 얼굴이 굳어진다.

휘트니는 서투른 영어 실력 때문에 자신을 표현하고 서구의 상황을 이해하는 데 더 큰 어려움을 겪었다. 그녀는 몇 문장 시도해 보다가 어려움을 느끼고는 나에게 의존했는데, 나는 단어 그대로 해석하는 데서 벗어나 그녀가 말하고자 하는 의미를 미국 문화에 적합하게 수정해서 통역해 주었다.

단 두 번의 배란주기 만에 우리는 네 개의 배아 수정에 성공했다. 세 개의 배아를 자궁에 이식했고 네 번째 배아는 냉동시켰다. 세 개의 배아 중 하나가 임신에 성공했고 우리는 그것이 사내아이가 될 것이라는 사실을 알았다.

휘트니는 그 와중에도 모든 과정을 통제했다. 그녀는 우리 아들이 황소자리로 태어날 수 있도록 출산일을 정했다. 아들은 중국 십이지신에 따라 소띠가 될 예정이었고, 휘트니는 아들이 황소 같은 성향을 갖기를 원했다.

마침내 2009년 4월 21일 뉴욕 병원 분만실에서 아들을 만날 수 있었다. 나는 신생아들의 사진을 본 적이 있었기 때문에 노인처럼 주름이 많고 달걀처럼 털이 없는 아이가 나올 거라고 생각했다. 하지만 부드럽게 제왕절개를 통해 나온 아들은 머리숱이 많았고, 마른 자두처럼 보이지도 않았다. 중국인들은 별명에 큰 가치를 두는데, 새 아기에게 별명을 지어주는 일은 아빠의 몫이었다. 세상에 나온 지 몇 분도 되지 않은 아기가 어떻게 그렇게 멋지게 보일 수 있는지 감동하지 않을 수 없었다. 나는 아기에게 리틀 핸섬이라는 의미로 '준준'이라는 별명을 붙였는데, 잘 어울리는 것 같았다.

준준의 진짜 이름을 영어와 중국어로 짓는 데 있어, 휘트니와 나는 그에게 우리의 꿈을 반영한 이름을 골라 주었다. 영어 이름으로, 나는 '탁월함'이라는 뜻의 그리스어 'aristos'에서 따와 아리스톤Ariston이라고 지었다. 중국 이름으로, 휘트니는 우리가 가장 좋아하는 한시에서 유래한 두 단어를 따서 '지안군'이라고 지었다. 지안과 군은 태산泰山 같은 큰 인물이 되려면 끊임없는 노력이 필요하다는 것을 강조하는 말이다.

이 이름이 우리 아들이 짊어지기에는 너무 무거운 이름이라고 말하는 친구들도 있었지만, 그렇다고 중국의 미신에 따라 질투하는 유령들의 분노를 피한다는 명분으로 '냄새 나는 개(Smelly Mutt)'나 '개의 고환(Dog's Balls)'을 뜻하는 이름을 붙이고 싶지는 않았다. 우리는 아리스톤이라는 이름이 큰 인물이 될 것이라는 진지한 의미를 담고 있다고 생각했다.

휘트니는 아이를 가져야 한다는 자신의 임무를 피하지 않았고, 베이징에서 홍콩, 뉴욕을 전전하며 주사도 많이 맞았다. 그날 산부인과 병동에서 그녀와 나는, 아들 아리스톤이 우리가 자라던 시절보다 더 많은 기회를 제공하는 중국에서 무럭무럭 성장하기를 기대했다.

휘트니가 아이를 갖기 위해 노력하는 동안, 나는 나대로 어떻게 아이를 풍요롭게 키울지를 공부했다. 아리스톤의 성장 환경은 우리와는 매우 다를 것이었다. 휘트니와 나는 가난하게 태어났지만, 아리스톤은 금수저를 입에 물고 세상에 태어났다.

중국 신흥 부자 자녀들의 삶에 대한 끔찍한 이야기들이 사람들 입에 자주 오르내린다. 나는 어느 중국 최고 부자의 아들을 알고 있었는데, 그의 가족은 런던에서 사는 아들에게 매달 2만 파운드(3,200만 원)의 생활비를 보냈고, 친구들은 그를 매춘부와 어울리게 부추겼다. 어린아이가 그런 큰돈을 가지고 있으면, 기생충들이 친구 행세를 하며 달라붙게 마련이다. 나는 내 아들이 누구를 믿어야 할지도 모르고, 심지어 배우자에게마저 '돈 때문에 나와 결혼한 게 아닐까?'라고 의심하며 평생을 보내게 하고 싶지 않았다.

나는 재산 관리와 가족 유산에 관한 책도 읽고, 강의도 듣기 시작했다. 스탠퍼드 경영대학원, 하버드대학교 등이 개최한 관련 세미나에도 참가했다. 또 미국, 유럽, 아시아의 부호 가문들의 사례도 찾아보았다. 로스차일드 가문(Rothschild, 국제적 금융기업을 보유하고 있는 유대계 금융재벌 가문-옮긴이)의 역사를 다룬 3권짜리 전집도 독파했는데, 그 책이 얼마나 지루했던지, 그 가문의 후손인 30대의 알렉산드르Alexandre마저 내게 "그 책을 정말 읽었단 말이야?"라고 물을 정도였다. 나는 또 사회복지에 크게 공헌한 미국의 실업가 구겐하임Guggenheim 가문을 인터뷰하기도 했고, 자동차회사 피아트Fiat 소유주 가문도 만나 보았으며, 그 조상의 뿌리가 2세기까지 거슬러 올라가는 바이에른Bavarian 왕조 가문의 왕자도 만나 보았다. 그리고 『가문의 부는 가문 안에 두어라(Family Wealth: Keeping It in the Family)』의 저자 제이 휴스Jay Hughes로부터 많은 것을 배웠다. 내 생각도 그와 크게 다르지 않았기 때문이다.

휘트니와 나는 우리 가문의 스토리와 가치관을 구축해야 할 필요성을 느꼈다. 우리는 가족을 하나로 묶기 위해 물리적인 것이 아닌 하나의 믿음 체계가 필요했다. 내가 발견한 가장 성공적인 가문 중 하나는 인도네시아 가문이었다. 그들은 자신의 가문이 성공한 비결은 가문의 모계 가장이 자신의 종교를 세운 사실이라고 말했다. 나는 우리 가족이 그런 무형의 것으로 단단하게 결합되지 않으면, 가문의 재물도 그대로 소멸되고 말 것이라는 사실을 깨달았다. 그래서 나는 아리스톤이 내 사랑을 느낄 수 있게 하겠다고 일찌감치 다짐했다. 사실 부모님이 나를 위해 그렇게 많은 희생을 하셨음에도 불구하고 나는 사랑한다는 느낌을 받은 적이 없었다. 나는 사랑이 아리스톤과 나 사이를 단단하게 하는 접착제가 되어야 한다고 생각했다. 그리고 아리스톤에게 실패를 두려워하지 않고 성공을 포용함으로써 목표하는 바를 성취하도록 가르치겠다고 다짐했다.

이런 내용들을 공부하다 보니, 내 주위의 부유한 친구들이 자신의 자녀들을 내게 보내 어떻게 살아야 할지에 대한 조언을 구하기 시작했다. 이따금 나는 가족 유산, 가족 가치관, 자선 사업에 대한 최고 전문가들과의 강연을 주선하기도 했다.

나는 중국의 많은 신흥 부자들이 갑작스럽게 생긴 자신들의 부를 어떻게 유지할 것인가에 대한 지식을 갈망한다는 것을 감지했다. 동시에 그들은 전통적인 중국의 가치가 파괴되고, 공산주의 규범도 내팽개치고,

오로지 돈만 추구하는 이 사회의 지루한 도덕적 공백에 직면했다. 나는 이런 중국의 신흥 부자 가문들이 자신들의 자원을 사회에 이롭게 활용할 수 있는 방법을 전략적으로 생각하도록 돕기 위해, 칭화대학교에 '칭화 카이펑(凱風) 가족유산센터'를 설립했다.

중국 최고 부자 중 한 명인 쉬자인(許家印)이라는 부동산업계의 거물이 자신의 아내와 아들에게 내가 주관하는 세미나에 참석하라고 명했다. 나는 강의 도중, 그의 아들이 파리지옥 풀처럼 입을 벌리고 조는 모습을 보았다. 아마도 전날 저녁부터 새벽 4시까지 나이트클럽에 있었을 것이다.

또 다른 참석자로 링구(슈谷)라는 청년이 있었다. 그는 중국공산당 고위 관리인 링지화(슈計劃)의 아들이었다. 우리가 처음 만났을 때 링구는 20대 중반이었다. 그와 나는 스포츠카에 관심이 많아서, 스포츠카를 타고 베이징의 경마장을 한 바퀴 돌면서 함께 오후를 보낸 적이 몇 번 있었다. 그가 나를 '슈 형님'이라고 부를 정도로 우리는 가까워졌다.

나는 링구에게 투자에 관한 조언을 해 주기도 하면서, 그의 학구적인 면을 격려했다. 그는 특히 예일대학교 비밀결사단체인 해골단(Skull and Bones)의 역사에 관심이 많았다. 링구는 해골단을 모델로 다른 홍색 귀족들과 독서 모임을 조직했다. 그는 자신의 단체를 형제애로 뭉친 일종의 결사단체로 여겼고, 홍색 귀족의 자녀들끼리 모여 그날의 화제에 대해 토론할 수 있는 자리로 삼았다. 그러나 그는 여타의 홍색 귀족 자녀들과는 달리 그 모임을 파티나 하고 여자나 쫓아다니는 천박한 모임이 아니라, 서로 아이디어를 교환하며 유대감을 키우는 모임으로 만들고자 했다. 독서 모임도 그런 목적으로 결성된 것이었다. 나는 몇 권의 책을 추천했고, 그 회원들과도 몇 번 만났다.

링구는 일반 서민들이 어떻게 사는지를 알기 위해 산둥성의 하급 관리로 일한 적도 있었다. 그는 내게 젊은 특권층 세대 중에도 파티나 여자, 술 이외의 것에 관심을 가진 사람들이 있다는 희망을 보여 주었다. 하지만 나중에 그가 어떻게 죽었는지 알고 나서 나는 큰 충격을 받았다(링구는 2012년 3월 경주용 자동차 페라리를 몰고 가다가 교통사고를 내고 즉사했고, 동승한 여성 두 명은 중상을 입었다. 동승한 여성 한 명은 나체 상태였다. 이 사고는 그의 아버지 링지화의 낙마로 이어졌다-옮긴이).

아리스톤이 태어난 후 몇 달이 지난 2009년 여름, 휘트니는 아리스톤을 중국으로 데려왔다. 우리는 동방 광장에서 베이징 동부의 팜 스프링스Palm Springs 아파트 단지로 이사했다. 그녀가 중국으로 돌아왔을 때, 나는 완전히 다른 사람이 되어 있었다.

공항 프로젝트의 1단계가 거의 끝나가고 있었다. 2006년 6월 처음 프로젝트가 시작되었을 때만 해도 나는 공사에 대해서 아무것도 모르는 상태였다. 제대로 된 공사는 어떤 모습이어야 하는지조차 모를 정도였으니까. 그때 내 눈에 보였던 것은 모두 엉망진창이었고, 장비들도 여기저기 마구 흩어져 있었다. 나는 공사라는 게 원래 그런 줄 알았다. 경영 부실이 원인인 줄은 미처 몰랐다. 하지만 이제 거의 모든 것을 잘 알았다.

나는 숱한 시련을 통해 완전히 거듭났다. 부패 수사라는 명분으로 내 친구인 리페이잉 공항 사장을 잃었다. 순이구청장 리펑도 떠났다. 하지만 나는 팀을 다시 구축했다. 한 사람의 생명을 구한 덕에 좋은 업보도

쌓았다. 한때 진흙탕이었던 곳에 창고와 사무실 건물들이 우뚝 솟아오르고 있었다.

나는 휘트니 덕분에 엄청나게 성장했다. 그녀는 내게 중국 체제 내에서 어떻게 행동해야 번영할 수 있는지 가르쳐 주었고, 통행 규칙을 배우도록 도와주었다. 그녀 덕분에 점점 발전하면서 자신감이 생겼다. 이제 젊은 시절의 아방가르드 스타일도 다시 재현할 수 있게 되었다. 안경을 버리고 다시 콘택트렌즈를 착용했다. 사실 휘트니와 나는 홍콩에서 같은 날 연달아서 라식 수술을 받았는데, 현명한 생각은 아니었다. 결국 둘다 앞을 제대로 보지 못해 호텔까지 맹인이 맹인을 이끄는 꼴이 되었기때문이다. 이제 더 이상 애늙은이처럼 굴 필요가 없었다. 나는 비로소 내본연의 모습을 찾아 가고 있었다.

2007년에 핑안 주식을 매각해 현금화하면서 휘트니와 나는 책에서나 볼 수 있었던 부를 손에 넣었다. 2006년 6월, 중국은행(Bank of China, 중국의 국영 상업은행. 중국의 중앙은행인 인민은행과는 다르다–옮긴이)의 홍콩 증권거래소 상장에 개입하면서 우리는 또 한 번 큰돈을 벌 수 있었다. 은행 관계자들은 국가 최고 정부기관인 국무원이 은행의 기업공개(IPO)를 승인했는지에 대한 모든 과정을 빠르게 추적하기 위해 휘트니의 도움을 원했다. 은행 측은 그녀에게 도움을 받는 대가로, 상장을 준비하는 은행 주식 300만 주를 살 기회를 주었다. 상장 후 첫 거래일인 6월 1일, 중국은행의 주가는 15퍼센트 올랐다. 우리는 며칠 후에 주식을 팔았다. 이런 종류의 IPO에 몇 번 더 참여했고, 그때마다 큰돈이 굴러 들어왔다.

언제부턴가 나는 물건을 살 때 가격표를 보지 않게 되었다. 20년 전 홍콩에서 내 친구 스티븐과 함께 옷을 사면서 갈고닦은 기술이었는데, 이제는 쓸모가 없어졌다. 나는 람보르기니와 페라리를 구입했다. 그리고 이 차들을 20대인 링구 같은 친구들에게 빌려주기도 했다.

위스콘신대학교 시절, 와인에 관심이 많았지만 형편이 되지 않아 시카고의 에베레스트 레스토랑에서 첫 와인 코스 메뉴를 주문하면서 무안을 당한 경험이 있다. 하지만 이제 와인 컬렉션을 시작할 만큼 충분한 돈이 있었다. 당시 두 대륙에 있는 내 와인 저장고에는 수천 병이 보관되어 있었다. 물론 휘트니가 여전히 내 돈줄을 쥐고 있었기 때문에 그녀의 재무담당자에게 영수증을 보내야 했다. 우리가 돈을 쓰는 일에 대해 더 좋은 합의를 보지 못한 점이 속상했지만, 나는 예전처럼 꾸물거리면서 그 문제를 마무리 짓지 못하고 나중에 해결할 수 있으리라 생각했다. 그러나 그런 날은 절대 오지 않았다.

우리만 돈을 물 쓰듯 쓰는 게 아니었다. 2000년대 중반 우리 주변 곳곳에서는 중국의 졸부들이 지갑을 열고 있었다. 중국 동부 해안 도시들의 '크레이지 리치 아시안'Crazy Rich Asian'(할리우드가 2018년 아시아 부자들의 행각을 영화로 제작했다-옮긴이)이 당시 소비 붐에 불을 댕겼다.

1990년대에 중국인들은 짝퉁 물건을 사는 것으로 유명했다. 그러나 2000년대에 들어, 이들은 LV, 프라다, 구찌, 아르마니 등 진짜 명품들의 큰손이 되었다. 중국에서는 오랫동안 돈을 그렇게 펑펑 써 본 사람이 없었기 때문에 중국의 졸부들은 남는 돈을 주체하지 못하고 물 쓰듯 돈을 쓸 수 있게 된 것에 열광했다. 우리는 마침내 동굴을 빠져나온 원시인 같왔다. 오두막에서 나온 우리는 무엇을 사야 할지 몰라서 가장 화려한 것, 가장 유명한 브랜드 제품을, 그것도 한껏 부풀려진 가격에 무턱대고 사들였다. 와인을 샀다 하면 최고급 브랜드 샤토 라피트Chateau Lafite를 샀고, 자동차를 샀다 하면 롤스로이스였다. 중국 졸부들이 이런 사치품에 돈을 아낌없이 쓰면서, 사치품의 가격이 전 세계적으로 치솟았다.

휘트니와 나는 갑작스런 부가 매우 당황스러웠다. 하지만 우리가 평안 주식 매각을 끝냈을 때, 나는 공항 프로젝트에 너무 깊이 빠져 있었기 때문에 그동안 억눌려온 재정 문제에서 풀려난 것이 실감나지 않았다. 우리가 느낀 자산의 가치는 확실히 껑충 뛰어올랐지만, 특별히 행복하지 않았다. 내 관심은 온통 프로젝트에 쏠려 있었다. 회사를 경영하고 골치 아픈 업무를 처리하는 데 여념이 없었다.

그러나 갑작스런 부는 나보다 휘트니를 더 크게 변화시킨 것 같았다. 그녀는 이전에도 씀씀이가 컸지만, 평안 주식 매각으로 큰돈이 생긴 이후 그녀의 소비는 새로운 수준에 도달했다. 비싸고 희귀한 물건을 찾아 세계를 여행했고 컬러 다이아몬드를 찾아다녔다. 홍콩의 5성급 호텔 만다린 오리엔탈Mandarin Oriental의 보석 매장 하우스 오브 아브람에서 휘트니는 1,500만 달러(180억 원)를 주고 핑크색 다이아몬드를 샀다. 그리고 뉴욕의 다이아몬드 딜러들을 샅샅이 뒤져서 노란색 다이아몬드도 찾았다.

나는 스포츠카와 고급 와인에 만족했지만, 휘트니는 항상 나보다 욕심이 더 강했다. 그녀는 자신의 부유한 삶을 주변 사람들에게 보여 주고 싶은 열망이 매우 강했는데, 그녀의 부가 증가할수록 더 커졌다. 그녀는 사람들에게 자신이 그들보다 더 부유하고, 더 낫고, 모든 면에서 더 우월하다는 것을 납득시키고 싶어 했다. 그녀는 자신을 가로막는 모든 난관을 극복하고 삶의 바다를 헤쳐 나가며 산둥을 떠났다는 것을 주변 사람들에게 증명하기 위해 자신의 부를 과시했다. 우리는 한때 남들의 주목을 피하기로 마음먹기도 했었지만, 그녀는 자신의 부를 과시하고 싶은 유혹을 뿌리치지 못했다. 그것은 우리가 선택한 자동차에서도 잘 드러났다.

나는 롤스로이스까지는 필요 없다고 생각했다. 당시 베이징에서 롤스로이스를 쉽게 볼 수 없어 사람들의 불필요한 관심을 끌지 않을까 걱정했다. 하지만 휘트니는 끝까지 고집을 부렸다. 결국 우리는 살라망카 블루 색상의 롤스로이스 팬텀을 샀다.

휘트니가 힘든 환경을 어떻게 헤쳐 나왔는지를 보여 주기 위해 물건을 사 모았다면, 나는 주로 호기심으로 고가의 장난감을 샀다. 어린 시절 수영장으로 가는 새로운 골목을 찾아 헤맸을 때나 홍콩에서 위스콘신으로 갔을 때나 나는 늘 모험심이 강했다. 단지 돈을 위해 돈을 버는 데는 관심이 없었다. 새로운 것을 시도하기 위해 돈을 사용했다. 페라리를 산 것도 그걸 가지면 기분이 어떨까 궁금했기 때문이다. 페라리가 나를 어떤 정신 상태에 빠뜨릴까, 대부분의 남자들이 꿈만 꾸는 차를 소유하는 것은 어떤 기분일까, 그것이 궁금했다. 그리고 무언가를 소유하고 그것이 어떤 기분인지를 알고 나면, 그 목록을 지우고 새로운 대상으로 이동했다.

이런 과소비가 때로는 좀 바보 같다는 생각이 들었다. 내 마흔 살 생일에 휘트니는 제작 기간만 2년이 걸린 50만 유로(6억 7천만 원) 상당의 스위스 맞춤 제작 시계를 선물했다. 이 시계는 수제품 시계 회사 F.P. 쥬른F.P. Journe이 만든 시리즈 제품 중 하나로, 내 시계는 그 시리즈 중 일곱 번째로 제작된 것이다. 알려진 바에 따르면 러시아의 블라디미르 푸틴 대통령이 두 번째 시계를 받았다고 한다.

원 총리 가문과의 관계 때문에, 우리는 전에는 가급적 부를 과시하지 않으려고 조심했다. 우리의 수집품을 가까운 사람들에게만 보여 주었고, 주위의 다른 사람들처럼 부를 과시하지는 않았다. 또 다른 사업가들과도 잘 어울리지 않았다. 우리에 대한 소문이 퍼지는 걸 원치 않았고, 파트너를 생각해서라도 함부로 나서지 않았다. 하지만 핑안 주식을 팔아 거액의 돈이 생기면서 모든 것이 바뀌었다. 휘트니는 자신과 자신의 영향력을 확장하려는 열망에 사로잡혔다.

휘트니는 중국 현대 미술계에서 가장 잘나가는 스타인 쩡판즈(曾梵志) 같은 화가들과 교제하기 시작했다. 그는 항상 베이징의 미인, 작가, 비평가, 동료 예술가, 딜러, 서구 유명 인사와 같은 많은 사람에게 둘러싸여 있었다. 휘트니는 쩡의 후원자가 되었다. 그녀는 쩡의 전시회 카탈로그의 인사말을 쓰기도 했다. 글을 읽은 사람들은 그녀가 단어를 사용하는 방식에 감탄했다.

휘트니는 쩡의 그림을 사기 위해 치열한 경쟁을 벌이기도 했다. 그녀의 라이벌 중에는 구찌 그룹의 소유주이자 세계에서 가장 유명한 현대 미술품 수집가인 프랑스의 억만장자 프랑수아 피노Francois Pinault도 있었다.

피노는 쩡을 그림자처럼 따라다니며 쩡이 그리는 그림들의 사진을 찍는 일을 전담하는 비서를 따로 두었고, 쩡의 작품이 완성되기도 전에 그 작품을 사겠다고 제안할 정도였다.

휘트니와 피노는 〈기도하는 손(Praying Hands)〉이라는 제목이 붙은 쩡의 그림 하나를 놓고 입찰 전쟁을 벌였다. 휘트니는 쩡에게 "나는 독실한 기독교인이에요. 이 그림이 내게 직접 말을 걸고 있어요. 피노에게 팔면 안 됩니다"라고 말했고, 쩡은 그녀의 말을 들었다. 휘트니는 항상 이길 방법을 찾았다. 게다가 그녀는 쩡의 후원자였기 때문에 유리한 조건에서 거래를 했다. 결국 그녀는 이 그림을 500만 달러(60억 원)에 샀는데, 쩡판즈의 대작大作치고는 할인된 가격이었다.

핑안 주식의 거래는 기본적으로 요행이었고, 돈을 버는 사람들은 똑똑해서라기보다는 운이 좋기 때문이라는 내 평소 지론이 입증된 사건이기도 했다. 우리는 당초 주가가 오를 것이라는 확신도 없었고, 회사가 IPO를 계획하고 있다는 것도 모른 채 주식을 샀다. 주가가 우리가 지불한 가격의 네 배에 도달하면 주식을 처분할 계획이었지만, 규정상 허락되지 않았다. 결국 내가 원하는 시기에 팔지 못했기 때문에 엄청난 수익을 얻게 되었을 뿐이다.

핑안 거래는 우리가 거둔 두 번의 막대한 재정적 승리 중 첫 번째였는데, 사실 두 차례 모두 우연이 큰 역할을 했다. 우리는 핑안을 안전한 투자처로 생각했다. 물론 우리의 연줄 때문에 그 주식에 접근할 수 있었지만, 핑안 주식 거래는 전 세계적으로 수천 건 일어난다. 그 모든 거래에는 제각각 어느 정도의 영향력이 개입되어 있지만, 우리의 거래는 중국의 변화무쌍한 변동성이 가져다준 것이었다. 우리의 경우, 고위 관리가 직접 개입한 것이 아니라 관리의 부인(장 이모)을 통한 간접적인 개입이었다. 이는 관료를 통한 영향력 행사가 아니라 관료의 아내를 통한 영향력 행사였다. 특별히 거부할 수 없는 영향력도 아니었지만, 그것이 중국의 '체제'가 작동하는 방식이었다.

휘트니는 중국에서 큰일을 하려면 '체제' 안에서 일을 도모해야 한다고 내게 가르쳐 주었다. 중국의 성장에 참여하고 싶다면 이 방법밖에 없었다. 그것이 중국 기업은 물론, 외국 기업인과 다국적 기업들이 내린 추론이었다.

오늘날 중국의 모든 부자는 '도덕적으로 타협한' 사람들이라는 도식화된 주장이 제기되고 있다. 하지만 만약 당시 중국과 거래하고, 투자하고, 관여했던 모든 사람이 '도덕적으로 타협한' 사람들이라면, 전 세계의 수많은 사람들, 정부, 기업들, 그리고 그런 회사들의 주식을 보유하고 있거나 집에 중국산 제품이 있는 많은 사람도 '도덕적 타협'에서 자유로울 수 없을 것이다. 실제로 많은 사람은 중국의 체제가 서구의 체제에 맞춰 갈 것이며, 시간이 흐를수록 민간 기업이 성장해 경제를 지배함에 따라 더 투명하고 개방적으로 되리라 생각했다. 다만 그 과정이 중국공산당에 의해 무산되었고, 우리는 그렇게 되리라는 것을 당시에는 미처 알지 못했으며, 물론 당연히 예상하지도 못했다. 나는 휘트니와 내가 함께한 모든 일에 전적으로 책임을 지고, 그런 결정에 따른 대가를 치러야 한다면 받아들일 것이다. 하지만 내가 중국의 현실 속에서 직접 살아 보니, 세상 일이라는 것이 모르는 사람들이 생각하는 것보다 훨씬 더 복잡하다는 것을 이해하게 되었다. 한발 물러나서 보면 더욱 그럴 것이다. 인생은 완벽하지 않다. 어쨌든 나는 계속 앞으로 나아갈 것이다.

　　　평안 주식 매각 이후, COSCO의 CEO 웨이 지아푸는 휘트니와 장 이모와의 관계를 활용해 교통부 부장으로 승진하려고 했다. 우리가 장 이모와의 저녁 식사 자리에 초대했을 때, 그는 새로운 항로를 개척하고, 그리스의 항구를 사들이고, 보스톤항을 구한 일로 미국 상원의원(이후 국무장관이 된) 존 케리John Kerry로부터 상을 받은 이야기 등으로 우리를 즐겁게 했다. 그러나 결과적으로 그가 우리에게 평안 주식을 매입할 수 있는 기회를 준 것에 대한 보상은 받지 못했다. 즉, 웨이는 부장직에 오르지 못했다. 2008년 금융위기 여파로 COSCO는 좌초했고, 웨이는 2013년 COSCO에서 은퇴했다.

그러나 그 이후에도 그의 가족들은 웨이가 우리에게 베풀어 준 기회에 대한 보상을 받으려고 계속 시도했다. 한번은 미국인 남편과 함께 캘리포니아에 살고 있던 웨이의 딸이 우리에게 50만 달러를 빌려 달라고 요청했다. 휘트니는 웨이의 딸이 마치 우리에게 돈을 빌릴 자격이 있는 것처럼 행동하는 데 대해 화를 냈다. "우리는 평안의 주식을 시장 가격에 샀을 뿐이야. COSCO가 그걸 팔았다고 해서 웨이나 그의 가족에게 우리가 빚을 진 건 아니지." 결국 우리는 웨이의 딸에게 돈을 빌려주지 않았다. 보나마나 갚지 않을 게 뻔하다고 생각했기 때문이었다.

평안 투자는 원 총리 일가가 참여한 최대 규모의 투자였다. 그 성공으로 장 이모와의 관계는 더욱 두터워졌다. 우리 자신이 명예로운 원 총리

가문의 일원이 된 것 같았다. 일이 잘 풀리자 휘트니와 나의 관계는 더욱 찰떡 궁합이 되었고, 우리는 장 이모에게 더욱 없어서는 안 될 존재가 되었다.

장 이모와 휘트니의 관계도 더 가까워지고 신뢰가 깊어졌다. 한번은 장 이모가 휘트니에게 원 총리의 개인 용품을 사 오라며 나와 함께 홍콩에 다녀오라고 시켰다. 장 이모는 그 심부름을 핑계로 휘트니에게 우리의 애정을 끌어올리는 팁을 알려 줬다. 휘트니는 원 총리 부부가 우리의 롤모델이 되어야 한다는 점을 늘 암시하곤 했다. 일흔이 다 되어 가는 나이지만 장 이모는 여전히 삶에 대한 열망이 강했고, 원 총리 역시 그 보조를 맞추기 위해 열심이었다.

원 총리 가문의 기대를 충족하기 위해 열중하던 휘트니와 나는, 원 총리의 옷매무새를 가꾸는 일에 대한 소임을 자처하고 나섰다. 우리는 그에게 정장과 넥타이를 사 주었고, 그가 공적인 행사에 우리가 사 준 옷과 넥타이를 자랑스럽게 입고 나가는 것을 보고 흐뭇해하곤 했다. 휘트니와 장 이모는, 원 총리가 은퇴하면 휘트니가 글쓰기 실력을 발휘해 원 총리의 회고록을 대필한다는 계획을 세우기도 했다.

장 이모와의 관계는 그 어느 때보다 친밀해졌지만, 결코 동등한 관계는 될 수 없었다. 우리는 장 이모가 자신의 욕망이 무엇인지 미처 깨닫기도 전에 그것을 파악하고 충족시켜 주기 위해 그녀보다 한발 앞서가려고 노력했다.

평안 거래는 또 가족 내에서 장 이모의 지배력을 더 강화하는 계기가 되었다. 그녀는 항상 자녀들과 친척들에게 일자리와 사업 기회를 나눠 주고 남편에게 조언하면서 그 가문을 장악해 왔다. 평안 주식 거래의 성공으로 장 이모의 판단력에 대한 신뢰가 더 높아졌고, 휘두를 수 있는 막대한 돈(수억 달러)을 거머쥐게 되었다.

12장

새로운 꽌시,
쑨정차이와 왕치산

 공항 프로젝트를 실현하는 것은 힘들었지만, 이 일을 진행하면서 우리 자신은 물론 조국인 중국에 대해 낙관적으로 생각하게 되었다. 조국을 위해 큰일을 하고 있다는 것, 비록 일개 기업인에 불과해도 중국공산당 체제의 깊은 곳에서 활동하고 있다는 자부심으로 우리는 앞으로 나아가고 있었다.

 우리는 중국이 긍정적인 방향으로 진화하고 있다는 인상을 받았다. 우리 같은 자본가들이 어떻게 중국의 현대화에 필수적 인물이 되어 가는지를 직접 목도했다. 새로운 일자리와 부를 창출하는 것도 대부분 기업의 몫이었다. 물론 서양 언론은 여전히 당에 대한 비판 기사를 쏟아냈다. 하지만 우리는 《워싱턴 포스트》나 《뉴욕타임스》에 묘사된 것과는 다른 나라에 살고 있는 것 같은 느낌이 들었다.

 휘트니와 나는 중국의 상황이 호전되고 있고, 앞으로 더욱 좋아질 것이라고 확신했다. 오늘은 어제보다 좋았고 올해는 작년보다 좋았다. 서구 언론에 대한 중국의 공식 항변은 "우리가 얼마나 멀리 왔는지 보라"였다. 우리는 그 말에 동의했다. 중국의 근대화 행진이 훨씬 더 빨라야 한다는 주장도 있지만, 어쨌든 중국이 앞으로 나아가고 있는 것만은 확실했다. 소위 상류층이라 할 수 있는 휘트나 나 같은 사람들만이 그렇게 생각하는 것은 아니었다. 중국 사회 전체가 우리와 같은 생각을 하고 있었다. 우리는 모두 중국이 더 개방적이고 자유로운 사회로 나아가는 것이 불가피하다고 생각했다.

2001년 7월 1일, 장쩌민 국가주석이 중국 기업인을 포함한 모든 주요 인사들의 당원 가입을 환영하는 연설을 하면서 중국공산당은 그동안 배척해 왔던 자본가에 대한 입장을 공식적으로 전환했다. 장쩌민은 이 발표를 '삼개 대표三個代表'[중국공산당의 새로운 세 가지 역할(선진적인 생산력 개발, 선진 문화의 지향, 압도적 다수 중국인들의 근본적인 이익 대변)을 천명한 것–옮긴이]라고 부르며 연설을 마무리했지만, 뭐라고 표현하든 중국이 변해야 한다는 중요성을 강조한 것이었다.

중국공산당의 설립자인 마오쩌둥은 우리 아버지 가문 같은 자본가들을 사회의 최하층으로 격하시켰지만, 덩샤오핑은 경제 개혁과 함께 그런 자본가 집단이 '먼저 부자가 될 것'임을 인정함으로써 그들에게 힘을 실어 주었다. 한 세대가 지난 지금, 장쩌민은 이제 기업인들을 당에 가입시키고, 최소한 정치 권력의 여백에 들어오도록 초대하고 있다. 아마도 장쩌민의 이런 방향 전환은 많은 사람을 어리둥절하게 하기에 충분했을 것이다.

당 고위층 엘리트들도 정신적으로 변화에 대비하는 것처럼 보였다.

대만에서는 2004년 천수이벤(陳水扁)이 총통으로 재선되었다. 인구 2,300만 명의 섬나라 대만은 공산당이 오랫동안 중국의 일부라고 주장해 온 땅이다. 천수이벤은 2000년에 50년을 이어 온 국민당 일당 통치를 끝내고 총통에 당선된 최초의 야당 후보였다. 중국공산당은 이에 큰 충격을 받았다. 대만의 민주화 과정이 중국 본토의 잠재적 로드맵이 될 것을 우려했고, 당의 권력 독점에 위협이 될 것으로 보았기 때문이다. 천수이벤은 재선 후, 국민당의 부(富)를 조사할 것이라고 발표했다. 국민당이 집권하는 동안, 나라의 경제를 당의 돼지저금통으로 취급했다는 것이었다.

대만의 선거가 끝난 후인 2004년 3월, 나는 한 만찬에 초대받았는데, 그 자리에 덩샤오핑의 장녀 덩린(鄧林)도 참석했다. 화가인 덩린은, 그녀의 가문으로부터 환심을 사려는 부유한 홍콩 사업가들에게 그저 그런 작품을 팔아 상당한 부를 축적하고 있었다. 덩린은 대만과 대화해야 한다고 주장했다. 그녀는 또 "당의 자금을 조성하기 위해 당비를 인상해야 한다"고 선언하고 "국영 기업들의 자산을 당 소유로 만들어야 한다"고 주장했다. 그래야 장차 선거에서 중국공산당이 대만에서와 같은 상황에 직면했을 때, '최소한 공산당이 기댈 큰 밑천이 될 것'이라는 게 그녀의 주장이었다.

과연 공산당 수뇌부도 그렇게 생각했을까? 그들은 정말로 언젠가 진짜 야당과 권력을 나눠야 할 가능성에 대해 고려하고 있었을까? 나는 그것이 궁금했다.

덩린은 분명, 중국 정치계에서 중요한 인물은 아니었다. 하지만 그녀의 우려는 엘리트들의 의견을 반영한 것이었다. 그녀는 중국에서도 충분히 그런 상황이 벌어질 것으로 생각했고, 실제로 당시에는 그런 징후들이 있었다.

다른 정부 관료들은 중국이 자본주의를 향해 평화적으로 진화하며 보다 다원적인 정치 시스템을 지지하는 것처럼 보였다. 사적인 자리에서 국가 경제가 더 개방적으로 갈 수밖에 없다는 견해를 우리와 공유했다. 그들은 국영 기업들이 본래 비효율적일 수밖에 없으므로 장기적으로 살아남을 수 없다는 점을 이해하고 있는 듯했다. 이런 신념을 표명한 최고위 관리 중 한 명이 왕치산(王岐山)이었다.

왕치산은 수십 년 동안 중국 경제 개혁의 중심에 서 있었다. 왕은 1993년부터 2003년까지 중국 경제 호황을 이끈 개혁적 마인드의 소유자 주룽지(朱鎔基)의 오랜 추종자였다. 1996년 주룽지의 첫 부총리 재임 기간에, 왕은 중국 최대의 금융기관 중 하나(중국 건설은행)를 이끌었으며, 당시 골드만 삭스의 CEO였고 나중에 미국 재무부 장관이 된 헨리 폴슨Henry Paulson과 협력해 차이나 텔레콤(中國電信)을 뉴욕 증권거래소에 상장시켰다. 이는 빈사 상태에 처한 중국의 금융 시스템과 국영 기업망의 현대화에 미국이 지원하고 있음을 상징적으로 보여 주는 사례였다.

폴슨과 미국 측 인사들은 왕치산과 주룽지 부총리의 행보를 보고, 중국 경제가 민영화의 길로 가고 있다고 해석했다. 그러나 실제로 당의 목표는, 덩린이 우려한 바대로 국유 산업 부문을 잘 지켜서 당이 계속 통치할 수 있는 경제적 기둥으로 남도록 하는 것이었다. 사실 이 사례는 서방 세계가 중국이 보다 자유로운 시장을 보장하는 다원적인 사회로 진화하고 있다고 착각하게 만든 사례 중 하나였다. 실제로 중국공산당은 당의 통치를 강화하기 위해 서구의 금융 기술을 사용하고 있었을 뿐이었다.

차이나 텔레콤 상장 직후, 주룽지는 왕을 광둥성의 수석 부성장으로 임명했다. 왕치산은 그곳에서 또 한 번 골드만 삭스와 협력해 많은 자금을 유치함으로써 중국공산당 역사상 가장 큰 파산 구조조정을 성공적으로 관리하며 광둥의 기업들을 구했다.

휘트니는 2006년, 왕치산이 베이징 시장으로 있을 때 장 이모가 베이징 호텔에서 주최한 한 만찬에서 그를 처음 만났다. 이 무렵 휘트니는, 원자바오 총리의 특사이자 직접 사업을 운영하는 기업가로서의 두 가지 역할을 성공적으로 수행하여 위상이 한층 더 높아진 장 이모와 관계가 더욱 두터워진 시기였다. 장 이모는 자녀들과 외출하는 것을 좋아하지 않았을 뿐 아니라, '특별한 친구'인 황쑤화이의 호위도 거부했다. 만약 공개 석상에 그와 함께 나타났다면 그건 엄청난 스캔들이 되었을 것이다. 그래서 장 이모가 어딜 가든 휘트니가 동행했다.

당시 왕치산은 베이징의 시장이었지만, 원 총리 휘하의 부총리로 승진하기 위한 후보 대열에 끼어 있었다. 자연스럽게 그는 그 기회를 잡기 위한 방법을 찾고 있었다. 장 이모, 휘트니 등과 교제하면서 왕의 승진 가능성은 크게 높아졌다.

저녁 식사 후, 왕은 휘트니에게 시장실을 방문해 달라고 초청하기도 했다. 2008년 왕이 부총리가 된 후, 둘의 만남은 중난하이에 있는 공산당 당사로 옮겨졌다. 이후 둘의 만남은 일상적인 일이 되었다. 왕은 2~3

주마다 휘트니를 불렀고, 휘트니의 운전기사는 그때마다 그녀를 마을 건너편(종난하이의 공산당 당사)으로 데려다주었다. 휘트니와 왕은 차를 마시며 몇 시간 동안 정치에 대해 토론하곤 했다.

왕은 휘트니의 총명함을 높이 평가했다. 두 사람은 세계사에서부터 정치 사상, 중국과 세계 정치의 향방에 이르기까지, 모든 것을 논의했다. 하지만 왕치산은 다른 관리들처럼 휘트니에게 자문을 구하지는 않았다. 엄밀히 말하자면, 왕치산은 휘트니의 생각을 듣기 위해서라기보다는, 그녀로부터 자신의 상사인 원 총리에 대한 자세한 정보를 얻기 위해 그녀를 조사했다고 하는 편이 더 정확할 것이다.

가부장적 중국 사회에서 권력의 정점에 있는 사람들의 주변에는 비행기 승무원이나 술집 여종업원 외에는 여성이 거의 없었다. 그런 상황에서 휘트니는 보기 드문 인재였다. 그녀는 비록 공식적인 직책은 없었지만, 장 이모에게 확실한 인정을 받았듯이 재력가로서, 흥미로운 소식통으로서, 내부 정보원으로서 인기가 많았다. 게다가 왕은 결혼은 했지만 자식이 없었다. 장 이모가 자연스럽게 휘트니의 대모 역할을 하게 된 것처럼, 왕은 친절한 삼촌처럼 휘트니를 친밀하게 대했다. 왕치산의 입장에서 휘트니와 가깝게 지내는 것은 여러모로 쓸모가 있었다.

이는 휘트니에게도 마찬가지였다. 2003년 원자바오가 총리직에 올랐을 때부터 우리는 이미 10년 후 그의 은퇴 이후의 일을 논의하기 시작했다. 휘트니는 인맥을 넓혀 자신의 체스판에 말을 추가할 필요가 있다고 생각했다. 그런 의미에서 왕치산은 적임자였다.

휘트니는 중국의 미래에 대한 왕치산의 견해가 자신과 일치한다는 점을 발견했다. 왕치산은 언젠가 중국 국영 기업들이 매각될 것이라고 예견하고, 휘트니에게 그때가 되면 투자할 수 있도록 자본을 모아 두라고 조언했다. 그는 "방아쇠를 당길 때가 되면, 무기를 준비해 쏠 수 있도록 총알을 준비해 놓아야 한다"고 말했다. 왕치산은 중국 경제 시스템을 거대한 의자 게임(노래를 들으며 의자 주위를 돌다가 노래가 멈추면 의자를 먼저 차지하고 앉는 놀이-옮긴이)에 비유했다. 그는 어느 시점이 되면 노래가 멈추고 당은 대규모 민영화를 받아들일 수밖에 없을 것이라고 예측했다. 우리는 그에 대한 대비가 필요했다.

왕치산은 또 중국의 엘리트 지배계급에게는 독특한 편집증적 망상이 있다고 말했다. 예를 들어 그는 쑹훙빙(宋鴻兵)이라는 금융전문가가 쓴 2007년 베스트셀러 『화폐전쟁』의 열렬한 팬이었는데, 쑹은 이 책에서 국제 금융시장, 특히 미국의 금융시장은 유대인 은행가 집단에 의해 통제되고 있으며, 이들은 개발도상국에 미국 달러로 먼저 돈을 빌려준 다음 그 나라의 통화를 절하하는 환율 조작을 통해 자신들의 부를 챙기고 있다고 주장했다. 쑹의 책은 상당수 중국 지도자들이 미국에 대해 가지고 있는 경멸, 의심, 두려움이 혼합된 내용을 담고 있지만, 서양인들과 수십 년간 긴밀히 일해 온 왕치산은 이를 틀림없이 더 잘 알고 있었을 것이다.

인맥 만들기의 달인인 휘트니는 왕치산을 궁극적으로 원 총리를 대체할 새로운 인맥으로 꼽았다. 그녀는 이전에도 순이구의 전 당서기 쑨정차이를 미래의 연줄로 눈여겨보았었다. 쑨은 2000년대 초에 휘트니와 내게 땅을 나눠 주었지만, 우리는 그 땅을 개발하지 않았다. 그는 또 휘트니가 아우디에 특별한 번호판을 달도록 도와준 인물이었다.

쑨은 2002년 순이구를 떠나 베이징시 당위원회 서기장으로 승진하며 고위직으로 진출했다. 휘트니는 원 총리가 총리직에 있는 동안 쑨정차이가 승진하는 데 깊이 관여했다. 2006년 12월 원 총리의 후원으로 쑨이 농무부 부장으로 승진하면서, 그는 43세의 나이로 장관급인 정부 부처의 부장이 되었다. 중국에서 가장 젊은 두 명의 부장 중 하나가 된 것이다.

그러나 쑨을 부장직에 오르도록 하는 것은 결코 쉬운 일이 아니었다. 중국에서 부장이 되려면 정치국 상무위원회의 확고한 지지가 필요했고, 위원들 중 누구도 승진에 반대하는 사람이 있어서는 안 된다. 휘트니와 장 이모는 원 총리가 쑨을 후원하도록 영향력을 발휘했을 뿐 아니라 다른 위원들이 쑨의 승진을 반대하지 못하도록 노력해야 했다. 쑨이 장쩌민 주석의 측근인 쩡칭훙 중국 국가 부주석의 친척들에게도 순이구의 땅을 나눠 줬다는 사실을 기억하라. 쑨은 장쩌민과도 친분이 있었다. 장쩌민과 쩡칭훙 모두 쑨을 좋은 사람으로 인식하고 있었다. 그는 자신의 그런 연줄들을 모두 끌어모았다.

그 과정을 안내한 이가 휘트니였다. 그녀는 특히 장 이모에게 거의 강권하다시피 했다. 그녀는 쑨의 승진이 우리뿐 아니라 원 총리 일가의 장기적인 안위를 위해서도 좋을 것이라고 강조했다. 사실 원 총리는 일가의 유산을 보호하고 자신이 정치 무대에서 물러난 후에도 지속적인 영향력을 보장하는 충성파 네트워크가 없었다. 쑨은 그런 상황을 바꾸는 기회를 만들어 줄 인물이었다.

쑨을 젊은 나이에 부장으로 승진시키면, 그것은 쑨을 미래 중국의 지도자가 되는 탄탄대로로 들어서게 만드는 것이 될 터였다. 그가 누구 덕에 그런 지위에 오르게 되었을까,라고 묻는다면 원자바오의 도움을 받은 휘트니와 장 이모의 덕분이라고 답해야 할 것이다.

이런 예측은 쑨이 2009년 46세의 나이에 농무부를 떠나 중국 동북부 지린성(吉林省)의 당서기로 부임하면서 확인되었다. 중국의 최고 권좌를 노리는 모든 사람은 나라 전체를 경영하는 대업을 맡기 전에 미니 제국을 운영하며 경험을 쌓기 위해 지방의 성省으로 나가는 과정이 필요했다. 쑨정차이에게도 그런 순간이 다가온 것이다.

중국에서는 관료들이 공개적으로 야망을 드러내지 않는다. 때를 기다리는 것은 『손자병법』의 핵심 교훈이다. 하지만 쑨은 암암리에 적극적으로 움직였다. 그는 자신과 이력이 비슷한 후춘화(胡春华)라는 관리가 경쟁자로 부상하는 것을 경계했다. 후춘화도 쑨처럼 비천한 집안 출신이었다. 그는 1963년에 후베이성(湖北省)의 농민 가정에서 태어났다. 후의 나이는 쑨과 불과 6개월밖에 차이 나지 않았다.

쑨과 후 두 사람 다 로켓선을 탄 것처럼 쾌속 승진했다. 둘 다 2007년 최연소로 당 중앙위원회 위원에 올랐고, 또 2009년에 똑같이 성의 당서기가 되었다. 그리고 두 사람은 2012년에 정치국(당 중앙위원회 위원들 중 권력 서열이 높은 간부들의 집합체-옮긴이)에 들어갔다. 후춘화는 당 공청단 출신이며 후진타오 주석의 후원을 받았다. 그래서 '리틀 후'라고 불렸다. 그와 쑨정차이는 확실히 2022년에 열릴 전당대회에서 선출될 두 개의 최고 자리로 가는 길을 걷고 있었다. 다만, 누가 최고 권좌인 당 총서기가 되고, 누가 이인자인 총리가 되느냐의 문제만 남은 것처럼 보였다.

쑨정차이는 베이징에 출장 올 때마다 휘트니를 찾았다. 그는 급부상하는 후춘화에게 압박감을 느끼고 있었다. 휘트니와 쑨은 늦은 밤까지 베이징 동부의 한 찻집에서 만나 쑨이 최고 자리 경쟁에서 후를 물리칠 방안을 논의하곤 했다.

관료가 야망을 품으면 밖에서 저녁 식사를 해야 할 일이 계속 생기기 마련이다. 쑨정차이는 베이징에 올 때마다 거의 매일 저녁 세 차례의 저녁 식사 자리에 참석하곤 했다. 우선 5시에는 부하 직원들이나 그에게 요청할 게 있거나 도움이 필요한 사람들과 식사를 같이 했다. 그들은 쑨이 바쁘고 다른 할 일이 있다는 것을 알고 있었기 때문에 기꺼이 이른 저녁 식사를 마다하지 않았다. 6시 30분부터 시작되는 두 번째 저녁 식사는 윗사람이나 정치적 동지들과 함께하는 자리였다. 이 자리에서 중요한 정치적 거래가 이루어졌다. 8시부터 시작되는 세 번째 저녁 식사는 그가 좀 더 편하게 느끼는 사람들과 함께하는 자리였다. 세 번째 식사 자리에 도착했을 때, 그는 이미 어지간히 취한 상태이므로 마음을 놓을 수 있는 환경을 원했을 것이다. 세 번째 식사 자리의 손님들은 그가 매우 힘들어하는 것을 알기에 일반적인 저녁 식사 시간이 훨씬 지나 약속하는 것에 기꺼이 동의한 사람들이었다. 마지막 식사가 끝난 밤 10시경에 쑨은 휘트니에게 문자 메시지를 보냈고, 두 사람은 찻집의 별실에서 만나 자정이 넘도록 얘기를 나누었다.

그렇게 늦은 시간에 휘트니를 만난다는 것은, 쑨이 두 사람의 유대 관계를 얼마나 소중히 여기는지를 보여 주었다. 그들은 식사에 격식을 차리지 않고 온전히 대화, 즉 중국의 정치적 체스판에서 어떻게 쑨이 말을 제대로 두도록 도울 것인가에 집중할 만큼 매우 친근했다. 휘트니는 쑨이 얼마나 긴장하고 있는지, 앞선 승진에서 후에게 몇 달 뒤처졌을 때 얼마나 고민했는지, 그리고 그가 그것을 따라잡기 위해 얼마나 열심히 노력했는지를 잘 알고 있었다.

쑨이 지린성 당서기로 승진한 후, 휘트니와 나는 맨해튼 여행 중에 시내 중심가에 있는 포시즌스 호텔 1층에 있는 고급 프랑스 남성복 매장 질리Zilli에 들렀다. 우리는 쑨에게 줄 선물로 멋진 털로 장식된 부츠 한 켤레를 샀다. 지린은 추운 겨울 날씨로 유명했기 때문에, 우리가 쑨을 그만큼 생각하고 있다는 것을 그가 알아주기를 바랐다.

우리는 항상 이런 식으로 일했다. 무언가를 해 주어야 할 사람들의 목록을 가지고 있었다. 모든 해외 출장은, 우리의 연줄이 되는 누군가를 위한 선물을 사고, 그와의 관계를 더 깊게 만들고, 우리가 그에게 관심이 있다는 것을 보여 주는 기회로 삼았다. 휘트니와 사귀던 초기에, 그녀는 내게 긴장하지 않는다고 비판했다. 하지만 이젠 그렇지 않다. 그 이후 나는 그녀의 생각을 받아들였고, 중국공산당에 우리의 연줄을 만들 기회를 찾으면서 비싼 선물을 사는 것을 소홀히 하지 않았다.

그러나 쑨의 발이 지린성에서 얼 틈은 없었다. 엄밀히 말하자면, 지린성이 그의 거점이긴 했지만, 그는 휘트니나 다른 후원자들을 만나기 위해 거의 절반은 베이징에서 보냈다. 휘트니가 그를 데리고 장 이모와 식사하는 횟수가 잦아졌다. 그때마다 휘트니는 쑨에게 호의를 베풀었고, 장 이모도 쑨과의 저녁 식사 자리를 중요하게 생각했다. 쑨이 남편인 원 총리에게 유용한 정보를 가져왔기 때문이다. 장 이모는 남편을 위해 여러 역할을 했는데, 남편의 정보 장교 역할도 한 셈이다.

2012년 11월, 쑨정차이는 후춘화와 함께 정치국 상무위원이 되었다. 그로부터 얼마 지나지 않아 쑨은 제2차 세계대전 당시 중국의 수도였던 충칭시(重慶市) 당서기에 임명되었고, 후는 광둥성 당서기에 올랐다. 그들은 별의 순간을 잡고 있었다.

휘트니는 단순히 중국의 루키(새롭게 떠오르는 인물), 기사, 왕, 여왕을 후원하는 것에 만족하지 않았다. 물론 담보물(원 총리 이후를 대비하기 위한 인물) 확보도 중요했지만, 그녀는 중국의 현 권력자의 측근들과 협력하는 일에도 적극 나섰다. 중국어로 '미슈(祕書)'라고 불리는 비서들은 자신이 모시는 인물에 대한 접근을 통제하고, 그들의 일정을 짜며, 중요한 결정을 좌우할 수 있는 위치에 있었다. 와이프 갱(144쪽 참조), 국장 갱(Bureau Chiefs Gang, 116쪽 참조)과 함께 비서 갱(祕書房)은 중국 권력의 3대 기둥으로 불릴 정도다.

휘트니는 이들 비서들에게 타고난 친화력을 발휘했다. 그녀는 대학 총장의 비서로 경력을 쌓기 시작했다. 물론 대학 총장이 권력의 정점에 있는 자리는 아니지만, 관계를 맺는 일은 비슷했다. 휘트니는 자신의 부하 직원들에게도 사람 관리하는 법을 가르쳤다.

휘트니는 왕치산의 비서 중 한 명인 저우량Zhou Liang과도 매우 가까운 사이였는데, 그는 휘트니를 '큰언니'라고 부르며 따랐다. 휘트니는 그와 자주 전화 통화를 하며 보스와 깊은 관계를 맺는 방법을 조언해 주었다.

그녀는 먼저 왕치산의 동정에 대해 묻고 난 후, 일을 더 잘할 수 있는 방법을 알려 주었다. 그러한 전화 통화는 대개 저우량이 밤새 국제 동향을 살핀 날에 이루어졌다. 휘트니와 내가 저녁 식사를 마치고 9시에 귀가하면, 그녀는 이후 3시간 동안 저우량과 통화하면서 왕치산이 그를 어떻게 대했는지, 그의 행동에서 어디가 취약하고 무엇을 개선해야 하는지, 그리고 승진하기 위해서 어떻게 해야 하는지를 자세히 설명해 주었다. 통화가 너무 길어서 내가 먼저 잠들 때가 많았고, 휘트니는 거실로 나가 꼭 두새벽까지 통화를 하곤 했다.

그 대가로 저우량은 우리의 공항 프로젝트를 많이 도와주었다. 몇 차례의 중요한 고비를 맞았을 때, 휘트니는 그에게 교통부의 비서에게 전화를 걸어 우리에게 필요한 승인을 요청해 달라고 부탁했다. 저우량은 교통부 부장 비서에게 왕치산이 승인을 원한다는 말을 굳이 할 필요가 없었다. 단지 그 건에 대해 언급하는 것만으로 충분했다. 교통부 비서는 마치 왕치산이 그 프로젝트에 직접적으로 관련이 있는 것으로 받아들일 것이다. 이런 식의 통화가 모든 장애물을 제거하는 데 도움이 된 것은 아니었지만, 또 다른 고위 관료를 우리 편으로 끌어들임으로써 우리에게 유리한 조건을 만들어 주었다. 휘트니는 이에 대한 보상으로, 원 총리 가문 등과의 연줄을 이용해 저우량이 중앙기율검사위원회中央紀律檢査委員會에 자리를 잡을 수 있도록 도와주었다.

물론 저우량이 휘트니의 유일한 끄나풀은 아니었다. 그녀는 2002년부터 2007년까지 원 총리의 보좌관으로 일했던 쑹저(宋哲)의 출세도 도왔다. 쑹저는 장 이모와 휘트니, 내가 영국 여행을 했던 2000년에 영국

주재 중국대사관에서 공사참사관으로 근무했다. 쑹저는 우리에게 관광 안내를 해 주었다. 그때 "베이징이 그립다"라고 말했는데, 쑹저가 승진을 노리고 한 말이었다. 장 이모는 휘트니의 조언을 따라, 쑹저를 원 총리의 외교 업무 포트폴리오를 관리하는 보좌관으로 전보시킴으로써 그가 베이징으로 돌아오도록 주선했다. 쑹저에게 휘트니는 매우 유용한 존재였다. 그는 휘트니로부터 원 총리가 자신을 어떻게 생각하는지에 대한 정보를 입수했을 뿐만 아니라, 원 총리를 더 잘 보좌할 수 있는 방법에 대한 조언도 구했다. 쑹저는 휘트니의 호의에 보답했는데, 뉴욕의 불임 전문의를 휘트니에게 소개한 사람이 바로 그였다. 휘트니의 로비 활동과 장 이모의 후원으로 쑹저는 2008년 유럽연합(EU) 주재 중국대사로 임명되었고, 그 후에는 홍콩 주재 외교부 수석대표가 되었다. 홍콩에 있는 동안 쑹저는 부부장급(차관급)으로 승진하며 가오간이 되었다.

휘트니의 이런 다각적인 로비 활동은 당 서열 위아래에 우군을 배치함으로써, 신중국에서의 기회가 무궁무진하게 확장될 것이라는 우리의 포부를 강화했다. 나는 세계 주요 공항 중 하나에 물류 거점을 짓는 그 이상의 더 큰 야망을 품기 시작했다. 더불어 중국 및 해외의 다른 프로젝트들과의 경쟁 가능성도 고려했다. 나는 또 단순한 사업 차원을 넘어, 중국의 더 큰 변화를 위해 기업가 계급이 얼마나 중요한 역할을 할 수 있는지를 보여 주고 싶은 열망에 사로잡혔다. 그러기 위해서는 중국의 미래를 위해 체제 속에서 어떻게 일할 것인가에 내 사고방식(물론 다른 자본가들의 사고방식도)의 초점을 맞추어야 했다.

2003년 컨설턴트이자 작가, 기업인인 조슈아 쿠퍼 라모Joshua Cooper Ramo가 내게 아스펜연구소Aspen Institute를 소개해 주었다. 나는 베이징의 그랜드 하얏트 호텔에서 라모를 만나 점심 식사를 했는데, 당시 라모는 이듬해에 발표할 「베이징 컨센서스Beijing Consensus」라는 논문을 준비하고 있었다. 이 논문에서 그는 권위주의적 정치 체제, 성과를 추구하는 정부, 반자유 시장경제가 혼합된 중국식 사회주의 모델이 전 세계에 걸쳐 새로운 발전 모델을 구성하고 있다고 주장했다. 라모는 곧 전 미국 국무장관 헨리 키신저가 설립한 키신저 어소시에이츠Kissinger Associates를 위한 연구도 시작했는데, 키신저 어소시에이츠는 휘트니가 중국에서 시도한 이른바 '꽌시 기업'의 외국판이라고 할 수 있는 기관이었다.

다양한 세미나와 연구 모임을 주관하는 아스펜연구소는 적어도 내게는 아주 매력적인 곳이었다. 어렸을 때부터 호기심이 많았던 나는 늘 새로운 지적 경험과 아이디어를 추구했는데, 아스펜은 그런 내 호기심을 최대한 발휘하게 해 주었다. 아스펜은 내가 상하이 시절부터, 자기반성이 온전한 삶의 열쇠라고 주장한 중국 철학자 난화이친의 글을 읽으며 키워 왔던 자기계발 노력을 더욱 북돋아 주었다.

나는 2005년에 이 연구소의 크라운 펠로우Crown Fellow(시카고의 기업가 헨리 크라운Henry Crown을 기리기 위해 30세에서 45세 사이의 뛰어난 기업가 중에서 선발된 연구원-옮긴이)가 되었다. 그해 여름 콜로라도에서 나는 약 스무 명의 펠로우들과 함께, 우리의 삶에 대한 주제를 놓고 5일 동안 철학 서적을 읽으며 토론했다. 내가 반성의 시간을 가진 것은 팜인포 실패 이후 처음이었던 것 같다. 하지만 이번 반성은 예전처럼 낙담에 빠진 상태에서가 아니라 유리한 입장에서 시도하는 반성이었다. 베이징의 우리 팀은 여전히 공항 물류 거점을 건설하기 위한 승인을 차근차근 밟아 가고 있었다. 나는 여전히 낙관으로 가득 차 있었다. 그때는 리페이잉의 체포로 위기가 닥치기 전이었다.

아스펜에서의 경험은 그동안 내가 보지 못했던 것을 볼 수 있는 영감을 주었다. 만약 당신이 이미 모든 것을 가지고 있다면, 다음에는 무엇을 하겠는가? 사회적 책임을 더 높이고 싶은가? 정계에 진출하고 싶은가? 아스펜에서 만난 참가자 중에는 개발도상국에서 자원봉사를 하며 반년을 보낸 안과 의사도 있었다. 한 참가자가 1983년 컬럼비아대학교 로스쿨을 졸업한 존 올드햄이라는 미국인에 대한 이야기를 들려주었다. 안타깝게도 존은 그해 9월 소련 전투기의 공격으로 추락한 대한항공 007편에 탑승했다가 사망했다. 올드햄은 베이징대학교 법학부에서 1년 동안 학생들을 가르치고 연구하기 위해 베이징으로 가는 길이었다. 그의 사망 이후, 그의 친구들과 가족들은 기부금을 모았고, 매년 중국 법학자 한 명을 미국으로 초청하고 미국인 법학자 한 명을 중국으로 보내는, 그의 이름을 딴 장학금을 만들었다는 이야기였다. 나는 이 이야기를 듣고 아이디어가 떠올랐다.

당시 중국과 미국의 관계는 수렁에 빠져 있었다. 나는 미국인들이 생각하는 것처럼 중국이 그렇게 나쁘지는 않다고 생각했다. 미국인들이 중국 시민의 일반적 관점을 좀 더 이해할 필요가 있다고 생각했다. 토론 진행자 중 한 명이 하버드대학교 마이클 샌델Michael Sandel 철학 교수였는데, 나는 그에게 하버드대학교에 역사학, 고고학, 사회학, 정치학 등 어느 분야든 중국에 대해 연구하는 대학원생들을 지원하기 위한 장학금을 설립하자는 아이디어를 제안했다. 샌델은 그 아이디어에 적극 찬성했다. 나와 휘트니는 몇백만 달러를 하버드대학교에 기부했고, 마침내 2004년에 슘 장학재단이 설립되었다. 나와 휘트니는 하버드대학교에 장학금을 기부한 최초의 중국인 기업가가 되었다.

나는 아스펜에서 돈 있는 사람들이 어떻게 항상 정치 과정에 참여해 왔는지를 알게 되었다. 중국의 '체제'는 그런 의미에서는 전혀 해당 사항이 없었다. 중국의 체제는 국가의 방향에 관한 한 자본주의 계급의 발언권을 아예 부정했으니까. 하지만 진정한 자본주의가 무엇인지를 알게 된 우리 같은 사람들은 목소리를 내고 싶어 했다. 우리는 우리의 재산, 투자, 그리고 기타 다른 권리들을 보호받기를 원했다. 완전 독립된 사법부는 아니더라도, 최소한 지역을 관할하는 당서기의 변덕이 아니라 법에 근거한 판단이 내려지는 공정한 사법부를 원했다. 우리는 정부 정책의 예측 가능성을 원했다. 그래야 확신을 가지고 투자할 수 있기 때문이다. 기독교인이었던 휘트니는 더 많은 종교의 자유를 원했다. 최소한 그녀는 중국인이 신을 사랑하는 동시에 중국을 사랑할 수 있다는 사실을 중국 정부가 인정하기를 원했다.

이런 목표가 있었기에 우리는 가치 있는 일에 기부할 수 있었다. 중국의 자선단체들은 아직 초기 단계에 머물렀고, 그들 중에는 끔찍한 사기 행위를 일삼는 곳도 있었다. 그래서 휘트니와 나는 가난한 지역의 아이들에게 장학금을 주는 단체를 직접 설립했고, 그 장학금을 받은 아이들은 중국 최고 고등교육 기관 중 하나인 칭화대학교에 들어갈 수 있었다. 칭화대학교는 1911년에 미국 정부의 기금으로 설립된 칭화학당의 후신이다. 우리는 중국공산당이 1949년 정권을 장악하면서 폐쇄했던 중국의 비정부 부문과 시민단체들을 재건, 홍보하는 일에 집중하기 위해 자체 싱크탱크인 카이펑재단(凱風財團)을 설립했다. 카이펑은 2007년 3월에 공식 출범했는데, 공교롭게도 같은 달에 핑안보험이 상하이 증권거래소에 상장되면서 우리는 큰 부를 손에 넣게 되었다. 휘트니의 그레이트오션으로부터 재정 지원을 받은 카이펑재단은 중국 중앙정부의 승인을 받은 최초의 민간 연구소가 되었다.

하지만 우리와 칭화대학교와의 관계는 때로 원활하지 않았다. 나는 소외 계층 학생들에게 자금을 지원하는 데 있어, 책을 사거나 등록금을 내고도 남을 만큼 여유있게 장학금을 구성했다. 내가 처음 홍콩에서 학교를 다닐 때, 주머니에 돈 한 푼 없는 것이 얼마나 힘든 일인지를 잘 알고 있었기 때문이다. 나는 학생들이 사회생활을 하는 데 부족함이 없고 자신들이 가난한 집안 출신이라는 것을 느끼지 않도록 충분한 용돈도 주고 싶었다. 가난한 가정의 학생들이 가진 가장 큰 두 가지 문제가, 좋은 학업 성적에도 불구하고 자존감이 낮고 남들과 잘 어울리지 않으려 한다는 것임을 잘 알고 있었다. 만약 장학금으로 이를 해결하지 못한다면, 그 문제들은 여전히 그들의 정상적인 발전을 가로막을 것이다. 휘트니와 나는 학생들과 만나 우리의 경험을 공유했고, 그들을 위한 야유회도 주관했다.

그러나 칭화대학교는 기부자들이 학생들의 삶에 그렇게 많이 관여하는 것을 내켜 하지 않았다. 우리의 장학금이 학생 일인당 주어지는 금액 기준으로 볼 때 여타의 장학금보다 훨씬 높다는 점도 그들이 우려하는 부분이었다. 칭화대학교에서의 이 토론은 자선에 대한 더 넓은 토론으로 이어졌다.

칭화대학교의 공산당 당서기는, 1990년대 초 미국 스탠퍼드대학교에서 2년간 공부한 칭화대 졸업생 천시(陳希)라는 사람이었다. 중국의 모든 대학은 중국공산당에 의해 운영되고 당서기를 두고 있는데, 초중고는 물론 대학의 당서기는 총장, 학장, 교장보다 훨씬 더 강력한 권한을 지니고 있다. 정치 체제에서 공산당 총서기가 총리보다 높은 것처럼, 중국의 모든 학교, 국영 기업, 연구기관에서도 당서기가 그 기관에서 가장 서열이 높다.

천시는 20년 동안 칭화대학교 교수로 근무했다. 2002년 칭화대 당서기에 임명된 그는 공산당 내에서 강력한 지지 세력을 갖고 있었다. 그는 당시 당의 떠오르는 별이었던 시진핑(習近平)과 친분이 두터웠다. 사실 1970년대 후반, 천시와 시진핑이 칭화대학교에 다닐 때 그들은 기숙사 룸메이트였다. 1999년 시진핑이 푸젠성(福建省) 성장으로 임명되었을 때, 그는 천시에게 부성장 자리를 제안했지만 천시는 이를 거절했다. 천시는 시진핑에게 늘 충성하면서도 자신의 길을 걸었다. 이미 그는 베이징의 거물로 자리 잡았는데, 굳이 왜 좋은 자리를 마다하고 먼 지방의 부성장 자리로 가겠는가?

천시는 큰 키에 학자적 용모를 지닌 인물이었다. 그의 수려

한 외모는 가장 큰 강점이었다. 칭화대학교의 당서기로서 그는 학생들을 쉽게 규합했고, 슬로건을 생각해 내는 데 재능이 있었다. 그가 2005년 10월, 학생들에게 "야망을 갖고 주류로 진출하라. 큰 무대에 올라 위대한 일을 하고, 올바른 목표를 선택하고, 끝까지 인내하라"는 말로 시작한 연설은 지금도 학생들에게 회자될 정도로 유명하다. 천시의 핵심 메시지는 칭화대학교 학생들이 당 체제에 들어가 국가에 봉사하도록 격려하는 것이었다.

그의 지도력 아래 칭화대학교는 중국에서 가장 명성 있는 대학이자 주요 정치인을 배출하는 학교가 되었다. 2000년대 중반에는 정치국 상무위원 일곱 명 전원을 칭화대학교 졸업생이 차지하면서 천시는 이 학교를 모두의 기억에 남는 학교로 만들었다. 천시는 학생들에게 군사 기술, 특히 로켓 과학을 공부해 군사 산업으로 진출하도록 격려했다. 또 중국과 외국의 저명한 과학자들을 유치해, 중국을 최첨단 연구 국가로 만들겠다는 정부 차원의 노력인 '천인재 프로그램(千人計劃)'에서 주도적인 역할을 했다. 캘리포니아에서 2년 동안 공부한 그는 특히 미국의 인재를 유치하는 데 열중했다.

그는 휘트니와 내게, 자신이 어떻게 전직 교사와 친척 들을 이용해 미국에서 공부한 중국의 인재들을 유치했는지 설명했다. 칭화대학교는 광범위한 동창 네트워크가 있었고, 천시는 학교와 국가를 위해 그 힘을 최대한 활용했다.

하지만 칭화대학교는 중앙정부의 통제하에 있었기 때문에, 해외로부터 유치한 저명한 과학자들에게 지불할 수 있는 돈이 충분하지 않았다.

그래서 천시는 부유한 졸업생과 기업 들에 그 돈을 보조해 줄 것을 요청했다. 천시는 자신의 그런 업적에 대해 말하는 것을 좋아했다. 우리가 그를 장 이모와의 식사 자리에 초대하면, 그는 두 시간의 식사 시간 중 거의 90분 동안 자신이 전 세계에서 인재들을 어떻게 끌어모았는지를 자랑하곤 했다.

휘트니 역시 칭화대의 동창 네트워크를 활용하기 위해 노력했다. 그녀는 2008년에 천시가 미래의 지도자들을 양성하기 위해 설립한 칭화대학교 박사 과정에 들어갔다. 휘트니의 학급은 시진핑의 최측근 보좌관, 후진타오 당시 당 총서기의 아들, 국장급 및 부부장급 관료, 대도시 당서기 등 이름만 들어도 알 만한 잘나가는 인사들로 구성되어 있었다. 이 도전은 물론 학문을 연구하기 위한 것도 있지만, 더 많은 연줄을 찾기 위한 그녀의 끝없는 탐색이기도 했다. 물론 우리에게는 원 총리 일가가 있었지만, 그들이 영원하지는 않을 테니까. 게다가 칭화대학교 동문 네트워크는 중국 최고의 네트워크였으니까.

휘트니의 박사 과정은 공공 정책을 연구하는 하버드대학교의 케네디스쿨Kennedy School(일종의 행정대학원-옮긴이)의 고위경영자 프로그램을 모델로 만들어졌다. 수업은 한 달에 4일이었고, 휘트니는 중국 증시에 관한 논문을 썼다. 그녀는 실제로 자신의 논문을 직접 작성한 몇 안 되는 학생 중 한 명이었다. 대부분의 다른 사람들은 그들의 비서에게 그 일을 맡겼다. 그녀는 학급의 스타였고, 동료들은 그녀를 반장으로 선출했다. 과정을 이수하는 동안 그녀의 동료들은 휘트니에게 사업을 그만두고 정계에 입문하라고 권했을 정도였다. 하지만 그녀는 수년 전 산둥에서 한 맹세를 굳게 지켰다.

천시는 또 칭화대학교를 물리, 공학, 수학 위주의 대학에서 탈피해 인문학부를 포함한 명실상부한 종합대학으로 만드는 데 전념했다. 칭화대학교는 마오쩌둥 시대에 소련 모델을 모방해 엔지니어, 물리학자 들을 대거 배출하는 공과대학으로 알려져 왔다. 2000년대 후반, 천시는 먹물로 고대 중국 문자가 새겨진 대나무 조각이 발견되었다는 소식을 듣고, 칭화대학교 동문 네트워크를 활용해 기업가들을 설득해서 경매를 통해 이 조각들을 구입했고 이를 칭화대학교에 기증했다. 이 대나무 조각들은, 고대 작가들이 많이 언급했지만 오랫동안 사라진 것으로 여겨졌던 글들이 포함되어 있는, 고대 중국 문헌의 가장 중요한 발견이었다.

천시는 휘트니와 내게 학교 내 격리된 연구소에 보관된 대나무 글을 보여 주면서, 우리가 후진타오 당시 주석과 그의 전임자인 장쩌민에 이어 대나무 글을 직접 본 세 번째 외부인이라고 너스레를 떨었다.

천시는 우리에게 인문학자들을 다시 칭화대학교로 유치하는 일을 도와 달라고 요청했다. 실제로 우리의 기부는 그가 중국과 서양의 인문학 교수들을 유치하는 데 큰 도움이 되었다. 우리는 칭화대학교의 중국 문학부에 자금을 지원했고, 핑안 주식을 팔았던 2007년에는, 자유로운 학술 토론을 할 수 있는 옥상 정원과 바비큐 파티장을 갖춘 1만 7천 제곱미터(9만 5천 평) 규모의 도서관을 짓는 데 1천만 달러(120억 원)를 기부했다. 도서관 건립은 칭화대학교 100주년 기념행사에 맞춰 2011년에 완공되었다. 우리는 칭화대학교에 큰 믿음을 가졌고, 우리의 자선사업을 자랑스럽게 여겼다.

중국 당국도 우리를 신뢰했다. 쑨정차이는 농무부 부장으로 재직하던 2007년에 내가 중국인민정치협상회의中國人民政治協商會議(CPPCC)의 베이징 지부 회원이 되도록 주선했다. CPPCC는 중국공산당이 티베트인, 종교인, 기업가, 해외 화교 등 중국 내외의 비정당 단체들을 통제하기 위해 만든 중앙통일전선공작부中央統一戰線工作部라는 조직에 속한 기구였다. 나는 홍콩과 마카오의 대표로 등록되었는데, 베이징 지부에 초청받은 두 지역의 대표는 나를 포함해 50명이었다.

베이징 지부는 전국위원회全國委員會의 바로 아래 조직이었다. 그 조직은 기본적으로 미국의 로터리 클럽과 같은 네트워킹 플랫폼이었고, 그 구성원이 된다는 것은 당에서 유용한 당의 대리인으로 인정한다는 표시였다. 회의는 1년에 수차례 열렸고, 지역민들이 우리에게 투자를 요청하면 그 지역을 직접 탐방했다. 연례회의는 베이징에서 일주일 동안 열리는데, 그 기간 동안 베이징 당국은 우리를 5성급 호텔에 묵게 했고, 우리가 탄 버스를 위해 도로를 봉쇄해 주었다. 당국은 또 우리에게 항공비를 현금으로 나눠 주었는데, 회원인 홍콩 기업가들의 순자산이 평균 1천만 달러가 넘는 자산가라는 점을 고려하면 어리석어 보였다. 어쨌든, 그 회의를 진지하게 생각하는 사람은 거의 없었고, 홍콩 대표들은 참석하지 않을 때가 많았다.

회의 기간에는 놀라운 일들이 벌어지곤 했는데, 그중 하나가 홍콩 대표들이 중국 관리들에게 지나치게 굽실거린다는 것이었다. 나는 베이징에서 중국인들과 일하면서 그것이 불필요하다는 것을 알았지만, 홍콩의 부자들은 그렇게 행동해야 한다고 생각하는 것 같았다. 홍콩과 중국은 바로 이웃해 있는데도, 홍콩 사람들이 중국을 피상적으로밖에 이해하지 못한다는 뜻이기도 했다. 하지만 다른 관점에서 보면, 그것은 당 간부들이 다른 나라 사람들에게 그들과 중국을 특별 대우해야 한다고 가르쳐왔다는 증거이기도 하다.

그러나 고무적인 일들도 있었다. 우리의 소회의에서나 CPPCC 공개 토론회에서 다루어지는 이슈 중에는 흥미로운 것도 제법 있었다. 좀 과감한 중국 본토 대표들 중에는 당 최고위직을 여러 후보들 가운데 당원들이 뽑도록 하는, 이른바 당 내 민주주의를 실험하자고 주장하는 사람들도 있었다. 또 중국의 급속한 현대화의 산물인 공해에 대한 불만도 제기되었다. 더 고무적인 점은 CPPCC를 단순히 인맥을 맺는 방법으로 이용하는 것이 아니라, 나처럼 이러한 현실적 문제에 관심이 많은 기업가와 여성들을 더 많이 끌어들이기 시작했다는 것이다. 우리는 어쩌면 CPPCC가 보다 유의미한 문제를 다루고, 언젠가는 사실상 중국의 법률을 공포하는 역할을 담당하는 전국인민대표대회全國人民代表大會와 더불어 제2의 입법부처럼 운영될 수도 있다는 느낌을 받았다.

CPPCC 내부의 이러한 움직임은 중국 사회 전반에 반영되었다. 2000년대 초반부터 수백 명의 다른 기업가들도 우리처럼 NGO와 교육기관을 후원하기 시작했다. 민간 자본은 《카이징(財經罔)》 같은 폭로 매체에도 흘러 들어갔고, 사람들은 시민단체를 조직하기 시작했다. 시민 정신이 폭발했다고 해도 과언이 아닐 것이다. 기업가들은 전통적으로 금기시되던 분야로 기꺼이 걸어 들어갔다. 우리의 싱크탱크인 카이펑재단은 2006년 『민주주의는 좋은 것이다(Democracy Is a Good Thing)』라는 책으로 잘 알려진 정치철학자 위커핑(兪可平)을 총책임자로 영입했다. 우리는 위커핑을 체제 안에서 합리적인 정치 개혁을 추진할 수 있는, 신뢰할 만한 학자로 보았다.

우리는 해외의 싱크탱크와도 협력해 중국 학자들에게 민주주의가 어떻게 기능하고 서방 세계에서는 외교정책을 어떻게 정하는지 가르치도록 도왔다. 2004년 원자바오 총리가 영국을 방문했을 때, 우리는 동시에 중국 사회과학원 학자들의 영국 순방을 기획했다. 나는 이들과 함께 다우닝가 10번지에 있는 영국 수상의 관저, 영국 중앙은행, 참의원(상원) 회의에도 참석했다. 2006년 우리는 전 유럽연합 집행위원장 로마노 프로디Romano Prodi가 이끄는 대표단이 중국 측과의 외교정책에 관한 비공개 대화를 위해 중국에 올 수 있도록 자금을 지원했다. 중국에서는 외교 관계가 항상 철저한 비밀에 붙여지지만, 우리는 원 총리의 보좌관인 쑹저에게 안내를 부탁했다. 어떤 위험선도 넘지 않으려 노력했고, 중국의 약속을 진정으로 믿었다. 우리는 이 일에 최선을 다했다.

13장

시진핑을
만나다

　돌이켜 보면 2006년에 리페이잉 공항 사장이 실종되고 이어서 부패 혐의로 체포된 것은 더 광범위한 변화가 일어나고 있다는 일종의 경종이 었다. 내가 그런 신호를 무시한 것은, 그의 체포 이후 생긴 좋지 않은 일 들을 처리해야 했고, 공항 프로젝트를 계속 진행시키느라 너무 바빴기 때문이다.

　그러나 리페이잉의 몰락은 단지 도박에 중독되어 바카라 테이블에 서 수백만 달러를 잃었기 때문만은 아니라는 것이 분명하다는 것을 뒤늦 게 깨달았다. 우리 같은 자본가들의 자유주의적 성향에 놀란 중국공산당 은 2000년대 중반부터 돈 많은 계층을 약화시키고, 우리가 심은 시민사 회의 싹을 뽑고, 중국 사회에 대한 당의 이념적·경제적 통제를 다시 강 화하려는 움직임을 보였다. 이러한 노력의 일환으로 당은 국영 기업들을 우선적으로 육성하고 민간 기업들을 억압하는 방향으로 선회했다.

　당의 조치로 리페이잉이 사라진 이후, 당국은 공항 사장을 새로 임명 했다. 리페이잉이 사장이었을 때는 그가 모든 결정을 직접 내렸다. 그가 승낙해야 일선 부서장들이 움직였다. 그는 때로는 고함치고, 때로는 위협하고, 때로는 회유하기도 했지만 어쨌든 일은 확실하게 해냈다. 어찌 보면 리페이잉의 교체는 새로운 체제가 만들어 낸 결과였다. 이제는 모든 일이 관료화되었다. 1인 통치 시대는 끝났고, '집단적 의사 결정 체제'로 대체되었다. 이제 우리는 사장 한 사람만이 아니라 그의 부하들과도 거래해야 했다. 듣기로는 여러 위원회를 거쳐야 한다고 했다. 순이구와의 일은 내가 생명을 구해 준 덕분에 훨씬 더 수월해졌지만, 다른 파트너인 공항과의 일은 점점 더 어려워졌다.

새 사장은 지배력을 높이기 위해 우리의 합작회사에 고위 직원들을 파견했다. 예전에는 합작회사의 이사회에 다섯 명이 참석했지만, 이제는 공항에서만 24명의 관계자가 나타났다. 그리고 그들은 모두 다른 의견을 가지고 있었다. 이로 인해 합작법인의 경영 구조가 복잡해졌다. 전에는 CEO인 내가 대부분의 결정을 내렸다. 하지만 이제, 나는 무언가 결정을 내려야 할 때 모든 사람을 모아야 했다. 그들은 합작회사가 아니라 공항에 충성하는 사람들이었다.

그들은 왜 우리 같은 민간 기업가가 물류 허브의 개발권을 따냈는지에 의문을 품기 시작했다. 리페이잉의 말대로, 우리 말고는 누구도 순이구와 공항의 갑작스러운 제휴를 주선할 수 없었다는 것을 아는 사람은 이제 아무도 없었다. 그 모든 역사가 이제는 잊혀진 과거가 되었다. 그들은 '국영 시설이어야 할 것의 일부를 사유화하려는 이 자본가들은 도대체 누구인가' 하는 시선으로 우리를 바라보았다. 사실 그들의 그런 태도는 비단 우리 프로젝트에 국한된 것이 아니라 경제 전반에 퍼져 있었다.

'국영 기업은 흥하고 민간 기업은 쇠퇴한다'는 말이 신조어가 되었고, 이는 당 최고위층의 물갈이를 예고하는 신호였다. 결국 국영 기업들이 성공한 민간 기업들을 강제 합병하기 시작했다. 기업가들은 중국 성장의 원동력이었지만, 우리는 한 번도 국가로부터 신뢰를 받지 못했다. 1949년 집권 이래, 중국공산당은 사회의 어느 부문이든 필요할 때는 이용했고 효용가치가 떨어졌을 때는 폐기했다.

중국의 관료 체제는 변하고 있었다. 과거에는 지방 지도자들이 서열에 따라 승진하곤 했다. 리페이잉은 공항에서 출세 가도를 달리고 있었다. 리펑은 순이구 토박이였다. 그래서 중앙정부는 지역 사회에 뿌리를 둔 관리들을 통제하기 어려웠다. 결국 중앙집권이 강화되면서 당은 지역의 요직에 다른 관료들을 낙하산으로 앉히기 시작했다.

국영 언론은 중앙정부의 지시를 무시하는 현지 거물급 인사들을 '부패한 토착 황제들'이라며 비난했다. 그러나 중앙에서 보낸 새 관료들은 새로운 문제를 일으켰다. 지방 임직 자체를 중앙에서의 승진을 위해 잠시 몇 년간 거쳐 가는 자리로 생각했던 것이다. 그들은 자신의 중앙무대 승진을 위한 지름길로 지방을 택했다. 물론 예전 시스템에도 단점이 있었다. 중앙으로부터 통제받지 않아 부패가 만연했고, '부패한 토착 황제들'은 마치 영지처럼 지역을 다스렸다. 하지만 토착 관리들은 그들의 지역 공동체를 잘 이해하고 있었고, 무엇이 필요한지, 무엇이 필요하지 않은지를 잘 알았다. 그들은 권력의 자리에서 떠나 은퇴해도 그 지역에 살았다. 그래서 지역민들과 등지기를 원치 않았고, 지역에 대한 애정도 있었다. 그들은 그 지역에 살고 있는 가족과 평생 친구들의 이익을 위해 일했다. 따라서 그들은 장기적인 유산으로 남을 프로젝트에 기꺼이 투자했다. 그리고 지역사회와의 유대감 덕분에 그 일을 해낼 수 있었다.

휘트니와 나도 공항 프로젝트를 장기적인 투자로 보았다. 프로젝트의 첫 단계를 완료한 후 이익을 붙여 매각하는 것을 원하지 않았다. 우리는 처음부터 끝까지 직접 건설하고 성장하기를 원했으며 우리의 모델을 다른 공항으로 확대하기를 원했다. 나는 중국 전역과 세계 다른 나라의 공항 도시에 진출할 생각으로, 2004년에 홍콩에서 개최된 세계 공항 도시 콘퍼런스(Airport Cities World Conference)에 참석했고, 2010년에는 베이징에서 콘퍼런스를 개최했다. 또한 우리는 청두(成都), 광저우, 선전 등 중국 전역을 여행하며 공항 근처의 물류, 제조, 상업 및 주거지 개발에 대한 비전을 제시했고, 이는 많은 관심을 불러일으켰다.

그러나 그 변화가 처음에는 미묘했지만 갈수록 노골화되면서 나는 다시 생각하게 되었다. 베이징의 상황이 어려워지고, 새로운 공항 관료 체제 내에서 우리 생각에 대한 반대가 커지면서 내 생각도 바뀌었다. 결국 중국에서는 장기적인 비즈니스 모델이 성공할 수 없다는 말을 믿게 되었다. 사업가 동료들이 내게 계속 말해 왔던 것을 이해하기 시작한 것이다. 그들은 중국에서 사업을 하는 현명한 방법은, 무언가를 얼른 짓고 나서 그것을 팔아 돈을 챙긴 다음 손을 떼고, 다른 사업을 시작하는 것이라고 말했었다. 이를테면, 1달러를 투자해 10달러를 벌면, 7달러를 챙기고 나머지 3달러를 다른 사업에 투자해야 한다는 것이다. 10달러를 그대로 남겨 두면 다 날릴 확률이 높다는 것이다.

공산당은 기업가들을 점점 더 위협적인 존재로 보는 것 같았다. 기업가들이 점점 더 독립적으로 되려 한다고 생각한 것이다. 실제로 우리 같은 기업가들은 더 많은 자유, 더 많은 언론의 자유를 추구했고, 당이 통제하지 못하는 방향으로 나아가고 있었다.

외교정책을 예로 들어 보자. 2006년, 우리는 유럽연합과 중국의 관계를 논의하기 위해 유럽연합 대표단을 중국으로 초청했다. 회의 기간 중에 원 총리의 보좌관인 쑹저가 총리의 전용 핫라인 전화를 받았다. 수화기 건너편에서 이렇게 물었다. "데즈먼드 슘이라는 사람을 아나요?" 쑹저가 대답했다. "네, 압니다." 다시 수화기 저쪽에서 물었다. "그가 중국 본토인이 아니라 홍콩 거주자라는 것도 알고 있나요?" 쑹저가 대답했다. "네. 그것도 알고 있습니다." 그러자 전화가 끊겼다. 쑹저는 보안기관이 우리의 활동을 감시하고 있다고 결론지었다. 그는 우리에게 우리의 자선 활동의 범위를 오해의 소지가 적은 주제들로 제한하라고 충고했다. 결국 우리는 외교정책과 관련한 자선 노력을 포기했다.

당은 우리 같은 사람들을 자신들의 입맛에 맞추게 할 여러 방법을 가지고 있었다. 우리는 한때 감히 우리가 독립적인 세력을 구성할 수 있다고 생각했지만, 당은 우리가 여전히 당 내부의 여러 톱니바퀴 중 하나에 불과하다는 점을 분명히 했다. 알리바바 설립자인 마윈이나 인터넷 대기업 텐센트의 CEO인 마화텅(馬化腾) 같은 사람들도 장부상으로는 막대한 부를 축적했을지 모르지만, 그들도 당에 봉사하도록 강요받았다. 중국공산당은 곧 중국의 모든 기업이 국가를 위해 스파이 활동을 하는 것을 의무화하는 국가보안법 같은 법안들을 통과시켰다.

중국의 이러한 부정적인 변화는, 2008년 후진타오 당 주석과 원자바오 총리의 2기 정부 때부터 가속화하기 시작했다. 이를 촉발시킨 가장 큰 원인 중 하나는 글로벌 금융위기였다. 전 세계를 뒤덮은 금융위기에 대응하면서, 중국공산당은 중국의 정치경제 체제가 서방 세계보다 우월하다는 당 내부의 믿음을 더욱 굳혔다.

중국 정부는 서방 세계에서 시도된 어떤 정책보다 훨씬 더 큰 대규모 경기부양책으로 위기에 대응했다. 중국 정부는 국영 부문을 통해 경기부양책을 펼쳤고, 국영 기업들에 돈을 풀라고 명령을 내렸다. 당은 기업인들에게 투자를 설득하는 대신, 국영 기업들로 하여금 인프라에 돈을 쏟아붓도록 지시했다. 공산당은 국영 기업을 손쉽게 통제함으로써 세계적인 경기침체와 싸울 수 있었다. 자본주의 국가, 특히 미국이 직면한 어려움은 개방적인 사회 및 경제 체제로의 전환이 중국과 당에 재앙이 될 것이라는 강경론을 더욱 강화시켰다.

공산당은 서구 자본주의 사상이 중국을 더욱 약화시킬 뿐이며, 서구 체제와 싸우기 위해 중국이 체제 수호를 위한 노력을 배가해야 한다고 주장했다. 불과 몇 년 전만 해도 중국 경제에 활력을 불어넣었던 민간 기업가들은 이제는 서구 사상과 내통하는 제5열로 낙인찍히는 처지가 되었다. 우리 같은 기업가들과 우리의 자본에 대한 통제권은 전적으로 공산당에만 있어야 했다.

공항 프로젝트를 위한 우리의 합작회사에는 그동안 당위원회라는 게 없었다. 물론 몇 명의 당원들이 있긴 했지만, 우리가 하는 일에 특별한 발언권은 없었다. 그러나 2008년부터 회사 내에 당위원회를 설립해야 했고 당위원회가 열리면 그 의견이 우리 이사회의 의견보다 더 중시되었다. 당위원회의 존재는 경영상의 내 결정을 혼란스럽게 했다.

공산당은 중국 전역의 합작 기업과 민간 기업에 이러한 변화를 강요했고, 이에 나는 경악했다. 우리는 그동안 중국이 좋은 방향으로 나아가고 있다고 믿었다. 우리는 중국 정부가 힘을 키우면서 국가와 당을 분리하려는 움직임을 보았다. 사람들은 개혁과 보다 더 자유로운 언론을 원했을 뿐, 그 누구도 공산당을 전복시키려는 생각은 하지 않았다. 단지 좀 더 개방적인 시스템을 원했다. 우리는 당에 부드러운 눈짓을 보냈을 뿐이다.

그러나 2008년 이후 당 지도부는 우리의 부드러운 눈짓에 경계심을 품은 것이 분명해졌다. 우리의 부가 사회 변화를 촉진할 수 있다고 생각했지만, 결국 우리가 틀렸다. 그것은 내가 경험한 가장 슬픈 일이었다.

모든 것을 고려했을 때, 나는 우리 프로젝트를 축소할 수밖에 없다고 결론 내렸다. 물론 분석가들은 공산당이 그처럼 뒷걸음질 친 것에 대한 온갖 종류의 이유를 댈 수 있을 것이다. 2010년대 중동 전역을 휩쓴 민주화 시위인 아랍의 봄과 컬러 혁명(Color Revolutions, 1980년대 후반부터 2020년대까지 중동, 아시아, 남미 일대에서 일어나 성공한 정권 교체 운동을 일컬음―옮긴이)이 중국 지도자들을 겁먹게 했을 수도 있다. 2008년 미국 경제를 뒤흔든 금융위기로 인한 경기침체는, 공산당 관리들에게 중국의 체제가 우월하다는 확신을 심어 주고, 국제 무대에서의 자신감을 불어넣어 주었을 것이다. 중국이 아무 근거 없이 남중국해에 섬을 건설하고 있다는 사실을 갑자기 깨달은 미 해군이 반격에 나서면서 가뜩이나 강한 공산당 내 반미 정서를 더욱 부추겼을 수도 있다.

그러나 내 생각에, 당이 독재로 회귀한 가장 설득력 있는 이유는 중국 공산당의 본질적 특성 때문이다. 중국공산당은 억압과 통제에 대해 거의 동물적 본능을 가지고 있다. 그것은 레닌주의 체제의 기본 교리 중 하나다. 억압을 위해 권력을 휘두를 만할 때 당은 언제든지 그렇게 할 것이다.

1970년대 말 덩샤오핑이 중국 지도부를 물려받았을 때, 국가는 사실상 파산 상태였다. 덩샤오핑이 이끈 경제 변화는 자유 시장 자본주의의 교리에 대한 믿음 때문이 아니라 필요에 의해 추진된 것이었다. 살아남기 위해서는 당이 경제에 대한 지배력을 느슨하게 풀 필요가 있었다. 1990년대 장쩌민 정권에서도 중국 국영 기업들은 막대한 손실을 보고 있었기 때문에 휘트니나 나 같은 민간 기업가들이 경제를 지탱하고 실업률을 낮추는 데 중요한 존재였다. 그러나 2008~2009년 후진타오와 원자바오의 첫 임기가 끝나고 수십 년 동안 두 자릿수 성장을 이어 가면서 중국 공기업들은 안정을 찾았고, 당은 더 이상 과거처럼 민간 부문을 필요로 하지 않게 되었다. 중앙정부도 세제 개혁을 통해 파이의 큰 몫을 챙겼다. 이런 상황에서 공산당으로서는 더 이상 경제와 사회에 대한 통제를 완화할 필요가 없었다. 민간 부문은 더 이상 경제적 구세주로 필요하지 않았고, 이제 그들에게 자본가들은 정치적 위협의 대상일 뿐이었다. 그리고 바로 이럴 때가 그들이 지배력을 다시 강화할 적기였다.

리페이잉 사건을 계기로 공항 프로젝트를 중단하는 게 좋을 것 같다는 생각이 들었다. 리페이잉은 거의 2년 동안 행방불명되었다가, 국가에 의해 구금된 상태로 모습을 드러냈다. 그는 1,500만 달러에 달하는 뇌물 수수 및 횡령 혐의로 기소되었고, 2009년 2월 유죄가 인정되어 사형을 선고받았다. 그는 항소심에서도 패소했고, 대부분의 돈이 환수되었음에도 불구하고 2009년 8월 7일 처형되었다.

리페이잉의 치명적인 실수는 말을 너무 많이 한 것이었다. 중국에서 부패로 체포되면 입을 다물어야 한다. 중국공산당은 마피아처럼 움직인다. 그들은 그들만의 행동수칙을 가지고 있다. 그런데 리페이잉이 중국 고위 관리들과의 모든 거래를 폭로했다고 한다. 수사관들은 전 당서기와 장쩌민 주석의 가족 등 당 최고위층까지 연루되었다는 그의 증언을 어떻게 처리해야 할지 난감해했다. 그러나 결정적으로 리페이잉은 자신의 생명을 살릴 수 있는 끈끈한 혈연이 부족했다. 2009년 8월 리페이잉의 사형이 집행되기 한 달 전쯤에, 역시 국영 회사인 중국석유화학공사(SINOPEC)의 전 회장 천퉁하이(陣同海)도 리페이잉의 거의 두 배인 2,800만 달러의 횡령 및 뇌물 수수 혐의로 유죄 판결을 받았다. 그러나 그는 처형되지 않았다. 그의 아버지 천웨이다(陣偉達)는 혁명 전 상하이 지하 공산당 지도자였으며, 1949년 혁명 이후에도 공산당 지도자 직책에 있었다. 천퉁하이의 어머니가 혁명 전에 지하당에서 함께 활동했던 장쩌민에게 직접 선처를 호소했다는 얘기도 돌았다. 이 두 명의 부패 관리에 대한 처벌이 그렇게 다른 것은, 공산당 내에서 일이 어떻게 진행되는지를 말해 주는 증거였다. 홍색 귀족들은 단순히 징역형을 받는 데 그치지만,

그렇지 못한 사람들은 사형을 면치 못했다.

        2010년, 휘트니와 나는 46만 제곱미터(14만 평)를 재개발하는 공항 프로젝트의 첫 단계를 마쳤다. 원래 우리 계획은 몇 년에 걸쳐 프로젝트를 완성하는 것이었고, 궁극적으로 지금 크기의 세 배로 확장하는 것이었다. 우리는 거칠 것이 없었다. 아직 새 창고를 지을 땅이 많이 남아 있었다. 그 창고들은 활주로에 제한 없이 접근할 수 있는 위치에 있었고, 우리는 공항의 화물량이 증가함에 따라 나머지 프로젝트도 진행할 수 있을 것으로 생각했다.

하지만 리페이잉이 처형된 이후, 우리는 새로운 사장을 상대해야 했을 뿐만 아니라, 세관은 공항 책임자를 세 번이나 교체했다. 게다가 순이구의 협조자 중 일부가 은퇴했다. 관료주의는 민간 기업가들에게 적대적으로 돌변했고, 새로운 사람들과의 관계를 구축하기 위해 또다시 쳇바퀴처럼 그 많은 술을 마셔야 하고 그들과 노닥거려야 한다고 생각하니 엄두가 나지 않았다. 결국 나는 손을 떼기로 결심했다.

2010년 우리의 지분을 매각하기 위해 여러 회사들과 협상을 시작했다. 그중 두 곳은 중국 국영 기업이었고, 나머지 한 곳은 국제부동산 투자신탁 회사인 프롤로지스Prologis였는데, 공항 프로젝트를 시작할 당시 내게 낮은 가격을 제안했던 회사였다. 휘트니와 나는 우리 지분 매각을 두고 의견이 갈렸다. 나는 국영 기업에 매각할 생각이 없었지만, 휘트니는 국영 기업과 협상해야 자신이 더 많은 영향력을 행사할 수 있다고 생각했다. 하지만 나는 투명한 거래를 하고 싶었다. 만약 우리가 국영 기업과 거래를 한다면, 중국 정부가 몇 년 동안 우리의 뒷조사를 할 가능성이 있고, 우리가 부풀려진 가격을 받았다는, 따라서 국가 재산을 횡령했다는 거짓 주장을 할 수도 있고, 심지어 감옥에까지 갈 처지가 될 수도 있기 때문이었다. 결국 휘트니는 자기 주장을 거두었지만, 두 국영 기업은 프롤로지스와의 계약 추진에 도움을 주었다. 2011년 1월, 프롤로지스가 합작법인에 대한 우리 지분을 인수하면서 우리는 2억 달러에 가까운 이익을 남길 수 있었다.

공항 프로젝트를 통해 나는 중국 시스템이 어떻게 운영되는지에 대한 소중한 교훈을 배웠다. 한 친구는 내게 1단계만 마치면 이미 부처의 경지에 오른 것이라고 농담하기도 했다.

지분을 매각한 후, 나는 그녀에게 두 가지를 조언했다. 우선 해외 투자를 통해 리스크를 다변화할 필요가 있다는 것이었다. 나는 중국공산당의 역사는 물론, 1949년 공산혁명 이후 당이 왜 할아버지의 집과 그의 변호사 사무실, 가족의 땅 등 우리 재산을 몰수하지 않았는지 너무 잘 알고 있었다. 당은 1979년부터 사유재산을 용인하기 시작했지만, 당이 주는 것은 언제든 다시 빼앗아 갈 수 있었다.

수천 명의 중국 부자들도 해외에 돈을 투자하고 있었다. 나는 우리가 그들을 따라야 한다고 주장했다. 휘트니는 마지못해 내가 런던에 사무실을 열고 명품 브랜드 회사, 벨기에 초콜릿 회사, 프랑스의 크리스털 회사, 이탈리아의 캐시미어 회사 등에 투자하도록 허락했다. 하지만 그녀는 진지하지 않았다. 우리 돈의 가장 큰 몫은 여전히 중국에 있었다.

두 번째 조언으로, 중국의 프로젝트도 개방 시장에서 경쟁할 수 있는 것에 손을 대야 하며, 인맥이나 꽌시를 통한 뒷거래에 의존하는 것을 끝내야 한다고 주장했다. 중국은 토지에 대해 공개 경매를 실시하고, 그 과정도 점점 투명해지고 있었다. 소호차이나SOHO China 같은 성공한 부동산 개발 기업들이 연줄이 아닌 입찰을 기반으로 계약을 따내며 그 공간에서 번창하고 있었다. 나는 휘트니에게 그런 회사들과 경쟁하자고 제안했다. 우리는 그레이트오션에 이미 훌륭한 팀을 갖고 있기 때문에 충분히 승산이 있다고 생각했다.

그러나 휘트니는 동의하지 않았다. 그녀는 여전히 개방 시장에 겁을 먹고 있었다. 한 번도 경험해 본 적이 없기 때문이다. 그녀는 자신의 꽌시 네트워크만이 우리 회사를 활성화할 수 있는 길이라고 생각했다. 그녀는 자신이 오랫동안 익숙한 규칙에 따라 중국 체스판에서 체스를 계속하고 싶어 했다. 우리 회사가 다른 회사들과 동등한 입장에서 성공한다면, 그녀의 존재감에 대한 의문이 제기된다고 생각했을까? 그녀는 그레이트오션을 남들보다 유리한 위치에 올려놓는 것이 회사에서 자신의 역할이라고 생각했다. 하지만 그레이트오션이 남들보다 유리한 위치가 필요하지 않고, 그녀의 도움 없이도 경주에서 이길 수 있다면?

휘트니는 왕치산, 쑨정차이, 그리고 그녀의 비밀 명부에 있는 다른 부장, 부부장, 보좌관들의 도움으로 우리가 충성하는 당 내부에 새로운 후견인을 계속 찾을 수 있다는 믿음이 여전히 굳건했다. 그래서 그녀는 항상 새로운 사람을 찾는 데 여념이 없었다. 2008년 장 이모는 장래가 촉망되는 한 중국 관료와의 식사 자리를 주선했다. 그의 이름은 시진핑이었고, 이제 막 부주석 자리에 오른 인물이었다. 장 이모는 휘트니의 눈으로

이 떠오르는 스타를 관찰해 볼 심산이었다. 나는 동석하지 않았다. 그런 자리에 참석하려면 누구나 분명한 목적이 있어야 했다. 나는 또 다른 관시를 구축하기 위한 그 자리에 꼭 필요한 참석자가 아니었다.

시진핑은 두 번째 부인 펑리위안(彭麗媛)과 함께 왔다. 펑리위안은, 미국 컨트리 음악의 거장 돌리 파톤Dolly Parton처럼 스타 기질이 있고 감상적인 애국적 발라드를 주로 부른, 중국 인민해방군 출신의 매력적인 가수였다. 시진핑은 공산주의 혁명가 시중쉰(習仲勳)의 아들로, 중국의 홍색 귀족의 일원이었다. 시중쉰은 덩샤오핑과 각별한 동맹 관계였고, 1980년대 중국 수출 호황의 토대가 된 경제특구 조성을 지휘한 핵심 인물 중 한 명이었다.

시진핑은 최근 17년 동안, 푸젠성의 지방정부 관직과 당직을 역임했다. 푸젠성에서 대규모 밀수 사건이 일어났을 때, 그는 그곳에서 근무했지만 연루되지는 않았다. 시진핑은 이후 중국 민간경제의 원동력 중 한 곳인 저장성에서도 당 고위직을 역임했다.

2007년 시진핑은 중국의 정치 체제에 많은 문제가 드러난 한 사건이 터지면서 행운을 잡았다. 그로부터 1년 전에 천량위(陳良宇) 상하이 당서기가 상하이시 공적연금에서 수억 달러를 횡령한 혐의로 부패 수사를 받으면서 직위에서 해임되었다. 그러나 천이 해임된 진짜 이유는 부패에 관한 것이 아니었다. 그것은 범죄를 가장한 정치적 타격 작전의 일환이었다. 천량위가 당시 국가주석이었던 후진타오에 대한 충성 서약을 거부했기 때문이었다. 천량위는 후진타오의 전임자인 장쩌민이 이끌었던 상하이파의 주요 인물이었다. 후 주석이 2002년 장쩌민의 뒤를 이어 당서기 자리에 올랐을 때, 장쩌민은 자신의 모든 당직 포기를 거부하고, 이후 2년 동안 중앙군사위원회 주석 자리를 그대로 고수했다. 장쩌민은 또 정치국 상무위원회를 자신의 측근들로 채웠다. 장쩌민의 수하들이 상무위원회 9개 자리 중 5개를 차지하는 몇 년 동안, 후 주석은 장쩌민의 승인 없이 아무것도 할 수 없었다. 결국 2006년에 후 주석의 충신들이 장쩌민의 대표적인 추종자인 천량위를 쓰러뜨릴 기회를 잡자, 그들은 총공격에 나섰다.

2006년 9월 천량위가 자리에서 쫓겨나고 상하이 시장 한정(韓正)이 그 자리를 이어받았다. 장 이모에 따르면, 한정은 시장이 된 지도 몇 달밖에 되지 않았고 그의 가족 한 명이 호주의 은행 계좌에 2천만 달러가 넘는 돈을 은닉한 사실이 밝혀지기 전이었다. 당서기와 시장을 잇따라 축출하면 중국 금융의 중심지인 상하이의 이미지가 나빠질 것이라고 생각한 당은 한정을 곧바로 숙청하지 못했다.

장 이모는 시진핑이 상하이 당서기로 임명되면서 한정이 다시 시장직에 복귀할 수 있었다고 말했다. 한정은 그의 죄를 용서받은 것이다. 그는 이후 2017년에 정치국 상무위원회 위원이 되고 다시 부총리로 임명되면서, 중국에서는 정치적 연줄과 충성심이 다른 모든 것을 능가한다는 것을 다시 한번 보여 주었다.

시진핑의 상하이행은 비록 결정적이었다고는 할 수 없어도, 그가 정상에 오르는 데 행운으로 작용했다. 시진핑은 상하이의 당서기로 근무하면서 장쩌민과 가까워졌고, 2007년 말에 장쩌민의 지지와 후진타오의 동의로 정치국원에 지명되면서 베이징으로 돌아왔다. 그때 그는 이미 2012년에 치러질 전당대회에서 후진타오 주석의 뒤를 이을 차기 공산당 총서기 자리를 놓고 경쟁할 두 명의 관료 중 한 명임이 분명해졌다. 또 다른 한 명은 베이징대학교를 졸업한 리커창(李克强)이라는 관리였다.

휘트니는 시진핑과 식사하는 내내 시진핑이 아내가 말하도록 놔두는 것을 보고 놀라워했다. 그는 그저 약간 불편한 표정으로 앉아 있다가 이따금 어색한 미소를 지을 뿐, 작은 소리조차 내지 않았다. 휘트니는 고위 관리의 아내들과 함께하는 자리에서 자신이 끼어들 적절한 타이밍을 잡는 데 탁월한 재능이 있었다. 그러나 펑리위안은 그럴 틈을 주지 않았다. 시진핑은 이미 지존의 길에 들어섰고, 그와 그의 아내는 지나칠 정도로 신중했다.

휘트니와 나는 저장성과 푸젠성의 정보통을 통해 당이 왜 시진핑을 중국을 통치할 인물로 선택했는지 알아내려고 애썼다. 그가 별 특별한 재능이 없다는 것이 우리의 많은 친구와 정보통들의 일치된 견해였다. 마오쩌둥의 비서를 지냈고 시진핑의 아버지와도 친분이 있었던 리루이(李銳)는 몇 년 전 시 주석과의 만남을 회상하며, 그가 교육도 제대로 받지 못했다고 혹평했다. 그럼에도 불구하고 시진핑은 능수능란하고 냉혹한 정치 싸움꾼이라는 것이 밝혀지고, 마오쩌둥 이후 한 세대 만에 중국의 가장 강력한 보스가 될 것이었다.

우리 주변 사람들은 대부분 시진핑이 그저 전통적으로 이어져 온 기존 관례를 따르는 평범한 지도자가 되리라 생각했다. 휘트니도 시진핑이 최고 자리에 오른다 해도, 후진타오에 의해 당이 운영될 때처럼 꽌시 게임을 계속할 수 있을 것이라고 확신했다.

위험을 다변화하고 개방 시장에서 경쟁해야 한다고 주장하는 나와, 여전히 꽌시에 의존하려는 휘트니와의 이견은 시간이 지남에 따라 더 커졌다. 나는 휘트니가 계속 꽌시의 가지를 확장하는 데 깊은 불안감을 느끼고 있음을 알고 있었다. 그녀는 중국에서 거래를 성공시키기 위해 자신의 연줄에 의존하는 것을 그만두면, 사람들이 자신에 대해 무관심해질 터이고, 내가 자신의 영향력에서 벗어나 더 독립적이 될까 봐 두려워했다.

이러한 염려 때문에 내가 하는 말과 행동을 더 통제하려고 했지만, 그럴수록 나는 그녀가 나를 잡은 손을 놓아주어야 할 때가 되었다고 생각했다. 돌이켜 보면 관계를 맺기 시작할 때, 나는 내 욕망을 억누르고 휘트니에게 주도권을 맡긴 채 그녀에게 배우려고 했다. 하지만 점차 성공을 거듭하면서, 나는 나만의 규칙을 만들고 싶었다. 우리가 베이징에서 먼저 성공을 이루면, 자연스럽게 중국 밖의 다른 세계를 상대할 수 있으리라 생각했다. 그러나 휘트니는 내 생각에 동의하지 않았고, 모든 돈은 그녀 명의였기 때문에 나는 마지못해 그대로 따라야 했다.

14장

전세기 유럽 여행 그리고
쇼핑 광란

휘트니는 여전히 중국에서 특별한 일을 할 기회가 많다고 생각했다. 그녀는 당의 상류층과 밀접한 관계를 맺고 더 많은 홍색 귀족들을 지원하면서 우리의 길을 계속 가기를 원했다. 이때 알게 된 새로운 홍색 귀족이 리보탄(李伯潭)이었다. 그는 정치국 상무위원 자칭린(賈慶林)의 사위로 데이비드 리David Li라는 영문 이름을 썼다.

　자칭린은 2003년부터 2013년까지 소수민족, 종교 단체, 기업가 등 사회의 모든 비정당 단체를 통제하는 중국인민정치협상회의(CPPCC)와 중앙통일전선공작부의 의장을 지냈다. 앞서 언급했듯이, 나는 쑨정차이 덕분에 CPPCC 베이징 지부의 회원이 될 수 있었다.

　퉁퉁한 볼, 불룩한 배, 뒤로 말끔히 넘긴 헤어스타일을 즐겨 하는 데이비드의 장인 자칭린은 쾌활하고 사교적인 성격으로 얼굴에는 늘 잔잔한 미소를 머금고 있었지만, 부패 혐의가 항상 그를 따라다녔다. 1990년대 초, 홍콩의 북쪽이자 대만의 맞은편에 있는 푸젠성에서 부성장, 성장, 당서기로 재직하면서 자칭린이 대규모 밀수 기업을 교사 내지는 방조했다는 소문이 돌았다. 만일 그것이 사실이라면, 수천 대의 외국산 자동차, 수십억 갑의 외국 담배, 수 톤의 외국 맥주가 관련된 역대 최고 규모의 밀수였다. 게다가 중국 석유 수입의 6분의 1 이상이 푸젠성 해안의 해군 항구를 통해 중국으로 유입되고 있었다.

자칭린의 밀수 행각이 계속되는 동안, 그의 아내(데이비드의 장모)인 린유팡(林幼芳)은 푸젠성에서 가장 큰 국영 수출입 회사의 사장으로 근무했다. 듣기로는, 1999년 이 사건이 터지자 한때 각종 당 행사의 주역이었던 린유팡은 자신과 남편이 수사에 휘말릴까 두려워 신경쇠약증과 실어증에 시달리다가 베이징에서 수년 동안 병원 신세를 졌다고 한다. 하지만 두 사람 모두 기소되지 않았다. 이는 중국에서는 누가 무슨 짓을 했냐가 아니라 얼마나 막강한 연줄이 있느냐가 중요하다는 것을 다시 한번 확실하게 보여 주었다.

자칭린은 장쩌민 당 총서기와 1960년대 기계공업부에서 함께 일한 이후 막역한 사이를 유지하고 있었다. 장쩌민은 자칭린 가족의 안전을 보장해 주었을 뿐 아니라 그를 승진시키기까지 했다.

장쩌민은 1996년 자칭린을 베이징의 부시장으로 임명했고, 이듬해 시장으로 승진시켰다. 자칭린은 2002년에 정치국 상무위원 아홉 명 중한 명이 되었고, 2007년 장쩌민이 상무위원회에서 은퇴한 후에도 장쩌민 계파의 대표로서 2012년까지 자리를 지켰다. 이 모든 상황을 고려해볼 때, 휘트니는 그의 사위인 데이비드를 후원하는 것이 여전히 가치 있는 일이라고 생각했다.

데이비드는 183센티미터의 키에다 성공한 중국 사업가의 특징으로 여겨지는 배 나온 체형의 소유자였다. 말쑥한 캐주얼 차림의 옷을 즐겨 입는 그는 예술가, 가수, 영화감독, 중국 홍색 귀족의 자녀들과 어울리며 떼 지어 다니는 것을 좋아했다.

데이비드는 장인의 연줄을 이용해서 큰돈을 벌었다. 그는 베이징에 본사를 두고 있는 지주회사 자오데 인베스트먼트Zhaode Investment Company를 통해 여러 회사들의 지분을 소유하고 있었다. 2009년 12월, 데이비드는 '마오타이 클럽Moutai Club'이라는 개인 클럽을 개설했다.

당시에는 돈 있는 사람들이 개인 클럽을 운영하는 것이 유행했는데, 이런 클럽들이 베이징, 상하이, 광저우 전역에 잡초처럼 생겨났다. 이들의 첫 번째 목적은 일종의 비밀 결사였다. 이런 사조직 내에서 암암리에 정치적·사업적 거래가 오고 가지만 상대방이 누군지 알 수도 없고, 관심도 갖지 않는다. 두 번째 목적은, 비공개 장소에서 허세를 과시하기 위해서다. 대개 공산당 왕족들은 대중 앞에서 부를 과시하는 것을 수줍어하지만, 신뢰하는 친구들 사이에서는 거리낌 없이 행동한다. 이런 비공개 클럽에서 그들은 닫힌 문 뒤에서 비공개로 마음껏 허세를 부리는 것이다. 마지막은 대부분의 개인 클럽의 가장 큰 장점으로 꼽히는 것으로, 국영 부동산에 클럽을 열 수 있다는 것이다. 그러니까 개인적 이익을 위해 국가 소유의 자산을 마음껏 이용하는 것이다. 임대료도 내지 않으면서 말이다.

데이비드는 자금성 근처의 가로수가 늘어선 거리에 클럽을 열었는데, 이곳 역시 명백히 베이징 시정부의 소유로 보이는 전통적인 마당 있는 집이었다. 아마도 자칭린이 베이징 시장과 당서기로 근무한 덕을 보았을 것이다.

마오타이 클럽에 들어서면, 실제로 멸종된 것으로 알려져 중국에서 가장 귀한 나무로 여겨지는 노란 꽃이 피는 배나무 몸통으로 만든, 직경이 6미터가 넘는 거대한 탁자를 볼 수 있다. 탁자 표면의 물결치는 듯한 나뭇결 무늬는 황금빛 그림 위에서 춤을 추는 유령을 닮았다. 탁자 뒤편에는 마당과 별실로 이어지는 넓은 출입구가 있었다. 값을 헤아리기 힘든 골동품(어쩌면 식별하기 힘든 모조품인지 모르지만)으로 장식된 이 클럽은, 데이비드와 그의 주변 사람들이 좋아하는 동양의 세련된 분위기를 물씬 풍기는 곳이었다.

이 클럽의 가장 큰 강점은, 중국 비즈니스 엘리트들이 선호하는 음료인 마오타이 증류주 회사 구이저우 마오타이(貴州茅台酒股份有限公司)가 뒤에 있다는 것이었다. 데이비드는 이 회사 이사회 일원이기도 했다. 이런 관계는 당 통일전선부장으로서 티베트인, 위구르인과 같은 소수민족들이 많이 사는 중국의 모든 지역에 촉수를 뻗쳤던 자칭린의 도움으로 형성된 것이었다. 마오타이는 중국 남서부 산악지대에 사는 고산족 소수민족인 묘족苗族의 본거지인 구이저우성(貴州省)에서 증류된 술이다 (서양에서는 묘족을 몽족이라고 부른다).

데이비드는 이 회사가 매년 출시하는 10년산 마오타이의 3분의 1에 대한 판권을 가지고 있다고 내게 말했다. 시중에서 판매되는 10년산이라고 주장하는 마오타이 대부분은, 진짜 오래된 주정酒精이 한 방울도 들어 있지 않은 경우가 많다(그만큼 가짜가 많다는 뜻-옮긴이). 그러나 데이비드는 진품에 접근할 수 있었다.

마오타이는 중국의 국민 술이다. 모든 사람이 자신을 과시하기 위해 오래된 마오타이를 사곤 한다. 인민해방군, 국무원, 경찰 출신들을 위한 마오타이가 따로 있을 정도다. 한 병에 12만 5천 달러(1억 5천만 원)가 넘는 것도 있다. 마오타이 애호가들도 속물근성을 보이며 잘난 체하는 와인 애호가들과 크게 다를 바 없었다. 와인 애호가들은 이렇게 떠벌린다. "당신이 1982년산 와인을 먹는다고? 난 1969년산 와인을 마신다네." 마오타이 애호가들도 이와 다르지 않다.

데이비드는 10년산 마오타이를 빨간 병에 담아 팔았다. 우리는 그것을 '붉은 머리털'이라는 의미의 '홍마오(紅毛)'라고 불렀다. 이 클럽에 드나드는 사람들은 일반 상점에서 파는 마오타이는 절대 사지 않았다. 중국의 짝퉁 산업은 모든 것을 위조할 수 있었다. 마오타이는 짝퉁 제품이 특히 많았다. 중국의 밀주업자들이 마오타이 짝퉁을 진품과 너무 똑같이 만들기 때문에, 중국인들은 외국에 나가야 진품을 살 수 있다고 생각하고 마오타이를 사기 위해 해외에 나가기도 한다.

데이비드의 귀한 무기인 '홍마오'에 접근하고 싶은 사람들은 그의 클럽에 가입해야 했다. 가입비는 수만 달러에 달했다. 그러나 베이징의 특별 자동차 번호판을 받기 위해 특별한 연줄이 필요했던 것처럼, 돈만 많다고 해서 그 클럽에 들어갈 수는 없었다. 데이비드는 신청자를 심사했고 중요한 사람만 통과시켰기 때문에, 이 클럽의 회원이 된다는 것은 베이징에서 인기 있는 사람이라는 셈이었다.

중국의 최고 거물들 몇 명도 이 클럽에 들어왔다. 그들 중에는 홍콩에 본사를 두고 있는 친중 성향의 민간 미디어 제국 피닉스 위성 텔레비전 (Phoenix Satellite Television)의 리우창러(劉長樂) 회장, 중국 최대 국영 기업 인 국제신탁투자공사(CITIC)의 쿵단(孔丹) 회장, 기술 대기업 알리바바의 설립자 마윈도 포함되어 있었다.

내가 클럽에 들렀을 때, 그곳에서 자신을 앨빈Alvin이라고 소개한 앳된 얼굴의 한 소년을 만났다. 나중에야 그가 장쩌민 당서기의 손자 앨빈 장 이라는 사실을 알았다. 앨빈은 이후 불과 20대의 나이에 수십억 달러 규 모의 사모투자 회사를 설립하게 될 인물이었다.

데이비드는 클럽을 운영한 지 18개월쯤 되었을 때, 내게 클 럽을 분리해 와인 클럽을 만들자는 아이디어를 제시했다. 늘 권력의 주 변부를 맴돌던 휘트니는 내게 데이비드를 적극 후원하라고 당부했다. 휘 트니와 나는 그의 클럽 분리 계획에 엔젤 투자자(자금이 부족한 신생 벤처 기 업에 자본을 대는 개인 투자자―옮긴이)가 되기로 합의했다.

나는 데이비드에게 와인에 대한 지식을 알려 주었다. 그의 환심을 사 려는 의도였다. 데이비드는 특정 빈티지 와인을 극찬하곤 했다. 데이비 드가 그 제품의 병 모양, 타닌 함량, 양조 환경에 대해 칭찬하면, 나는 실 제 그 제품의 품질과 상관없이 예스맨처럼 고개를 끄덕였다.

데이비드와 나는 와인 클럽을 열 장소를 찾기 시작했다. 어느 날 우리 는 중국공산당 본부가 있는 중난하이 북문 건너편에 있는 베이징 베이하 이 공원(北海公園)을 산책했다. 공원 안에 있는 건물을 (공짜로) '빌려' 볼까

하는 생각을 하고 그곳이 개조하기에 적합한지 살펴보고 있었다. 국가 자산을 민간 목적으로 용도 변경하는 또 하나의 사례를 만들 심산이었다.

시설을 둘러보고 있는데, 데이비드가 누군가 우리를 감시하고 있다는 사실을 알아차렸다. 와이어테 안경을 쓰고 넥타이를 매지 않은 짙은 파란색 정장 차림의 그 사람은 중국 관리 같은 느낌이 들었다. 그가 가까이 다가오자 데이비드가 말했다. "세상에, 멍 부장이네." 멍젠주(孟建柱)는 중국 경찰의 우두머리인 공안부 부장으로, 점심 식사 후 산책을 하고 있었다. 우리는 초등학생처럼 그 자리를 도망쳐 나왔다. 허둥지둥 뛰쳐나오면서 데이비드가 중얼거렸다. "이곳은 안 되겠어요." 아무도 멍 장관과 마주치는 걸 원치 않았기 때문이다.

나는 우리 회사 경영팀에게 데이비드의 사업계획서 작성을 도와주라고 지시했다. 대부분의 홍색 귀족들이 그렇듯이, 그에게도 좋은 자질을 갖춘 직원이 없었다. 물론 그런 직원이 필요하지 않아서이기도 하지만. 그는 연줄을 이용해 내부 거래에 접근하거나, 자신의 신분을 이용해 취득한 정보로 돈을 벌었다. 그는 장인을 이용해 마오타이의 판권을 따냈고, 판로도 보장받았다. 데이비드가 소유한 투자회사의 가장 큰 자산은 베이징 동부 젠궈먼와이가(建國門外街)의 랜드마크인 요우인샹디엔(友誼商店) 건물이었다. 데이비드가 그 건물을 취득한 것도, 장인인 자칭린이 원래의 건물주가 감옥에서 나올 수 있게 도와줬기 때문이라는 소문이 있었다. 감옥에서 풀려난 건물주가 그 건물을 데이비드에게 양도했다는 것이다. 데이비드의 회사는 또 베이징 시내 전 지역의 버스정류장 광고판 독점 계약을 따내기도 했는데, 그것은 말 그대로 돈을 긁어 모으는 사업이었다. 데이비드는 나중에 카누Canoo라는 미국의 전기차 스타트업의 지분을 취득함으로써 전기 자동차 기술에 투자하기도 했다.

데이비드는 본인이 홍색 귀족 출신은 아니었지만, 귀족과 결혼해 귀족의 특권을 모두 누렸다. 그는 희끗희끗한 머리를 스포츠형으로 짧게 깎고 다녔는데, 스포츠머리는 당이 군에 뿌리를 두고 있다는 것을 보여 주기 위한 것이었다. 그의 사무실에 들어가면, 차(茶)와 시가를 권하곤 했다. 시가는 세계 혁명에 냉소적 태도를 보인 쿠바산이었고, 차는 문화에 대한 진정한 갈망을 보여 주려는 듯, 윈난성(雲南省)의 숙성된 보이차만을 고집했다. 그는 사무실 안에서도 흰 양말 차림에 흰색 밑창이 달린 검은색 면 슬리퍼를 신고 있었는데, 이는 옛 베이징의 좁은 골목을 누비던 사나이들의 전통을 반영하는 것이었다.

그가 그런 유별난 차림을 하고 다닌 것을 군이 해석하자면 다음과 같은 말을 하고 싶었던 것 같다. "고대 중국에서 우리 조상들은 이런 품격 있는 신발을 신고 다녔지. 당신네 조상들도 그랬나?"

2011년 봄, 휘트니는 데이비드와 그의 아내 지아창Jia Qiang을 유럽으로 데려가 와인 교육을 시키자고 제안했다. 데이비드는 그 생각에 동의했고, 와인 클럽의 또 다른 잠재적 투자자인 두 부부를 함께 데려가자고 말했다. 한 사람은 중국 최대의 부동산 개발업체 헝다그룹(恒大)의 CEO 쉬자인이었다. 바로 내가 칭화대학교에서 주선했던 가족 유산 세미나에서 잠꼬대를 했던 청년의 아버지다. 또 한 사람은 큰 건설회사를 운영하는 유궈샹Yu Guoxiang이라는 입이 거친 사람이었는데, 상하이 남쪽

항구도시 닝보(寧波) 출신에다 키가 작아서 리틀 닝보Little Ningbo라는 별명을 갖고 있었다. 우리는 와인 클럽에 와인 컬렉션을 만들고 클럽을 운영하기 위해 각자 500만 달러(60억 원)를 투자하는 것을 검토하고 있었다.

나는 데이비드와 그의 아내 지아창이 유럽에 가 본 적이 있는지는 몰랐지만, 그의 딸 재스민이 유럽에 다녀온 적이 있다는 것은 분명히 알았다. 재스민이 2009년 11월에 파리의 유서 깊은 고급호텔인 호텔 드 크리용Hotel de Crillon에서 열린 연례 무도회에 베네수엘라의 패션 디자이너 카롤리나 에레라Carolina Herrera의 가운을 입고 참석한 사진을 봤기 때문이다. 그녀의 앳된 모습이 《보그》지 프랑스판에 실려 있었다. 재스민은 그 후 스탠퍼드대학교에 들어갔고, 파나마 페이퍼스Panama Papers(파나마의 최대 로펌 모색폰세카Mossack Fonseca가 보유한 1,150만 건의 비밀문서로, 20만 개 이상의 역외 회사에 관한 금융 및 고객 정보가 들어 있는 것으로 알려짐-옮긴이)에 따르면, 영국령 버진아일랜드에 등록된 투자 컨설팅 회사 두 곳의 단독 주주임이 밝혀졌다. 자칭 린의 입김이 멀리 해외에까지 위력을 발휘한 것 같았다.

유럽 여행의 첫 번째 문제는 어떻게 이동할 것인가였다. 이 무렵 휘트니는 전용기를 타고 여행하는 데에 재미를 붙였는데, 우리는 이미 미국 항공기 제작회사 걸프스트림 에어로스페이스Gulfstream Aerospace에 4,300만 달러(520억 원)짜리 비행기 걸프스트림 G500을 주문한 상태였다. 그래서 우리는 전용 제트기를 타고 가자고 제안했다. 데이비드는 동의했고, 편의상 제트기가 세 대는 있어야 할 것이라고 말했다. 마침내 2011년 6월, 우리 네 커플은 파리로 향했다.

애초 세 대의 제트기에 나눠 타고 여행할 계획이었지만, 마지막 순간에 남자들이 여행 중 카드 게임을 하고 싶다며 제트기 두 대를 더 빌렸다. 제트기 두 대는 빈 채로 우리를 따라왔다. 여기서도 그 잘난 체면이 중요한 역할을 했다. "당신이 제트기 한 대를 더 빌리면, 우리도 한 대 더 빌려야죠. 혹시 회사에 무슨 일이 생겨서 먼저 돌아와야 할 사람이 생길 수도 있으니까요."

기내에서 아내들이 수다를 떨며 초밥을 먹는 동안, 남자들은 1950년대 초 중국공산당의 잔인한 토지 개혁 운동을 풍자해 만든 인기 있는 중국 카드 게임 도우디즈(鬥地主, 지주를 타도하자)를 했다. 여러 차례에 걸쳐 자신의 패를 부르면서 가장 먼저 모든 카드를 털어낸 사람이 '지주 타도'를 외치면 이기는 게임이다. 나는 판돈을 보고 깜짝 놀랐다. 나는 도박에 그리 능숙하지 않아 마지못해 참석했는데, 보통 한 판에 10만 달러(1억 2천만 원)를 잃었다.

나는 걱정보다는 오히려 당황스러웠다. 이런 사람들에게 돈을 잃어주는 것은 나중에 사업에 이익이 될 수 있다. 도박판에서 돈을 잃는 어리바리한 사람을 싫어할 사람이 어디 있겠는가? 나는 그들이 언제든 나를 다시 초대해 개인적인 친분을 쌓는 기회를 제공할 것이라는 점을 잘 알고 있었다.

카드판에서 이야기가 다시 사업 쪽으로 흘러갔다. 유궈샹은 앞서 여러 차례 법에 저촉된 적이 있었다. 그는 12억 달러짜리 항저우시 주변 고속도로 건설 계약을 따내기 위해 저장성 공무원에게 50만 달러를 '빌려준' 것으로 보도되기도 했는데, 해당 공무원이 결국 부패로 무기

징역을 선고받았다. 또 여러 매체와 미국 외교관이 보낸 전문에 따르면, 유궈상은 2003년 상하이의 국영 연기금으로부터 수상한 자금을 대출받아 상하이의 징안 힐튼 호텔을 1억 5천만 달러에 매입한 사건에도 연루된 것으로 알려졌다.

데이비드는 유궈상이 법망을 피한 것에 건배를 제의하며 이렇게 말했다. "오늘날 중국 감옥은 현대판 황포군관학교黃埔軍官學校(1924년 중국국민당 광저우 정부가 광저우에 세웠던 사관학교로 정식 명칭은 '국민당 육군군관학교'임. 장제스의 북벌 성공에 절대적으로 공헌했으며, 여기에서 배출된 지휘관들이 후에 국공 양당의 핵심 지휘관이 되었다-옮긴이)죠. 감옥에 갔다 오지 않은 중국 사업가는 없을 겁니다." 그의 말은 내게 꽤 충격적이었다.

황포군관학교는 1920년대와 1930년대에 중국의 1세대 현대 장교들이 훈련받았던 성스러운 기관으로 미국의 웨스트포인트와 비교될 수 있는 곳이다. 그런데 사업가가 비리로 복역하는 것을 애국적인 중국 사관생도가 수료한 군사교육과 동일시하는 것은 신성모독으로 들렸다. 감옥에서 복역하는 것은 커다란 오점이지만 황포군관학교에서 교육을 받는 것은 존경받을 만한 일이었기 때문이다. 그런데 지금 중국에서 네 번째로 영향력 있는 정치인의 사위가 감옥 생활을 존경받을 만한 경력이라고 말하는 것이다. 다른 사람들도 그 말에 동의한다는 듯, 고개를 끄덕이면서 잔을 부딪쳐 건배한 뒤 크루그 샴페인Krug Champagne을 마셨다.

나는 데이비드의 뻔뻔스러움에 적잖이 놀랐지만, 특별히 걱정하지는 않았다. 휘트니와 나는 항상 법의 테두리 안에서 신중하게 거래를 해 왔기 때문이다.

휘트니는 내게 일행들을 위해 최고의 쇼를 하라는 지침을 내렸고, 우리의 첫 번째 목적지인 프랑스에 도착했을 때부터 쇼가 시작되었다. 2011년 6월 10일 저녁, 나는 샹젤리제 동쪽 정원에 자리 잡은, 파리에서 오래된 식당 중 하나인 파비옹 르드와앵Pavillon Ledoyen에서 만찬을 준비했다. 일행들에게 이곳 아름다운 파리 8구는 나폴레옹이 조세핀을 처음 만났던 곳이고, 결투자들이 근처의 불로뉴 공원Bois de Boulogne에서 결투를 벌인 뒤 무기를 버리고 화해하며 잔치를 벌이는 곳이라고 설명해 주었다.

식당은 삼 면의 벽이 흰색 커튼으로 장식된 넓은 창을 통해 잘 정리된 대지를 바라볼 수 있도록 꾸며진 곳이었다. 하얀 식탁보로 덮인 식탁 위에는 반짝거리는 은색 식기들이 놓여 있었다. 그날 밤 식당은 프랑스 부부, 사우디 왕자, 독일 사업가, 일본 사업가, 그리고 자유로운 옷차림의 미국인들로 가득했다. 우리는 별실로 안내되었다. 이 식당의 크리스티앙 르 스쿠에Christian Le Squer 셰프는 저인망어선의 선원들을 위해 패스트푸드를 만드는 데서 시작해 미슐랭 스타 셰프가 된, 세계적인 요리사였다.

나는 내 프랑스 친구 프랑수아François도 그 자리에 초대했다. 그는 1960년산 이전의 와인만을 모은 프랑스에서 가장 큰 개인 와인 컬렉션 중 한 곳을 소유하고 있었는데, 와인의 본산인 프랑스에서도 높이 평가받는 곳이었다. 나는 프랑수아에게 르 스쿠에 셰프와 함께 우리 테이블 앞에서 직접 와인 시음을 준비해 주면 좋겠다고 부탁해 놓았다. 프랑스인들이 와인을 얼마나 섬세하게 다루는지, 그리고 그들이 미식 경험에 얼마나 신경을 쓰는지 일행들에게 보여 주고 싶었다.

중국의 공산주의 혁명은, 왕조 시대의 유명한 장인정신과 음식 감정 전문가에 대한 우리의 유대감을 산산조각 내버렸다. 내가 이런 장면을 연출한 것은, 우리 일행들에게 전통의 아름다움과 정말 좋은 와인이 무엇인지를 보여 주기 위한 내 나름의 방식이었다.

샴페인 세 병과 로스차일드 가문의 개인 소장품 와인 한 병 외에 프랑수아는 최고급 브랜드 와인 샤토 라피트의 1900년산부터 시작해 1922년산, 1948년산, 1961년산, 1971년산, 1990년산까지 6종의 와인에 대한 버티컬 테이스팅vertical tasting(한 종류의 와인을 여러 빈티지의 것으로 시음하는 것-옮긴이)을 시도했다. 르 스쿠에 셰프는 와인에 맞춰 숭어구이, 가자미조림, 어린 양고기, 훈제 장어를 만들어 주었고, 감귤류 셔벗으로 마무리했다. 그날 우리가 마신 와인만 해도 10만 달러(1억 2천만 원)가 넘었다. 우리는 몇 시간 동안 먹고 마셨다. 확실히 정상적인 소비는 아니었지만, 휘트니와 내겐 뚜렷한 목적이 있었다.

중국에서 정치는 부를 이루는 지름길이었다. 데이비드는 정치적으로 체제에 연결된 인물이고, 휘트니와 나는 그와 관계를 맺기 위해 그곳에 있었다. 휘트니는 언제나 체스판에서 다른 말들을 사용할 줄 아는 재능이 있었다. 휘트니와 나는 데이비드의 아내 지아창에게 뜻밖의 좋은 인상을 받았다. 당의 혈통임에도 불구하고, 그녀는 느긋하고 접근하기 쉬운 인물이었다.

휘트니는 우리의 가치를 더욱 빛나게 하고, 우리가 부부로서 다른 사람들과 얼마나 다른지를 완벽하게 보여 주는 데 집중했다. 그녀는 중국 학문에 정통하다는 것을 보여 줌으로써 동양적 사고를 지닌 여성의 역할을 했고, 나는 서양 학문과 서양의 생활 방식을 잘 아는 남성의 역할을 했다. 유럽에서 나는 우리 일행들에게 평소 같으면 잘 쓰지 않는 방식을 구사했다. 중국 밖의 세계에 대한 내 지식을 강조하기 위해, 나는 여행의 모든 단계를 세심하게 연출했다. 어느 곳을 방문할 것인지, 어디서 먹고 쇼핑할 것인지, 무엇을 마시고 무엇을 마시지 않을 것인지, 모든 것을 염두에 두고 일정을 조율했다. 그런 관점에서 그날 저녁의 엄청난 식사 비용은 내가 연출한 쇼의 하나였다.

파리에서의 일정이 끝난 후, 우리는 로스차일드 가문이 소유한 성城을 방문하기 위해 보르도로 이동했다. 나는 칭화대학교의 가족 유산 프로젝트를 진행하는 동안, 유럽 여행을 하면서 로스차일드 가문의 계보와 가족들을 알게 되었다. 그 성에 사는 70세의 에릭 드 로스차일드Eric de Rothschild와 그의 아내 마리아 베아트리스Maria-Beatrice가 우리를 식사에 초대했다. 은행가이자 포도주 제조업자이자 자선가인 에릭은 재능이 풍부한 사람이었다. 그날 에릭은 팔꿈치에 천을 덧댄 분위기에 잘 맞는 친근한 맞춤 양복을 입고 있었다. 우리 일행은 그의 수수한 옷차림에 깜짝 놀랐다. 또 다른 가르침의 순간이었다. 내가 갑자기 졸부가 된 일행들에게 보여 주고 싶은 것은 조상 대대로 내려온 오래된 부자들의 품격이었다. 옛날 부자들은 이렇게 수수한 맞춤 양복을 입고도 고상한 품격을 풍긴다는 것을 말이다. 그 옷은 아주 오래되었지만 에릭은 그 옷을 버리지 않고 소중하게 간직해 왔다. 에릭의 옷 이야기는 천박한 중국인 졸부들에게 우리가 소유한 물건들을 소중히 여기는 법을 가르쳐 줄 기회였다.

우리는 보르도를 떠나 지중해를 따라 코트다쥐르Cote d'Azur
로 날아갔다. 부동산 개발업자인 쉬자인은 보트를 보고 싶어 했다. 그는
1958년 중국 내륙 지방인 허난성(河南省)의 한 시골 마을에서 태어나 자
수성가한 사람이었다. 쉬의 아버지는 우리 아버지처럼 창고 노동자였다.
어머니는 그가 생후 8개월 때 돌아가셨기 때문에 그는 조부모 밑에서 자
랐다. 쉬는 스무 살 무렵부터 중국 남부의 한 제철소에서 일했다.

쉬는 열심히 일해 그 공장의 총지배인이 되었다. 1980년대에 자본주
의의 바람이 불면서 공장이 민영화되자, 쉬는 공장을 그만두어야 했다.
쉬는 공장에서 강력한 팀을 구축해 놓았다. 주물 공장에서의 작업은 위
험했기 때문에, 그는 공장을 떠나면서 팀원들을 설득해 함께 데리고 나
와 부동산 개발회사를 차렸다.

중국의 최고 지도자인 덩샤오핑이 경제 개혁을 되살리고, 1989년 6월
천안문 광장의 민주화 시위에서 강제 탄압을 주도했던 강경파들을 물러
나게 하려고 중국 남부 도시 선전으로 떠난 것이 1992년이었다. 쉬와 그
의 팀은 부동산 개발 파동이 한창일 때 기회를 잡았다. 당시 우리는 유럽
에 있었는데, 쉬는 그 시기에 중국의 신흥 중산층에게 아파트를 지어 팔
며 수십억 달러를 벌었다.

쉬가 연줄을 만드는 기술은 우리보다 훨씬 더 뻔뻔했다. 어느 날 휘트
니가 베이징에서 쉬를 데리고 장 이모와 함께 식사를 했는데, 바로 그다
음 날 쉬는 휘트니를 보석가게로 불러 100만 달러(약 12억 원)짜리 반지를
사 주겠다고 제안했다. 휘트니는 그 반지를 받았다가는 미래에 어떤 식
으로든 갚아야 한다는 사실을 잘 알고 있었기 때문에 그의 제안을 거절

했다. 그런데 쉬는 그 자리에서 같은 반지를 두 개나 사는 것이었다. 물론 아내에게 주려고 산 것이 아님은 확실했다. 중국에서 권력자의 관심을 끄는 방법엔 여러 가지가 있다. 쉬가 선호하는 방법은 터무니없이 비싼 선물을 주는 것이었다.

쉬는 프랑스 남부 해안에 정박해 있는 1억 달러짜리 유람선을 직접 보고 싶어 했다. 그 배는 홍콩 재계 거물의 소유였다. 쉬도 데이비드처럼 자신의 개인 클럽을 여는 것에 관심이 있었지만, 데이비드의 클럽처럼 베이징 도심 대로변보다는 해변 쪽이 남의 눈을 피하는 데 더 좋을 거라는 생각을 하고 있었다. 쉬는 중국의 부패 조사 경찰이나 파파라치의 감시망에서 벗어나 중국 해안에서 떨어져 있으면서 술과 식사를 즐길 수 있는 '떠다니는 궁전'을 상상했다.

이번 여행을 통해 나는 우리 중 누구도 1억 달러의 가격표에는 눈 하나 깜짝하지 않는다는 것을 알 수 있었다. 이들에게 그만한 돈을 제트기 제작사에 지불하는 것은, 일상적이진 않더라도 적어도 아주 특별한 일은 아니었다. 하지만 우리가 부두에 도착해서 그 배를 보았을 때 나는 의외로 배의 장식이 수수해서 놀랐다. 그 배가 큰 것은 사실이었지만, 그만큼 필요한 인원 또한 요리사, 가정부, 웨이터 등 최소한 열두 명은 있어야 할 것이다. 나는 1억 달러짜리라면 으레 훨씬 더 우아한 장식, 천장에 매달려 있는 상들리에, 내가 홍콩에서 아버지 회사 사장의 롤스로이스를 처음 탔을 때 보았던 나무 장식 등을 상상했다. "1억 달러짜리 배가 이게 다야?" 두말할 필요도 없이, 쉬는 그 배를 사지 않았다.

여행하는 동안 우리 일행은 유럽의 역사나 문화에 관해서는 관심이 없었다. 이들은 중국의 1세대 부자들을 대표하는 사람들이었다. 쉬와 같이 짧은 기간에 돈벼락을 맞은 기업가들, 리틀 닝보 같은 피도 눈물도 없는 건설업자들, 그리고 데이비드 리 같은 공산주의 귀족들. 그들의 대담함은 충분한 보상을 받았다. 그들에게 감옥살이는 직업상의 위험이었고, 교육은 필수가 아니었다. 이런 사람들은 유럽의 유서 깊은 박물관에 있는 명화 따위에는 관심이 없었다. 그들은 세상에 자신의 흔적을 남기는 데만 관심이 있었다. 아무튼 이제 쇼핑할 시간이 되었다.

다음에 우리는 코트다쥐르를 떠나 밀라노로 향했다. 남자들이 불가리 호텔Bulgari Hotel에서 쉬는 동안, 아내들은 밀라노의 패션가인 콰드릴라테로 델라 모다Quadrilatero della Moda를 휩쓸며 쇼핑의 광란을 펼쳤다. 그들은 마치 콜로세움의 검투사 같았다. 누가 얼마나 더 많이 살 수 있는지 경쟁했다. 나는 그때까지 쇼핑을 유혈 스포츠라고 생각해 본 적이 없었다. 하긴 내가 뭘 알았겠는가. 밀라노 공항에서 중국으로 돌아갈 수속을 밟는 동안 그들이 너무 많은 돈을 썼기 때문에 부가가치세 환급 절차에 3시간이나 걸렸다. 그 와중에 VIP 라운지에서 카드 게임을 하다가 20만 달러를 잃었다. 다행히 아무도 그 빚을 신고하지 않았다.

유라시아 상공 3만 피트 높이의 제트기 1인용 가죽 좌석에 앉아 중국으로 돌아오는 길에, 나는 그동안 겪은 놀라운 삶의 행로를 되새기며 크게 중얼거렸다. "불과 몇 년 전만 해도, 우리는 자전거만 타고 다닐 수 있어도 좋겠다고 생각했는데, 지금은 전용 제트기를 타고 있네요. 그때부터 지금까지 반평생도 안 되는 시간인데, 우리를 어지럽게 하기에 충분한 것 같습니다." 다른 사람들이 고개를 끄덕였다. 하지만 중국에 돌아온 휘트니와 나는 와인 클럽을 할 때가 아니라고 판단했다.

장 이모도 여행을 좋아했기 때문에 휘트니와 나는 원 총리가 공직에 있는 동안 그녀를 위한 여행을 여러 차례 주선했다. 장 이모는 "남편이 은퇴하면 저들이 내가 중국 밖으로 나돌아다니는 것을 허락하지 않을 테니, 기회가 되면 해외여행을 자주 가는 게 좋겠다"고 말하곤 했다. 실제로 은퇴한 고위 지도자들의 출국을 금지하는 것이 중국공산당 체제의 특징이기도 하다. 예를 들어 주룽지 전 총리는 당의 지시로 하버드대학교 객원교수 자리를 포기해야 했다. 다른 나라에서는 전직 고위 관리들이 해외에 나가 현직 정부가 하지 못하는 타협안을 도출하거나, 제안하거나, 비판의 경로가 되는 등 막후 역할을 유용하게 하는 경우가 많지만, 중국공산당은 전직 고위 관리들의 해외 진출을 완전히 통제하며 그 길을 봉쇄했다.

여행을 떠나면 장 이모는 활기가 넘쳤다. 우리는 그녀를 아르헨티나의 대초원, 뉴질랜드의 빙하협곡, 호주의 오지, 프랑스의 루아르 계곡(Loire Valley)의 성 등지로 데리고 다녔다. 스위스에 갔을 때는 장수에 좋다는 온천에 갔다가 사라졌던 해프닝도 있었다.

2007년에 취리히 여행에서, 우리는 장 이모와 함께 제네바 호숫가의 몽트뢰Montreux와 브베Vevey 사이에 있는 크리니크 라 프레리Clinique La Prairie라는 온천에 갔다. 사실 장 이모는 그곳에서 노화를 막는 주름 제거 수술과 양의 태반주사를 맞기로 예약해 둔 상태였다. 나는 그녀의 치료 수속을 밝고 스파 대기실에 앉아서 기다렸다. 목욕 가운을 입은 여성들이 얼굴을 거즈로 감싼 채 우리 앞을 지나다녔다. 몇 시간 후, 장 이모도 붕대를 감고 나타났고 우리는 호텔로 돌아왔다.

며칠 후 붕대를 풀고 다음 행선지로 떠날 준비를 했다. 그녀의 귀 주위에 절개 자국이 두드러졌지만 개의치 않았다. 삶에 대한 그녀의 갈망은 내 사업가 동료들보다 훨씬 강했다. 그녀는 억척스러운 여성이었다.

그녀는 5성급 호텔의 스위트룸에서 새벽 5시에 일어나 베이징에서 가져온 밥솥을 들고 식당으로 터벅터벅 걸어 들어갔다. 유럽 웨이터들이 어리둥절한 눈으로 바라보는 가운데, 그녀는 쌀죽을 만들어 가지고 온 장아찌로 양념을 했다. 6시경에 아침 식사 준비가 끝나면, 장 이모는 수행원을 보내고 우리를 깨웠다. 그녀에게 늦잠을 잔다거나 서양식 아침 식사를 하는 것은 생각도 할 수 없었다. 하지만 내게는 아주 고통이었다. 나는 크루아상으로 아침을 때우는 게 차라리 좋았다.

장 이모에게는 항상 수행원들이 따라다녔다. 전 공장장 황쑤화이도 장 이모가 어딜 가든 붙어 다녔다. 우리는 그가 장 이모 방에 몰래 들어가는 것을 직접 보지는 못했지만, 모두가 그렇고 그런 관계라고 생각했다. 자신을 선샤인이라고 부르는, 장 이모의 아들 윈스턴의 한 친구도 우리와 동행했다.

아침 식사가 끝나고 7시 30분에 호텔을 나서, 중국인 운전사가 모는 큰 밴을 타고 유럽의 시골길을 달렸다. 장 이모도 박물관보다는 장엄한 야외 경치를 좋아했다. 우리는 아침 일찍부터 밤 9시까지 쉬지 않고 돌아다녔다. 점심이나 저녁 식사는 중국 음식을 먹어야 했는데, 스위스의 오지나 아르헨티나의 목장 지대에서는 중국 식당을 찾기가 쉽지 않았다.

내게는 이런 강행군식의 여행이 맞지 않았다. 우리는 장 이모를 위해 유럽 최고의 호텔을 잡았고, 최고의 레스토랑을 찾았다. 방값으로 하룻밤에 1천 유로(135만 원)가 넘는 돈을 지불했지만, 방에서 제대로 시간을 보낸 적이 없을뿐더러, 최고의 레스토랑에서 식사한 적도 거의 없었고, 새벽에 눈만 뜨면 밖으로 나가야 했다.

장 이모는 중국 보안요원과 함께 여행한 적이 없었다. 그리고 우리가 방문한 국가들의 보안국은 그녀가 누군지 전혀 모르는 것 같았다. 뉴질랜드의 빙하협곡 여행에서 서양 관광객들과 함께 경치를 구경하면서 장 이모가 컵라면을 먹으며 수다를 떨었지만, 그 사람들은 그들 옆에서 소리 내며 컵라면을 후루룩 먹는 할머니가 중국 총리의 부인인 줄은 전혀 몰랐다.

15장

'하늘 위 궁전' 프로젝트가
불러온 혼란

앞서 말했듯이 부의 형성은 대개 운에 달려 있다고 생각한다. 휘트니와 나는 핑안 IPO에서 큰 행운을 잡았다. 그런데 우리에게 또 다른 행운이 기다리고 있었다.

리페이잉은 공항 사장 재임 초기에 국영 대기업인 베이징관광그룹이 소유하고 있는 베이징 중심가의 한 호텔을 매입하기로 하는 양해각서를 체결했었다. 리페이잉은 이 부지를 재개발해 이곳에 베이징 수도국제공항 그룹의 제2본부를 두고 싶어 했다. 허영심이 가득한 프로젝트였지만, 계약은 여전히 유효했다. 우리가 합작법인을 설립한 지 1년쯤 되었을 때, 리페이잉이 그 계약에 대해 말해 주었다.

리페이잉은 그 자리에 건물을 짓는 데 더는 관심이 없다고 말했다. 나는 몰랐지만, 리페이잉은 이미 그때부터 부패 혐의로 당 중앙기율검사위원회로부터 계속해서 조사를 받고 있었다. 결국 그가 가장 좋아하는 스시 바 옆에 수도국제공항의 제2본부를 짓겠다는 꿈은 더 이상 추진할 수 없었다.

나는 리페이잉에게 공항이 그 호텔을 먼저 매입한 다음 우리 합작회사가 다시 공항으로부터 매입하는 방안을 제시했다. 그는 좋은 생각이라고 말했다. 우리는 베이징관광그룹에 그 거래를 제안했다.

베이징의 차오양구(朝陽區)에 있는 이 부지는 량마강(亮馬河)을 따라 500야드(460미터)나 뻗어 있었는데, 당시만 해도 량마강은 겨울에는 꽁꽁 얼어붙었다가 봄이 되면 유독성 조류가 번성해 악취를 풍기는 골치 아픈 수로였다. 이곳에 다소 허름한 4층 건물의 3성급 화두 호텔이 자리 잡고 있었다.

우리는 외부 감사를 통해 그 땅을 감정받았고, 공항과 베이징관광그룹의 당위원회 위원들이 원하는 가격을 조사했다. 휘트니와 나는 부동산 가격의 추세를 잘 알지는 못했지만, 가격이 상승할 것이라고 낙관했기 때문에 가능한 한 많은 땅을 확보할 생각이었다. 양측이 토지와 호텔 모두 합해 약 1억 달러의 금액에 합의했고, 우리 합작회사는 국책은행으로부터 자금을 대출받아 이를 매입했다.

우리 역시 그 땅을 산 뒤 몇 년 동안 방치했다. 당시 내 모든 에너지와 자본이 공항 물류 시설 건설에 집중되어 있었고 휘트니는 아리스톤을 낳기 위해 뉴욕으로 떠났기 때문이다. 2010년이 되어서야 나는 이 땅에 건물을 지을 준비가 되었다. 그런데 이번에도 정치가 걸림돌이었다.

리페이잉이 체포된 후, 공항이 핵심 사업 외에 부동산 같은 사업에 관여하는 것을 금지하는 새로운 규정이 하달되었다. 토지 거래가 부패의 원인이 된다고 생각해서였다. 그래서 내가 그 부지를 개발할 계획을 말했을 때, 우리 합작법인의 최대 주주인 베이징 수도국제공항 그룹은 겁을 먹었다.

공항은 오히려 우리에게 그레이트오션이 합작법인의 땅을 매입했으면 좋겠다고 말했다. 공항 측이 그 토지를 재평가한 다음, 새 가격으로 그레이트오션에 매각하는 방안을 제시한 것이다. 물론 공항은 그 과정에서 이익을 챙길 의도였다. 그러는 와중에 베이징의 땅값, 특히 량마강 제방을 따라 이어지는 지역 일대의 땅값이 크게 상승했다.

우리는 합작법인이 낸 가격에 이자를 더해 매입하겠다고 맞불을 놓았다. 공항 측은 본질적으로 우리가 합작법인의 땅에서 손을 떼기를 원한다는 것을 감지했다. 우리는 합작법인이 개발하기를 원했기 때문에 합작법인의 명의로 그 땅을 산 것이다. 그런데 왜 합작법인의 땅을 부풀린 가격에 다시 사야 한단 말인가?

규정에 따르면, 사실 토지는 공개 입찰을 통해서만 팔 수 있었다. 그러나 공개 입찰이라는 것이 형식적인 절차여서 공항 측은 마음만 먹으면 경쟁자들을 겁주어 쫓아낼 수 있을 것이다. 하지만 이 건은 달랐다. 첫째, 매물이 실제 '토지'가 아니다. 합작법인이 매입한 것은 화두 호텔을 소유한 지주회사였고, 그 지주회사가 토지를 소유하고 있었다. 우리 말고는 아무도 이 지주회사의 부채를 알지 못했다. 공항 측은 그 사실을 세부적으로 알 수 없었다. 결국 우리는 1억 3천만 달러에 합의했다. 휘트니와 내가 자금을 모았다. 이번에는 장 이모도 실제로 약 4,500만 달러의 자본을 댔다.

결국 호텔, 주거지, 사무실 공간, 박물관 등을 지을 이 재개발 사업은 우리에게 엄청난 횡재를 가져다주었다. 화두 호텔 부지는 약 4만여 제곱미터(1만 3천 평)였다. 우리는 그곳에 지상 14만 제곱미터(4만 2천 평), 지하 8만 제곱미터(2만 2천 평)에 달하는 네 동의 건물을 지었다. 현재 가치로 그 땅은 25억 달러에서 30억 달러 사이쯤 될 것이다. 베이징의 부동산 가격이 그처럼 오를 줄은 아무도 몰랐다. 어쨌든 많은 행운이 따랐다.

　　　　나는 그 프로젝트를 하면서 즐거웠다. 이전의 공항 건설 프로젝트가 내게 신병훈련소 같은 역할을 했다. 공항 건설 프로젝트를 무사히 완수해 냈기 때문에, 이번 재개발 프로젝트는 내가 훈련한 것을 활용할 수 있는 곳이었고, 시행착오를 피하고 창의력을 발휘할 기회였다.

처음에 우리는 그곳에 베이징에서 가장 높은 건물을 지으려고 했다. 휘트니와 나는 세계 유명 건축가가 참가하는 경쟁의 자리를 만들었다. 공항 프로젝트를 설계한 세계적인 건축가 노먼 포스터는 1,250피트(380미터) 높이의 초고층 빌딩을 제안했다. 그러나 이 프로젝트 건너편에 있는 주거용 아파트 단지에 연중 해가 가장 짧은 기간에도 2시간의 햇빛을 내리쬐도록 해야 하다는 규정 때문에, 우리는 어쩔 수 없이 높이를 반으로 줄였고 우리가 매입한 땅을 최대한 활용하는 방안을 강구했다.

휘트니는 또 중국의 유명한 화가 쩡판즈에게 우리가 계획 중인 박물관의 꼭대기 층에 그의 스튜디오를 두도록 배려해 주었고, 그 옆방에는 엔터테인먼트를 위한 공간을 추가로 배치해 주었다. 이 박물관의 지하층에는 쩡판즈의 작품을 전시할 계획이었다. 그의 많은 작품은 전 세계적으로 수백만 달러에 팔릴 만큼 인기가 있었다. 중국의 박물관들은 대부분 국가가 운영했는데, 우리가 처음 기획하는 개인 소유 박물관은 전시를 기획하는 방식부터 바꿀 예정이었다.

우리는 마침내 네 동의 건물을 지을 수 있는 허가를 받았다. 호텔과 아파트가 20층 건물 하나를 공유하고, 사무실 건물 두 동과 박물관 한 동으로 구성되었다. 사무실 건물이 프로젝트의 거의 4분의 3을 차지하고, 나머지 4분의 1이 호텔과 아파트에 할애될 터였다. 상업 매장은 가급적 제한했다. 중국은 이미 쇼핑몰로 가득 차 있었으니까. 량마강 둑에 가까운 쪽에는 박물관을 배치할 계획이었다.

결국 그 부지는 베이징에서 가장 좋은 곳 중 하나로 판명되었다. 프로젝트의 남쪽에는 강둑이 펼쳐져 있다. 그리고 강 건너편에는 베이징에서 가장 오래된 대사관 구역이 있다. 이 구역은 가로수가 줄지어 있는 거리에 2층짜리 집과 뜰이 넓은 법원 건물이 들어서 있다. 스모그가 없는 맑은 날에는 멀리 초록빛 바다도 보인다. 맨해튼 59번가에서 센트럴파크가 보이는 것처럼 말이다. 게다가 베이징 시정부가 강을 정비하면서 악취도 사라졌다.

이 프로젝트를 진행하는 동안 휘트니와 나는 세계에서 가장 고급스러운 호텔에 묵었다. 그러면서 그 호텔들이 어떻게 운영되는지 알게 되었고, 무엇이 좋은 호텔을 만드는지 이해했다. 공항 프로젝트와 달리, 우리는 굳이 호텔을 연구하기 위해 세계를 여행할 필요가 없었다. 우리의 생활 자체가 무의식적으로 그 일에 전념하는 삶이었기 때문이다.

휘트니와 나는 세계 최고 일류급의 인테리어 디자이너, 조명 디자이너, 건축가, 엔지니어들을 고용했다. 프로젝트의 주변 경관을 설계하기 위해 자신의 아버지로부터 선종禪宗(일본식 불교-옮긴이) 사원을 물려받은 한 일본인 수도승을 만나러 호주의 설계팀과 함께 일본까지 갔다. 박물관 설계는 독학으로 건축을 공부하며 프리츠커상(Pritzker prize, 건축계의 노벨상으로 불리는 상-옮긴이)을 수상한 안도 타다오(安藤 忠雄)에게 맡겼고, 사무실 단지와 호텔, 아파트 설계는 전 세계에 초고층 빌딩을 지은 경험이 풍부한 뉴욕 건축회사 콘 페더슨 폭스Kohn Pedersen Fox에 의뢰했다.

우리는 중국 최고의 부동산 프로젝트를 만들겠다는 사명을 가지고 이 프로젝트를 수행했다. 그것을 실현하기 위해 비용을 아끼지 않았다. 최고의 설계자들을 고용하고 그들에게 모든 결정을 일임하는 중국의 다른 졸부 개발자들과 의식적으로 차별화했다. 그런 방식의 문제는 그 설계자들과 개발회사 임원들이 직접 호화로운 삶을 살아 본 적이 없다는 것이었다. 휘트니와 나는 10년 동안 호화로운 삶을 살았다. 우리는 그들의 전문성과 우리의 미적 감각을 결합할 수 있다면, 최상의 결과를 낼 수 있으리라는 것을 알고 있었다. 나는 이 프로젝트를 통해 글로벌 부동산 개발의 새로운 장을 쓸 수 있다고 확신하면서, 이 프로젝트를 '제네시스'라고 명명했다.

2011년 1월, 우리는 북경에서 설계팀과 킥오프 행사를 열었다. 전 세계에서 모인 70여 명의 최고 전문가들이 회의장을 꽉 메웠다. 나는 연설로 행사를 시작했다. 짙은 파란색 정장을 입고, 프랑스의 수제 구두회사 아틀리에 뒤 트랑쉐Atelier du Tranchet가 만든 세르지오스Sergios라는 진홍색 맞춤 구두를 신었다. 나는 연설 중에 청중들에게 이렇게 말했다. "이런 행사에 주최자가 나처럼 옷을 차려입고 나오는 것을 보신 적이 있습니까? 이 구두를 좀 보세요! 이것이 바로 내가 이 프로젝트에 반영하고 싶은 품격입니다." 홀 전체가 큰 웃음을 터트렸지만, 그들은 내가 진지하다는 것을 알았다. 그들에게는 자신들의 이력에 올릴 수 있는 멋진 프로젝트에 참여한다는 것 자체가 고무적인 일이었을 것이다. 그들은 최고의 일을 하기 위해, 그리고 결코 대충하는 일 없이 완벽을 추구하기 위해, 그렇게 많은 돈을 쓸 준비가 되어 있는 빨간 구두의 소유주를 본 적이 없었을 것이다.

중국에 호텔이 넘쳐나는 것은, 아마도 중국 기업가들이 개인 클럽을 좋아하는 것만큼이나 호텔을 좋아하기 때문일 것이다. 특히 국영 기업 임원들은 나랏돈으로 정부 고위층을 접대하거나 여성에게 청혼할 때 호텔을 클럽하우스처럼 이용할 수 있기 때문에 호텔 짓기를 좋아한다.

국영 기업 출신 전직 임원들은 퇴직 후에도 공짜로 호텔 수영장, 식당, 객실을 사용한다. 베이징에는 세계 어느 도시보다 5성급 호텔이 많다. 나는 우리 프로젝트에 호텔을 포함한다면, 최소한의 수익을 낼 만큼의 제한된 규모의 호텔을 원했다. 그래서 나는 세계 호텔의 최우량 브랜드이자 프로젝트 전체의 가치를 높일 수 있는 불가리와 파트너십을 맺기로 했다. 처음에는 60개의 객실만 만들기로 했지만, 불가리가 더 많은 객실을 원했기 때문에 120개로 늘렸다.

나는 객실 설계의 세세한 부분에도 관여했다. 호텔 투숙객들에게 다른 곳에서는 얻을 수 없는 경험을 제공해 주고 싶었고, 사소한 것이라도 여행 경험을 개선할 수 있게 해 주고 싶었다. 예를 들어 대부분 5성급 호텔 객실은 여행가방 하나를 둘 공간이 충분히 없다. 하지만 여행객들은 종종 짝을 지어 다닌다. 나는 우리 객실에는 모두 여행가방 두 개를 넣을 수 있는 공간을 만들라고 시공팀에 지시했다. 객실마다 여분의 0.5제곱미터(0.14평)를 확보하는 것은 큰 비용이 들었지만 그만한 가치가 있었다.

우리는 불가리 측과 꼭대기 층을 호텔과 아파트 중 누가 차지하느냐를 놓고 격론을 벌였다. 우리는 꼭대기 층은 거주자 몫이 되어야 한다고 주장했다. 베이징에서 가장 높은 가격에 팔릴 수 있는 가장 좋은 위치의 아파트가 되기를 원했기 때문이다. 결국 불가리 측이 우리의 주장에 양보했다. 휘트니와 나는 펜트하우스를 차지했다. 이 펜트하우스는 나와 아리스톤을 위한 실내 수영장이 갖춰진 930제곱미터(280평)의 널찍한 공간이었다. 그곳이 우리 집이 될 터였다.

2010년에 이 프로젝트를 시작하면서 휘트니는 출산 휴가를 마치고 업무에 복귀했다. 우리는 프로젝트 세부 사항을 두고 직원들 앞에서 공공연하게 말다툼하기 시작했다. 그녀는 사람들이 보는 앞에서 내게 반박하는 것을 즐기는 것 같았다. 밤에 우리끼리 대화할 때는 몸 상태가 안 좋아서 그랬다고 하더니, 다음 날에도 계속 반복되었다. 마침내 우리는 사람들 보는 앞에서 그런 모습을 보이지 않도록 서로의 책임을 분담하기로 결정했다.

나는 마케팅, 기획, 전략, 영업을 담당했고, 그녀는 시공, 비용, 품질 관리를 담당했다. 그래도 시비가 끊이지 않았다. 간혹 연석회의를 할 때면 그녀는 여전히 공개적으로 내 말을 막았다. 한번은 내 팀 회의에서 아파트 크기에 대해 이야기하면서 금전적·정치적 세부 사항을 어떻게 고려

할 것인가에 대한 주제가 거론되었다. 어떤 유형의 고객을 타깃으로 할 것인가? 300만 달러(36억 원)짜리 130제곱미터(40평)의 작은 아파트를 사려는 사람들? 아니면 20배 이상의 돈으로 한 층을 통째로 사려는 사람들? 그때는 중국의 호경기가 절정에 이르렀을 때였다. 어쩌면 도심 한가운데 하늘에 떠 있는 맨션을 원하는 사람이 있을지도 모른다. 우리가 바로 그랬으니까.

사회적 지위라는 관점에서 볼 때, 이들은 완전히 차원이 다른 고객이다. 단순 부자 대 슈퍼 부자라고나 할까? 그들을 위해 공동 엘리베이터나 공동 로비를 설치해야 할까, 아니면 개별 세대를 위한 단독 로비를 만들어 주어야 할까? 혹은 이 두 가지를 혼합해야 할까? 또 정치적 관점에서 볼 때도 공산주의 국가에서 아파트 한 채에 수천만 달러(수백억 원)를 쏟아붓는 것이 과연 가당키나 한 일일까? 그렇게 돈 쓰는 것을 두려워하지는 않을까? 우리는 어떤 사회적·정치적 사조에 맞춰야 할까?

내 팀에서는 이 주제로 토론하는 데 몇 달을 보냈고, 마침내 휘트니의 팀과 의견을 나눠 보기로 했다. 그러나 그들은 어차피 건설업자였다. 휘트니는 그 토론에 대해 전혀 감명받지 않았다. 그녀는 우리가 그런 의견을 내는 것 자체를 좋아하지 않았다. 속으로는 그녀가 내가 그런 주제를 먼저 다루는 데 대해 불쾌하게 생각하고 있음을 감지했다.

그녀는 회의실을 둘러보면서 자신의 팀에게 우리의 의견을 어떻게 생각하는지를 물었다. 그들은 못마땅하다는 듯이 헛기침만 하며 주저할 뿐이었다. 나는 공항 프로젝트에서 리페이잉의 후임 사장과 다시 마주 앉은 것 같은 느낌이 들었다. 사람마다 의견이 달랐고, 이 주제에 대해 합의를 이루지 못한다는 것은 우리가 한 발짝도 앞으로 나아가지 못한다는 것을 의미했다.

그러자 휘트니가 당분간 결정을 미루자고 말했다. 나는 화가 나서 큰 소리로 말했다. "당신이 그렇게 똑똑하다고 생각하면 당신 맘대로 해. 나는 이제 이 일에서 손 떼겠어." 그리고 회의실을 뛰쳐나왔다. 이것은 단순한 의견 차이 그 이상이었다. 휘트니는 공개적으로 나를 무시했고, 내 평생의 체면을 생각했을 때 그것은 너무 고통스러운 일이었다.

나와 휘트니의 관계는, 항상 부모님과의 관계를 상기시켰다. 휘트니와 내가 처음 만났을 때, 그녀는 쉬지 않고 나를 비판했다. 우리 부모님이 내게 그랬던 것처럼. 하지만 나는 그녀의 비난을 마음에 새기며 내가 살고, 입고, 말하고, 움직이는 방식을 바꿨다. 그녀의 성공 비법을 따라 하고 싶었기 때문이다. 하지만 이제 어느 정도 성공하고 난 후에도 나는 어릴 때와 똑같은 괴리감에 휩싸여 있었다. 마치 어렸을 때 집안에서는 부모님의 핍박을 받았지만, 밖에서는 잘한다고 칭찬받았던 것처럼, 지금도 바깥세상에서는 찬사와 업적으로 칭찬받으면서도 집안에서는 사사건건 휘트니의 반대에 부닥치고 있는 것이다. 나는 뭔가 하나를 포기해야만 했다.

돌이켜 생각해 보면, 휘트니는 자신의 권위를 주장할 필요성을 느꼈던 것 같다. 그녀가 아리스톤을 낳으러 중국을 떠나 있는 동안, 회사에서 내 위상이 높아지면서 자신의 위상이 약해졌다고 생각한 것 같았다. CFO를 제외한 모든 직원을 내가 고용했고, 경영진도 내가 구성했다. 공항 프로젝트를 시작하면서 나는 회사 조직을 완전히 재구성했다. 우리가 프롤로지스에 합작회사 지분을 처분했을 때, 경영진 전체가 나와 함께 떠나는 것이 조건이었다. 그 팀을 만든 것은 내가 한 일 중 가장 잘한 일이었다.

휘트니는 당 고위급 인사와 관계를 구축하는 데 집중했지만, 회사의 실제 업무를 수행한 것은 나와 내가 구성한 팀이었다. 휘트니는 회사 내부 운영에는 관여하지 않았고, 그것이 그녀의 불안감을 증폭시켰다.

나와 내 팀은 동양과 서양이 혼합된 문화를 만들기 위해 노력했다. 대부분의 중국인 사장과는 달리, 우리는 주말에는 철저하게 쉬었다. 또한 3천 마일 떨어진 본사의 가치를 강요당하는 다국적 기업과도 달랐다. 나는 우리 회사의 모든 것을 처음부터 직접 설계했다. 나 자신의 성장력을 믿었다. 나는 팜인포에서의 실패 이후 상하이에서 많은 시간을 보냈고, 아스펜연구소에서 나 자신을 발전시키기 위해 많은 노력을 기울였다. 나는 우리 회사에 국제적 기업의 복리후생 제도를 도입했다. 또 간부급 직원들에게 MBA 과정을 이수하도록 비용을 지원했다. 다른 중국회사와 달리 어떤 친척도 고용하지 않았다. 휘트니는 자신의 의붓형제들이 텐진의 부동산 사업을 돕게 했지만, 그들은 우리 회사의 문턱도 밟지 않았다. 그래서 우리 회사는 많은 다른 중국 회사가 골치 아파하는 가족 간 파벌 분쟁이 없었다.

휘트니와 나는 결혼한 사이고 사업 파트너였지만, 사업에 관한 한 치열한 경쟁을 벌였다. 그녀가 오늘의 나를 형성하고 내 성공을 촉진한 것은 사실이다. 하지만 당시 그녀는 내가 자신의 권위에 도전하고 있다고 느꼈고, 내가 더 이상 자신을 필요로 하지 않는다고 생각할까 봐 걱정했다. 그녀의 생각도 일리가 있었다. 하지만 나는 시간이 내 편이라고 믿었고, 내 전문성이 우리 회사가 공정한 경쟁의 장에서 중국뿐 아니라 해외의 개발 프로젝트를 수행하는 데 힘이 될 것이라고 생각했다. 나는 또한 휘트니와 내가 좀 더 공정하고 균형적인 방식으로 우리의 재산을 나눌 날을 고대했다. 그러나 휘트니는 변하고 싶은 마음이 없었다. 그녀는 꽌시 게임을 하는 것이 자신의 유일한 기술이라 여겼고, 자신이 더 이상 필요 없어지는 날이 올까 봐 두려워했다.

이 프로젝트는 공항 프로젝트만큼 연줄에 의존하지 않았기 때문에 우리가 2012년에 불가리 호텔 측과 호텔 건설에 관한 합의를 했을 때, 휘트니의 역할은 크게 축소되었고 공사에 대한 외국인들의 영향력이 더 커졌다. 계약자들이 모두 국제적 회사들이었기 때문이다. 그래서 우리는 술이나 식사를 많이 할 필요가 없었다. 내 차에는 항상 마오타이가 잠자고 있었고, 가끔 우리 팀을 위해 빈티지 마오타이의 빨간 캡을 열면 우리 팀은 환호했다.

회사에서는 직원들과 시간을 즐겁게 보내는 반면 휘트니와의 관계는 계속 나빠졌다. 우리를 더 가깝게 하기 위해 시작했던 프로젝트가 우리를 갈라놓는 것처럼 보인다는 것이, 아이러니하고 심지어 비극적이기까지 했다. 이제 와서 냉정하게 생각해 보면, 이때 우리는 감정적으로 가까웠다기보다는 관계를 너무 실용적이고 분석적으로만 생각했던 것 같다. 휘트니는 항상 우리의 관계에서 열정보다는 근본적인 논리가 더 강해야 한다고 주장했다. 그래야 부부 관계가 오래 지속될 수 있다면서.

나는 논리만으로는 충분하지 않다고 생각한다. 살다 보면 우리는 충동적인 행동(감정적 행동)과 계산된 자기 이익이 혼재된 가운데 중요한 관계를 쌓아 나간다. 관계를 구축하는 데 완벽한 공식은 없다. 하지만 확실히 휘트니와 나는 올바른 관계를 구축하지 못했다. 우리 사이에 투자된 감정이 너무 적었다. 돌이켜 보면, 우리를 진짜 결합해 줄 접착제는 감정이어야 했다. 감정은 연조직처럼 기능하기 때문에 우리 사이에 더 많은 감정이 존재했다면, 뼈가 약해졌을 때 완전히 망가지는 것을 완충해 줄 활력소 역할을 해 주었을 것이다.

16장

시진핑과 보시라이의
권력투쟁

　2012년 10월 26일 《뉴욕타임스》는 원자바오 가족의 막대한 재산을 상세히 다룬 기사를 1면에 실었다. 이 폭로 기사는 기업 보고서에 입각해 원 총리 일가의 재산을 30억 달러(3조 6천억 원)에 육박하는 것으로 추정했다. 기사의 스무 번째 단락은 휘트니의 이름으로 시작되었고, 우리 관계에 본질적으로 타격을 주는 내용을 담고 있었다.

　기사가 나가기 3일 전, 《뉴욕타임스》의 데이비드 바르보자David Barboza 기자는 휘트니에게 접촉해 그녀가 기사의 초점이 될 것이라고 알려 주면서 의견을 구했다. 휘트니는 장 이모와 상의했다. 바르보자 기자는 휘트니에게 그레이트오션이 핑안 주식을 매입하는 데 도구로 활용되었으며, 이후 1억 달러가 넘는 핑안 주식이 정부 연금 외에는 수입이 없는 은퇴한 학교 교사였던 원자바오 모친의 계좌로 이체되었다는 내용의 기사를 쓸 것이라고 말했다.

　휘트니와 장 이모는 처음에는 그 기사에 대해 반응하지 않기로 결정했다. 그러나 휘트니는 미술계 인맥을 통해 바르보자 기자의 대만인 부인과 접촉했다. 휘트니는 그녀에게 바르보자 기자가 기사를 올리는 것을 보류하도록 설득해 달라고 몇 시간 동안 간청했다. "우린 모두 중국인이잖아요." 나는 우연히 휘트니가 그녀에게 하는 말을 들었다. "우리는 이 문제를 원만히 해결할 수 있을 거예요. 내게도 자식이 있고, 당신에게도 자녀가 있어요. 이 기사가 우리 가족에게 얼마나 큰 상처를 줄지 아시잖아요. 당신도 우리 가족에게 그런 일이 생기길 바라시는 건 아니겠죠." 이는 휘트니의 문화와 서구 세계 문화 사이의 차이를 보여 주는 또 다른 사례였다. 하지만 그녀는 절박했다. 지푸라기라도 잡고 싶은 심정이었을 것이다. 그러나 두말할 필요도 없이 바르보자 부부는 그녀의 절박함에는 관심이 없었다.

장 이모는 마음을 바꿔 휘트니에게 핑안 거래를 전적으로 책임지라고 지시했다. 휘트니에게 원 총리 어머니와 다른 친척들 명의로 된 모든 주식은 실제로 휘트니의 것이며, 그녀의 재산 규모를 은폐하기 위해 그들의 명의로 주식을 샀다고 말하라는 것이다. 휘트니는 《뉴욕타임스》와의 인터뷰에서 이렇게 말했다. "나는 핑안 주식에 투자하면서 내 이름이 크게 언급되기를 바라지 않았어요. 그래서 친척들에게 명의를 빌려줄 사람을 찾아 달라고 부탁했습니다." 그러나 휘트니의 진술은 설득력이 없었다. 그 말을 믿는 사람은 아무도 없었다.

하지만 장 이모에 대한 충성심 때문에 휘트니는 장 이모의 명령을 따를 수밖에 없었다. 물론, 원래 이 주식은 원 총리 일가를 보호하기 위해 그레이트오션 명의로 해두었던 것이다. 2007년에 휘트니와 내가 우리 지분을 매각하자, 그 주식을 원 총리 어머니와 일가 사람들의 명의로 변경한 것은 다름 아닌 장 이모 자신이었다. 그 명의 변경이 서류상으로 흔적을 남긴 것이다. 만약 그 주식을 그레이트오션 명의로 그대로 두었다면, 바르보자 기자에게 그런 기사를 쓸 빌미를 제공하지 않았을 것이다.

내 마음 한구석에는 장 이모가 언젠가는 휘트니를 희생시킬 거라는 생각이 자리하고 있었다. 그래도 그런 일이 벌어지면, 휘트니가 자신을 훨씬 더 잘 보호하리라 생각했다. 그러나 내가 틀렸다. 휘트니는 장 이모와의 관계에 너무 많은 것을 투자했다. 그녀는 또 '우리는 한편'을 의미하는 중국인들의 '이키(一起)'를 너무 믿었다. 내가 상하이에서 어린 시절을 보낼 때 친구들에게 가졌던 것과 같은 믿음이었다. 그녀는 장 이모가 오랫동안 그녀를 믿어 온 것이 옳았다는 것을 증명하는 희생양을 자처했다.

대부분 사람들은, 지금은 영웅이 될 때가 아니라며 발뺌했을 것이다. 하지만 휘트니는 그러지 않았다. 나는 그녀의 그런 행동이 깊은 생각 끝에 내린 개인적 선택이며, 절박함에서 나온 용기라고 생각했다. 휘트니의 기독교 신앙도 한몫했을 것이다. 하지만 그녀에게 무엇보다 중요한 것은 자신이 쌓아 온 관계에 대한 헌신이었다. 나는 바르보자 기자와의 인터뷰를 말렸지만, 결국 휘트니는 인터뷰하기로 결정했다. 장 이모와의 관계가 그녀의 모든 것이었기 때문이다. 그것은 그녀가 자신을 한 개인으로서 어떻게 생각하는지를 단적으로 보여 주기도 했다.

원 총리 일가와 더 넓게는 중국공산당 고위층에게 《뉴욕타임스》의 기사는 지진과 같은 충격이었다. 사실 이 기사는, 그해 들어 서방 세계 언론이 중국공산당의 유력 가문의 부를 상세히 보도한 두 번째 기사였다. 몇 달 전인 2012년 6월에도 블룸버그 통신이 당시 시진핑 부주석의 친인척이 소유한 재산에 대해 비슷한 기사를 실은 적이 있었다. 흥미롭게도 휘트니가 장 이모에게 한 것처럼 총대를 메는 사람은 아무도 없었다.

공산당은 《뉴욕타임스》의 웹사이트를 차단하는 것으로 대응했다. 외교부 대변인은 《뉴욕타임스》가 의도적으로 어떤 속셈을 가지고 중국을 비방하고 있다고 비난했다. 당은 우선 내부적으로 철저한 방어태세를 갖췄다. 오랫동안 미국에 대한 편집증을 갖고 있던 당 지도부는, 이 두 기사를 모두 미국 정부가 근거 없이 중국의 지도자를 협동 공격하는 것으로 간주했다. 물론 이전에 시진핑에 대한 기사가 없었다면, 당은 다르게 반응했을지 모른다. 그러면 원 총리가 타격을 입었을 수도 있다. 그러나 이전의 시진핑 기사에 대한 중국 정부의 대응 덕에 중국 사람들은 원 총리 기사도 미국의 계략이며, 최고의 대응은 동물적 대응, 즉 '우리끼리 똘똘 뭉치는 것'이라고 생각했다.

그러나 원 총리는 개인적으로 그의 가족, 특히 장 이모와 아들 윈스턴의 사업 활동을 알고 격노했다(원 총리의 딸 릴리는 《뉴욕타임스》의 첫 번째 기사에서는 빠져 있지만, 후속 기사에는 등장한다). 장 이모와 자녀들은 자신들이 하고 있는 것들에 대해 원 총리에게 비밀로 해 왔다. 원 총리가 이전에 가족이 연루된 사업 활동의 일부를 알고는 분명한 반대 의견을 표명했다고 들었다.

그런데 이번에는 원 총리가 이혼을 요구한 것으로 알려졌다. 격노한 그는 친척들에게 은퇴 후 삭발하고 불교 수도승이 되겠다고 선언했다. 그러자 원 총리의 이혼과 수도승이 되겠다는 충동을 막기 위해 당이 나섰다. 불가에서는 인간의 욕망을 먼지처럼 보라고 가르치기 때문에, 수도승이 되겠다는 원 총리의 선언이 적어도 공식적으로 종교를 믿지 않는 공산당에게는 특히나 좋지 않게 보였을 것이다.

어쨌든 우리에게는 《뉴욕타임스》 기사의 여파가 쓰나미가 되었다. 원 총리 일가와의 관계가 변하기 시작했다. 장 이모는 이제 우리 프로젝트의 30퍼센트를 가져가는 것에 더 이상 관심이 없다고 통보해 왔다. 그때는 우리가 불가리 호텔의 공사를 막 시작한 참이었는데, 갑작스러운 장 이모의 통보를 어떻게 받아들여야 할지 몰랐다. 그러나 사태가 잠잠해지면 그녀가 마음을 바꿀 것이라고 생각했다. 사실 우리는 장 이모와 서류로 계약한 적이 없었다. 중국에서 많은 것이 그렇듯, 모든 것은 암묵적이었다.

《뉴욕타임스》의 폭로 기사 이후, 휘트니는 네트워크를 구축하는 활동을 중단했다. 그녀는 아무에게도 연락하지 않았고, 또 아무도 그녀에게 손을 내밀지도 않았다. 그녀는 사람들을 곤란하게 하고 싶지 않았다. 한편 나는, 우리가 직면한 위험이 어느 정도인지 평가해 보았다. 분명 어떤 파장이 미칠 거라는 예감은 들었지만, 그게 무엇인지, 또 언제 닥칠지 알 수 없었다. 우리는 한 달을 기다렸다가 호텔 건축을 재개했다. 보안국이나 중앙기율검사위원회 누구도 우리를 찾아오지 않았다.

장 이모는 아들딸에게 주위의 시선에서 벗어나라고 지시했다고 우리에게 말했다. 윈스턴은 국영 기업에 취직했고, 릴리는 컨설팅 회사를 중단하고 국가외환관리국에 들어갔다. 장 이모는 베이징 북부의 큰 구역에 보석직업훈련원을 짓겠다는 계획을 포기했다. 그녀는 그 사업권을 아들 윈스턴에게 맡겼고, 윈스턴은 그곳에 공산국가 중국의 최고 기숙학교를 만들겠다는 생각으로 키스톤 아카데미_{Keystone Academy}를 짓는 작업에 들어갔다.

장 이모는 휘트니에게 누군가 그녀의 가족을 무너뜨리려 하는 것 같다고 말했다. 그리고 《뉴욕타임스》 기사의 제보자를 찾으려고 했다. 장 이모는 정부 내부의 정보망을 인용하며 당 내부의 사활을 건 권력투쟁에서 원 총리가 파편을 맞은 것 같다고 말했다.

그 투쟁은 시진핑과 보시라이 사이에 벌어진 것이었다. 두 사람 모두 마오쩌둥 혁명의 오랜 추종자인 골수 공산당 '불사조'의 아들이었다. 두 사람 모두 1981년 공산당 고위 간부 천윈(陳雲)이 만든 '청년간부국(Young Cadres Section)' 출신이다. 청년간부국을 설치한 목적은 당 원로들의 자녀가 정부와 당에서 좋은 자리에 앉도록 하기 위해서였는데, 천윈은 청년간부국을 만들면서 "만약 아들과 딸 들이 권력을 승계하면, 최소한 우리의 무덤을 파헤치지는 않을 것"이라고 말했다고 한다.

1989년 천안문 광장 시위 사태는 공산당이 계획한 이 작업에 절박함을 더했다. 홍색 귀족들이 천안문 사태의 혼란에서 얻은 핵심 교훈은 '자식만큼 믿을 사람은 없다'는 것이었다. 그래서 각 가문들이 미래의 지도자가 될 후계자를 한 명씩 뽑았는데, 시중쉰(習仲勳)과 보이보는 각각 자신의 아들인 시진핑과 보시라이를 지명했고, 이들은 이후 당에서 승승장구했다.

시진핑의 아버지 시중쉰은 1930년대와 1940년대 장제스(蔣介石)가 이끄는 국민당과의 내전에서 영웅으로 활약했고, 1970년대 후반과 1980

년대 초반에는 중국을 세계의 공장으로 변화시킨 경제 정책을 수립하는 데 핵심 역할을 했다.

보시라이의 아버지 보이보는 마오쩌둥의 또 다른 측근으로 역시 국민당과 싸웠다. 보이보는 경제 개혁에 관해서는 시중쉰보다 보수적이었지만, 1980년대에 중국의 양대 주식 시장인 상하이와 선전의 주식 시장 창설을 이끌었다.

1990년대 초까지 보시라이는 해안 도시 다롄(大連)의 잘나가는 시장으로서 두각을 나타냈다. 이후 랴오닝성(遼寧省) 성장과 상무부 부장을 거쳐 2007년, 중국 남서부 대도시 충칭시(重慶市) 당서기로 임명되었다. 뒤로 넘긴 검은 머리에 부드러운 미소가 백만 불짜리라는 평가를 받는 보시라이는, 항상 핵심을 찌르는 언변으로 언론의 찬사를 받았다. 만약 보시라이가 미국인이었다면, 그는 의회의 단골 의석을 차지했을 것이다.

시진핑은 보시라이만큼 화려하진 않았지만 훨씬 더 신중했다. 그가 1990년대 푸젠성의 관리였을 때, 중국군 가수이자 유명 인사인 펑리위안과 연애하고 있다는 사실을 그의 동료조차 전혀 눈치채지 못했다. 시진핑은 중국 외교관의 딸인 첫 번째 부인이 유학 간 영국에서 눌러살고 싶어 했다는 이유로 그녀와 헤어졌다.

상하이와 저장성의 당과 정부 고위직을 거친 시진핑의 이력도 보시라이 못지않게 화려했다. 그러나 시진핑은 2002년 11월 당 중앙위원회 위원으로 중앙 정치 무대에 등장했을 때, 상대적으로 그다지 알려지지 않은 인물이었다. 보시라이 역시 그의 아버지의 치열한 로비 끝에 같은 해에 중앙위원회 위원이 되었다. 그러나 그로부터 5년 후, 시진핑이 중국의 차기 통치자가 되기 위한 경쟁에서 앞서 나갔다. 보시라이는 2007년 정치국 위원에 올랐지만, 시진핑은 중국 최고 정치기구인 정치국 상무위원 아홉 명 중 한 명이 되었다.

휘트니와 나는 보시라이가 다시 경쟁에 뛰어들기 위해 필사적으로 노력하고 있다는 이야기를 들었다. 충칭시 당서기로서 보시라이는 문화대혁명 당시 마오쩌둥의 대규모 군중 동원을 연상시키는 정치 캠페인을 전개함으로써 자신의 인지도를 높였다. 중국 혁명 초기에 대한 향수에 젖어 있던 그는, 수천 명의 시민들이 모여 옛 공산당 노래를 따라 부르는 대규모 집회를 열었다.

하지만 보시라이의 절제되지 못한 야망이 그를 무너뜨리는 결과를 초래했다. 그의 추락은 2011년 11월 15일, 충칭의 허름한 게스트하우스 럭키홀리데이 호텔 1605호에서 영국 사업가 닐 헤이우드Neil Heywood의 시신이 발견되면서 시작되었다. 헤이우드에 대한 최초 보도는 '그가 술을 마신 후 급사했다'는 것이었고, 그의 시신은 부검 없이 화장되었다.

헤이우드는 보시라이의 매력적인 두 번째 부인 구카이라이(谷開來)의 오랜 사업 파트너였다. 충칭의 공안국장(경찰서장) 왕리쥔(王立軍)이 이 사건을 조사하면서, 그는 보시라이의 부인 구카이라이가 사업상 갈등으로 헤이우드를 독살했다는 것을 알아냈다.

왕리쥔은 보시라이의 사무실로 직접 찾아가 그에게 이 사실을 말했다. 보시라이는 그것을 자신에 대한 암묵적 협박으로 받아들였다. 그는 왕리쥔이 충성스러운 경찰서장이라면 사건을 소리 소문도 없이 처리했어야 한다고 생각했다. 보시라이는 책상에서 벌떡 일어나 고막이 떨어져 나갈 정도로 왕리쥔을 세게 때렸다. 그러고는 왕리쥔을 해임하고 오히려 그를 부패 혐의로 조사했다.

자신도 살해의 희생자가 될 것을 두려워한 왕리쥔은 2012년 2월 6일 충칭을 떠나 청두 인근의 미국 영사관을 찾아가 미국 외교관에게 자신의 상황을 설명하고 정치적 망명을 요청했다. 왕리쥔이 미국 공관 안에서 성명을 발표하자, 여러 경쟁 정파를 대표하는 경찰들이 영사관을 에워싸 며 긴장감이 감돌았다. 다음 날 미국 영사관은 왕리쥔을 중국 국가안전 부 부부장에게 인계했고, 그는 왕리쥔을 베이징으로 데려갔다. 이 모든 일이 당이 다음 달에 있을 전국인민대표대회 연례 총회를 준비하던 불길 한 시기에 전개되었다.

장 이모는 왕리쥔이 베이징에 도착한 뒤 정치국 상무위원 아홉 명을 만나 이 사건에 대해 논의했다고 우리에게 알려 주었다. 공안 담당 상무위원이자 보시라이의 우군인 저우융캉(周永康)이 먼저 입을 열 고, 수사가 왕리쥔 선에서 그쳐야 한다고 주장했다. 장 이모는 "회의장 에 침묵이 흘렀다"고 말했다. 저우융캉의 그 발언은 보시라이까지 수사 가 확대되어서는 안 된다는 의미였다. 상무위원들은 저우융캉의 견해에 대해 신중한 입장이었다. 아무도 목소리를 내지 않자 상대적으로 서열이 낮은 시진핑이 순서를 깨고 발언에 나섰다. 그는 당이 왕리쥔뿐만 아니 라 관련 가능성이 있는 사람들을 모조리 조사해야 한다고 단호하게 주장 했다. 그가 그 자리에서 굳이 보시라이나 그의 아내 이름을 거명할 필요도 없었다. 회의에 참석한 모든 사람에게 관련 가능성이 있는 사람들이란 보시라이와 그의 아내를 말하는 것임이 명백했기 때문이다. 시진핑은 그 자리에서 자신이 목소리를 내지 못한다면, 자신의 숙적을 제거할 절호의 기회를 놓칠 것이라는 점을 잘 알고 있었다.

상무위원회 서열 이인자로서 원자바오 총리는 핵심 발언권을 갖고 있었다. 그는 시진핑의 의견에 동의했다. 그다음으로, 서열 1위 후진타오 당서기도 신중한 태도로 전체적인 조사를 지지했다. 그것이 대세가 결정되는 방식이었다. 이후 3월 7일 속개된 정치국 상무위원회에서 최종 표결이 이루어졌을 때, 보시라이를 당에서 추방하고 그 사건을 중국 검찰에 넘겨 보시라이의 부인을 닐 헤이우드의 살해 혐의로 조사하라는 의견에 반대한 사람은 저우융캉뿐이었다.

보의 숙청 결정으로, 3월 14일 전국인민대표대회 폐막식은 극적인 기자회견장이 되었다. 이는 원자바오가 총리로서 10년을 보낸 후 가진 마지막 기자회견이었다. 원 총리는 《뉴욕타임스》의 질문에 답하면서, 보시라이를 질책하고 충칭시의 당위원회에 "왕리쥔 사건을 진지하게 반성하고 교훈을 얻어야 한다"고 말했다. 그것은 폭탄선언이었다. 원 총리는 보이지 않게 진행되고 있던 보시라이와의 암투에서 시진핑을 지지했을 뿐만 아니라, 공개적으로 보시라이를 비난한 것이다.

다음 날, 보시라이는 충칭시 당서기에서 해임되었다. 4월 10일, 그는 당 중앙위원회는 물론 정치국에서도 쫓겨났다. 중국 법원은 그해 9월, 보시라이에게 무기징역을 선고했다. 그리고 같은 해 11월 15일, 시진핑은 중국공산당의 총서기가 되었다.

장 이모는 원 총리가 보시라이에 대한 수사를 지지하고, 보시라이를 공개적으로 비난했기 때문에 중국 보안부 내의 보시라이파와 갈등을 빚게 된 것으로 추측했다. 우리가 입수한 다른 정보도 장 이모의 견해와 비슷했다. 2012년 2월, 휘트니와 나는 보시라이가 중국 기자와 학계의 인맥을 동원해 장 이모와 그 자녀들에 대한 악성 소문을 파헤쳤다는 이야기를 들었다.《뉴욕타임스》의 바르보자 기자는 어떻게 해서 그 기사를 쓰게 되었냐는 질문에 답하면서 원자바오에게 복수하려는 보시라이파 인사들로부터 정보를 얻었다는 사실을 극구 부인했다. 그러나 장 이모는 보시라이에게 충성하는 보안요원들이 홍콩의 바르보자에게 여러 개의 문서 상자를 넘겼다는 사실을 알게 되었다고 말했다.

시진핑이 부패척결 운동을 시작한 지 약 1년 후 그리고《뉴욕타임스》가 원 총리 일가의 재산에 대해 보도한 지 1년 후인 2013년에, 장 이모는 우리에게 자신과 자녀들이 기소되지 않는다는 보장을 받는 대가로 국가에 전 재산을 헌납했다고 말했다. 그녀는 다른 홍색 귀족 가문들도 마찬가지였다고 했다. 그들의 그런 행동 뒤에는 또 다른 이유도 있었다. 중국공산당은 역사를 다시 쓰기를 원했다. 앞으로 당이 또 체제의 부패를 용인했다는 의혹에 직면할 경우, 당은 재산을 국가에 헌납한 홍색 귀족 가문들이 부패를 저지른 것이 아니라 국가에 봉사해 왔을 뿐이라고 주장할 수 있는 근거를 마련한 것이다. 휘트니와 내겐 그 모든 것이 매우 비현실적으로 보였지만, 중국의 공산주의자들은 오래전부터 사유재산을 훔치고 진실을 왜곡한 전적이 있었다.

《뉴욕타임스》기사는 우리가 이제는 투자액의 상당 부분을 해외에 투자해야 하고, 중국에서 사업할 경우에도 당과의 꽌시에 의존하는 것을 중단해야 한다는 나의 주장을 더욱 강화해 주었다. 나는 우리가 개방 시장에서도 경쟁할 만큼 충분히 숙련되어 있다고 주장했다. 우리는 꽌시 게임을 하면서 큰 성공을 거두었지만, 이제는 새로운 모델로 전환해야 할 때라고 생각했다. 그동안 친한 친구가 된 우리의 서방 파트너들 덕분에 내 입지는 더욱 굳건해졌다. 콘 페더슨 폭스 회사의 CEO 폴 캤츠 같은 국제적인 사업가들도 우리의 노력에 깊은 인상을 받았고, 우리에게 해외 프로젝트에 참가해 다른 회사들과 경쟁하라고 격려했다.

그러나 휘트니는 여전히 동의하지 않았다. 그녀는 우리가 국제화되는 것을 두려워했다. 그녀는 원 총리가 시진핑의 주석 등극에 결정적인 역할을 했기 때문에 시 주석이 원 총리와 그의 가족, 나아가 우리를 계속 보호해 줄 것이라고 주장했다. 그녀는 우리의 미래가 중국에서 여전히 밝다며 옛 방식을 포기하지 못했다.

그러다 우리 사이에 다른 문제가 생겼다. 어느 날 저녁, 함께 침대에 누워 있는데 그녀가 한 점쟁이의 점괘를 보여 주었다. 당시 중국 엘리트들 사이에서는 운세를 점치는 것이 대유행이었다. 갑작스럽게 피라미드의 꼭대기에 오른 중국의 졸부들은 역술가, 기공(氣功) 고수 등 온갖 점쟁이들을 고용했다.

집권 70년 동안 중국공산당은 전통적인 중국의 가치를 파괴하고 종교를 불법화했다. 그 틈을 타고 미신이 자리 잡았다. 순식간에 천당에서 지옥으로 떨어질 수 있는 예측불허의 시스템에서 미래의 예언을 약속하는 미신이 이들 졸부들의 마음을 사로잡은 것이다.

휘트니는 점쟁이가 붓으로 그녀의 운세를 적은 작고 빨간 책자를 꺼냈다. 그러나 내 눈길을 끈 것은 점쟁이의 예언이 아니라 그녀가 태어난 해였다. 그 점쟁이는 그녀의 출생연도를 '1966'이라고 썼다. 그동안 휘트니는 나와 같은 해인 1968년생이라고 말해 왔다.

내 생일은 1968년 11월이었고, 휘트니는 같은 해 12월생이라고 했다. 그런데 이제서야 그녀가 실제로는 나보다 두 살 더 많다는 것을 알게 된 것이다. 그녀는 내게 진짜 나이를 숨겼지만 점쟁이에게는 사실을 말했다. 그녀가 점쟁이에게 진짜 생년월일을 말하지 않았다면, 나는 여전히 몰랐을 것이다.

나는 그녀의 생년월일을 쓴 글자를 가리키며 물었다. "도대체 이게 뭐야? 당신과 결혼한 지 10년이 지났는데도 당신의 진짜 나이를 모르고 있었군 그래." 휘트니는 약간 당황하며 멈칫하더니 이렇게 말했다. "그래도 난 여전히 나예요."

내가 말했다. "그래, 하지만 꼭 그렇진 않아. 이름, 생일, 성별은 사람에겐 가장 기본적인 정보지. 어떤 서류를 쓰든, 그것들이 맨 처음 받는 질문이니까. 만약 당신이 그중 하나를 바꾸고도 여전히 같은 사람이라고 말한다면, 음, 그건 맞지 않지."

그녀가 다시 대꾸했다. "그래도 난 여전히 나예요."

휘트니는 우리가 처음 사귀기 시작했을 때 그녀의 어머니와 나이 문제에 대해 상의했다고 설명했다. 그녀의 어머니는 우리가 완벽한 한 쌍으로 보인다며 "네 진짜 나이를 그대로 말하면, 운명을 거부하는 게 될 거야"라고 말했다고 한다. 두 사람 모두 휘트니가 나보나 나이가 많다는 걸 내가 알게 되면, '아내는 남편보다 어려야 한다'는 중국의 가부장적 사회 분위기상 내가 떠날까 봐 걱정했다고 한다.

어쨌든 우리 관계에서 속임수가 있었음을 뒤늦게 알게 된 점은 내게 또 다른 충격이었다. 우리는 함께하는 일의 미래에 대해 의견 차이가 심했고, 심지어 직원들 앞에서도 끊임없이 말다툼을 벌였다. 거기에 이번엔 나이를 속인 사실까지 밝혀진 것이다.

휘트니가 간절히 하고 싶어 했던 또 다른 프로젝트를 두고도 충돌했다. 우리는 베이징의 중심 업무지구에 있는 차이나월드 호텔 옆의 거대한 부지를 재개발하는 입찰에 참여할 것을 고려하고 있었다. 고층 빌딩과 쇼핑몰이 있는 약 46만 제곱미터(14만 평)의 거대한 사업이었다. 그곳은 중국의 어떤 곳보다도 땅값이 비싼 지역이었다.

그 땅을 재개발하기 위한 협상을 진행하면서, 나는 또 우리가 고통을 감수해야 할 거라는 느낌이 들었다. 어느 날 몇 명의 사업가들과 그들을 후원하는 당 관계자들이 주관하는 식사 자리에 나가게 되었다. 이 분야의 세계적 리더로 꼽히는 홍콩의 개발회사 선홍카이(新鴻基) 부동산 대표가 베이징에 와서 나, 휘트니 그리고 장 이모와 함께 점심 식사를 했다.

식사가 끝나자마자 휘트니의 휴대전화가 울렸다. 당시 국무원의 홍콩·마카오 담당 부국장을 맡고 있는 천쭈어Chen Zuo'er였다. 휘트니는 스피커폰으로 연결했고, 나는 앉아서 천쭈어가 이 프로젝트의 지배 지분을 선홍카이에 양도하라고 종용하는 소리를 들었다. 그건 내게 너무 큰 충격이었다. 천쭈어는 중국 정부의 장관급 관리였다. 그런 그가 뻔뻔스럽게도 베이징의 부동산 거래에서 홍콩 기업을 위한 로비를 하고 있는 것이다. 홍콩의 문제까지 관여하는 중국공산당 관리들과 홍콩 재계 엘리트들 간의 유대가 얼마나 친밀한지 알게 되었다. 우리는 그 요청을 고려해보겠다고 대답했다.

상황을 평가해 본 나는 프로젝트가 매우 복잡할 거라는 느낌이 들었다. 승인 절차가 공항 프로젝트 때보다 훨씬 더 어려워 보였다. 이 프로젝트를 진행하려면 최소한 정치국 상무위원 두 명은 우리 편으로 만들어야 했다. 물론 그래도 여전히 정치적 압력을 받을 수 있었다. 나는 직원들에게 그 프로젝트에서 손을 떼라고 말했다. 당연히 휘트니는 좋아하지 않았다.

휘트니와 나 사이를 멀어지게 한 사건은 또 있었다.

2013년 초, 나는 홍콩의 상장 회사를 인수하려는 친구에게 3천만 달러(360억 원)를 대출받아 빌려주었다. 그리고 그 거래를 마무리 지을 수 있도록 두 번에 걸쳐 갚기로 약속했다. 수년 동안 알고 지낸 딩이Ding Yi라는 친구였다. 그 친구도 나처럼 중국에서 태어났지만 해외(호주)에서 자랐다. 우리는 1990년대, 내가 미국에서 홍콩으로 처음 돌아온 후에 만났다. 홍콩의 유흥가인 란콰이퐁(蘭桂坊)과 베이징의 술집 거리를 누비며 숱한 밤을 함께 보냈다. 나는 그를 나의 가장 친한 친구 중 한 명으로 여겼다.

딩이는 스위스 은행과 중국 투자회사에서 일하면서 큰돈을 벌다가, 2007년 아시아 금융위기 때 거의 전부를 잃었다. 그의 아내는 금속 무역 회사를 운영했는데 주로 중국에서 활동했다.

그런데 어느 날 그녀의 회사가 분쟁에 휘말렸다. 중국의 한 은행이 경찰에 돈을 주고 그녀를 체포해 인질로 붙잡아 달라고 부탁한 것이다(이는 중국에서 흔히 볼 수 있는 일이다). 경찰은 그녀를 중국 북서쪽 구석에 있는 머나먼 오지 신장(新絳)의 한 마을 유치장에 잡아넣었다. 딩이는 몇 년 동안 그녀를 석방시키기 위해 노력했고, 마침내 풀려날 수 있었다. 그러나 놀랍게도 그 과정에서 아내와 이혼하고 아내의 비서였던 여자와 결혼했다. 그 여자는 상하이 출신의 술집 여성이었고 이본느Yvonne라는 영어 이름을 쓰고 있었다. 중국은 사람들이 그런 모순된 삶을 사는 나라였다. 어쨌든 전처를 돕기 위해 최선을 다하는 사람이면 믿을 만하다고 생각했다.

2013년 10월, 두 번째 분할금의 만기가 돌아왔다. 나는 휘트니에게 도움을 요청했지만 그녀는 거절했다. 그녀와 열띤 논쟁을 했고, 나는 거래가 완료되면 돈을 갚겠다고 했지만, 그녀는 그 일에 더 이상 관여하고 싶지 않다고 말했다. 나는 딩이에게 안 좋은 소식을 전할 수밖에 없었다. 당연히 그가 좋아할 리 없었다. 더 이상 자금을 조달할 능력이 없었던 나는 그에게 그의 회사 지분을 팔아 3천만 달러를 갚아 줄 것을 요청했다. 그는 주춤했다. 딩이의 현 아내인 이본느가 모종의 역할을 한 것 같았다. 홍콩 나이트클럽에서 딩이가 나를 위해 연 파티에서 이본느가 내게 청혼했는데 거절한 적이 있었다. 다시 말하지만 여기는 중국이다. 그들은 더 큰 물고기를 잡을 기회를 절대 놓치지 않는 사람들이고, 한 번 무시당하면 결코 그 모욕을 잊지 않는다. 나는 그녀가 딩이에게 내 돈을 갚지 말라고 종용했다는 것을 알았다.

딩이가 나를 속이려 한다는 것을 느꼈다. 우리가 친구일 때 나는 그를 만나러 홍콩을 수차례나 찾았고, 그때마다 술집을 누비고 다녔다. 딩이는 한결같이 변함없는 친구였다. 그러나 이제 돈 문제가 얽히자, 그는 얼굴만 보이고는 사라졌다. 변호사를 통해 그를 법정에 세우는 방법 외에 다른 도리가 없었다. 그는 자신의 명의로 상장사에 투자한 돈이 내 돈이 아니라고 주장했다.

집안에서 휘트니와의 관계도 나아지지 않았다. 우리는 서로 더 강압적으로 행동했다. 이때까지 우리는 불가리 호텔 건축 현장에서 가까운 포시즌스 호텔에 딸린 주거시설에 살고 있었다. 2013년 10월 말, 마침내 나는 그곳에서 나왔다.

17장

본색을 드러낸
중국공산당

　휘트니와 내가 헤어지기 몇 달 전인 2013년 7월 31일, 나는 콜로라도 주 아스펜에 있는 아스펜연구소의 '행동하는 리더십(Leadership in Action)' 프로그램에서 연설을 했다. 나는 중국에서 자신의 권리에 관심 있는 사람들이 늘어나는 추세일 뿐만 아니라 중국공산당 역시 개방에 적응하려 한다는 것도 목도해 왔다. 나는 연설에서, 공산당 통치자가 바뀔 때마다 과거보다는 더 많은 권력을 동지들과 공유하고 있다고 말했다.

　중국이 비록 명목상 공산주의 국가이긴 하지만, 나라가 운영되는 방식은 계속 변화하고 있다고 역설했다. 내가 관찰한 바로는, 중국 정권이 바뀔 때마다 여론에 더 많이 반응해 왔다. "마오쩌둥은 혼자 모든 것을 다 결정했지요. 덩샤오핑이 들어서면서 두세 명의 원로들과 국정을 상의해야 했습니다. 장쩌민은 더 많은 사람의 이야기를 들어야 했지요. 중국을 절대 변하지 않는 나라로 보는 것은 옳지 않습니다." 나는 유행하는 캐주얼 스타일(석양 색상의 티셔츠, 진한 색상의 재킷, 브랜드 운동화, 발목 없는 양말)을 차려입음으로써, 중국이 서양과 잘 어울릴 수 있다는 생각을 몸소 보여 주었다. 그러나 내가 중국의 체제에 대해 개인적으로 품었던 우려는 시진핑이 새로운 지도자로 부상하면서 점점 커지고 있었다.

나는 처음에는 시진핑의 집권에 대해 낙관적이었는데, 그것은 우리가 칭화대학교에 기부했을 때 그 대학의 당서기였던 천시와 시진핑이 가까운 사이라는 것을 알았기 때문이었다. 시진핑이 부주석이 된 직후, 그는 대학 시절 룸메이트였던 천시에게 개인 고문단을 맡아 달라고 부탁했다. 천시는 이전에도 시진핑의 부탁을 거절한 적이 있었다. 1999년 시진핑이 푸젠성 성장으로 임명되면서 그에게 부성장 자리를 제안했지만 거절했었다(240쪽 참조). 그러나 이번에는 권력의 중심에서 중국의 최고 지도자를 위해 일한다는 비전 때문에 칭화대학교를 떠나기로 결심했다.

시진핑은 천시를 교육부 부부장으로 임명한 뒤 얼마 지나지 않아 요녕성(遼寧省)의 당 부서기로 빠르게 승진시켰다. 요녕성에서 지낸 기간은 불과 7개월이었지만, 이는 출세를 위해 지방의 자리를 거쳐야 하는 이력을 더해 주기 위한 시진핑의 배려였다. 천시는 2011년 4월, 베이징으로 돌아왔다. 2년 후, 시진핑은 당 고위 간부들의 승진을 담당하는 요직인 중앙당 조직부에 그를 배치했다. 2017년, 천시는 조직부의 수장이 되었다. 요직에 강력한 측근을 배치한 시진핑은 중국 전역의 당직에 자신의 추종자들을 배치할 수 있었다.

내가 처음에 시진핑의 집권을 낙관했던 또 다른 이유는, 휘트니의 차(茶) 파트너인 왕치산도 시진핑과 친분이 있는 것으로 보였고, 휘트니와 대화할 때도 시진핑을 극구 칭찬했었기 때문이다. 우리는 천시와 왕치산 두 사람이 시진핑을 좋아한다면, 그의 집권이 후진타오의 지나치게 신중한 통치 방식을 개선하는 계기가 될 수 있다고 생각했다.

그러나 2012년 11월 시진핑이 당서기에 오른 직후, 그는 대대적인 반부패 운동을 시작했다. 우리는 그가 지나치게 공격적이라고 느꼈다. 시진핑은 2013년 3월까지 아직 국가주석 자리를 차지하지는 못했지만, 이미 수천 명의 공직자를 대상으로 범죄 수사를 벌이고 있었다. 사실 국가주석이 되기 전부터 이런 식으로 주목받는 행위를 하는 것은 중국에서 흔치 않은 일이었고, 당의 전통과도 맞지 않았다. 어쨌든 우리는 부패와의 싸움을 지지했다. 중국이 비록 반대 세력을 축출하기 위해 부패 정화라는 명분을 사용해 왔지만 말이다.

시진핑의 부패척결 캠페인이 1년 동안 지속되자, 우리는 천시 등 다른 몇몇 사람들과 그 문제에 대한 의견을 나누었다. 그들은 시진핑이 반부패 전투를 자신의 첫 임기 중반까지 이어 나간 후에는 어느 정도 완화할 것이라고 결론을 내렸다. 그들은 현재 진행되는 반부패 운동이 중국 경제에 영향을 미치고 있고, 관료 체제 내부의 사기를 떨어뜨리고 있기 때문에 그렇게 될 수밖에 없다고 말했다. 그러나 사람들은 조사받는 것이 두려워 그런 생각을 입 밖에 내지는 않았다.

어쨌든 반부패 운동이 영원히 지속될 수는 없었다. 시 주석이 수백 명의 관리들을 체포한 것도 마찬가지였다. 그가 부패척결의 명분으로 수만 명을 감옥에 넣는다 해도, 사람들은 단지 몇 개의 나쁜 사과를 제거한 것에 지나지 않는다고 생각할 것이다. 시스템 전체가 완전히 썩었기 때문이다. 어쨌든 중국 당국은 2020년까지 270만 명 이상의 관리들을 부패 혐의로 조사해 150만 명 이상을 처벌했는데, 여기에는 국가 고위급 지도자 7명과 장군 24명이 포함되었다.

우리를 걱정시키는 또 다른 사태의 진전도 있었다. 시진핑이 집권을 준비하던 2012년 7월, 당 총무국에서 '이념 영역에 관한 현황 브리핑'이라는 제목의 문건이 돌았다. '문서번호 9'로 알려진 이 보고서는 언론 자유와 사법 독립 등과 같은 서구의 위험한 가치들이 중국을 감염시키고 있으며 이의 근절이 시급하다고 경고하는 내용이 들어 있었다. 이 문서는 그러한 가치들은 '지극히 악의적'인 생각이므로 중국의 학교와 대학에서 이를 가르치는 것을 금지해야 한다고 주장했다. 이 문서는 또 언론이 독립적인 매체로 변화해야 한다는 주장을 비난하며, 당 조직이 정기 간행물을 검열하기 위한 노력을 더욱 강화해야 한다고 주문했다.

이 문서가 나돈 이후, 중국 보안국은 시민 사회의 법률가들과 이를 옹호하는 지지자들에 대한 단속을 강화했다. 어느 정도 독립적인 움직임을 보였던 매체의 마지막 흔적조차 사라지거나 당에 의해 해킹당했다. 그리고 CPPCC에서도 불안한 변화들이 목격되었다.

2013년 초, 베이징시 CPPCC 지부 대표단 회의가 소집되었다. 나는 분위기가 달라졌다는 것을 금세 눈치챘다. 우선 베이징 회의에 CPPCC 의장이 직접 참석했다. 당 고위직인 CPPCC 의장은 중국에서 억압적인 정치가 완화될 것이라는 우리의 환상을 완전히 뒤엎는 연설을 했다. 그는 정치철학자 위커핑을 직접적으로 비판했다. 위커핑은, 민주 개혁이 중국을 더 강하게 만들 것이라는 기치 아래 싱크탱크인 카이펑재단을 운영하기 위해 우리가 고용한 인물이었다(246쪽 참조). 그는 CPPCC가 제2의 의회로 기능할 것이라는 생각을 일축했다. 그의 연설은 우리 모두를 낙담시켰다. 그것은 시진핑 정권에서 앞으로 우리가 더 많이 보게 될 추잡한 강압 통치로의 회귀를 보여 주는 시작이었다.

중국의 외교정책도 훨씬 더 공격적으로 변했다. 나는 홍콩으로 돌아가는 길에 이러한 변화를 개인적으로 목도했다. 1997년 영국이 홍콩을 중국에 반환하는 협약에서 중국은 이른바 '일국양제(一國兩制)' 합의에 따라 향후 50년 동안 홍콩의 자치를 허용한다고 약속했다. 중국은 또 홍콩에 상당한 정도의 민주주의와 중국 내에서는 허용되지 않는 종교, 언론, 집회의 지속적인 자유를 부여하기로 합의했다. 그러나 시진핑 정권에서 중국은 이 약속들을 파기하기 시작했다.

시진핑 정부는 홍콩의 민주화를 축소했다. 중국 당국은, 당이 좋아하지 않는 중국 지도자들에 관한 책을 만들어 파는 홍콩의 출판사와 서점상들을 납치하기 위해 보안요원들을 홍콩으로 급파했다. 당의 조치는 홍콩의 정치 체제를 크게 약화시켰다. 당은 그 작전에 나를 포함한 홍콩의 CPPCC 회원들을 징집했다.

베이징시 CPPCC 지부 회의에서 당 관리들은 우리에게 홍콩의 정치 생활에 직접 관여할 것을 지시했다. 2014년 홍콩에서 '우산 운동'이 일어나면서 당의 그런 요구는 더욱 심해졌다. 우산 운동은 중국공산당이 홍콩 행정장관 후보자를 베이징에 충성하는 사람들로 구성된 위원회에서 우선 심사해야 한다고 결정하면서 촉발되었다. 그들의 의도는 분명했다. 하지만 베이징이 사전 심사한 사람에게만 투표해야 한다면, 한 사람

한 사람의 투표권이 무슨 의미가 있겠는가.

그해 9월 우산 운동이 시작되자마자, 우리는 CPPCC 간부들로부터 홍콩으로 가서 반대 시위를 조직하고 자금을 지원하라는 지시를 받았다. 홍콩에 사업체를 둔 사람들은 직원들에게 중국의 입장을 지지하며 우산 운동에 반대하는 행진을 하도록 자금을 지원하라는 지시를 받았다. 2014년 10월 어느 더운 날, 나도 이 반대 시위에 참여했다.

우리는 홍콩 상업지구인 코즈웨이 베이Causeway Bay의 빅토리아 공원에서 모였다. 아이러니하게도 그곳은 홍콩의 모든 민주화 운동이 시작된 장소였다. 중국공산당 전위 조직, 마을 단체, 각지에서 모인 CPPCC 회원들, 그 외 수많은 친중국 단체들이 동원되었다.

나는 내가 그 집회에 참석했다는 것을 확인받기 위해 CPPCC의 홍콩 연락사무소 대표들의 눈도장을 받아야 했다. 나는 이 집회를 위해 노력했다는 것을 인정받고 싶었다. 그들은 우리를 모아놓고 단체 사진을 찍었다. 그들도 중국 본부로부터 자신들의 노력을 인정받기를 원했다. 연락사무소 기관원들이 우리에게 중국 국기를 나눠 주었고 우리는 행진을 시작했다.

우리는 홍콩섬의 주 간선도로인 헤네시로드Hennessy Road로 걸어 나갔다. 민주화 행진을 가로막으면서 선의의 농담을 주고받았다. 그때까지만 해도, 홍콩의 친중 단체와 민주화 단체 간의 관계는 그렇게 적대적이지 않았다. 우리가 인접한 완차이구(灣仔區)에 도착했을 때, 우리 일행 중 일부는 슬그머니 도망치기 시작했다.

CPPCC의 베이징 지부 회원 대부분은 홍콩에 살고 있는 사람들이었지만, 나는 이 운동에 참여하기 위해 베이징에서 비행기를 타고 일부러 홍콩까지 왔다. 그동안 이런 CPPCC 활동에 너무 많이 빠졌기 때문에 이번 활동은 꼭 끝까지 참여하는 게 좋겠다고 생각했다. 우리는 빅토리아 공원에서 옛 영국 해군항의 이름을 딴 애드미럴티Admiralty까지 1마일 좀 더 되는 거리를 걸었다. 내가 끝까지 행진했다는 것을 연락사무소 관계자들이 알도록 신경을 썼다.

사실 이런 운동 자체가 웃기는 일이었다. 행진에 나선 우리는 물론, 연락사무소 관계자들까지 모두 연기를 하고 있었다. 이런 행동의 근간이라고 할 수 있는 생각, 그러니까 홍콩의 민주주의나 자유를 지금보다 축소시켜야 한다는 생각에 동의하는 사람은 아무도 없었다. 그곳에 참여한 사람들은 모두 개인의 이해관계 때문이거나 베이징에 잘 보이려는 생각뿐이었다. 나는 진심으로 중국이 홍콩의 일에 간섭해야 한다고 생각한 적이 없다. 홍콩이 중국의 지도를 받아야 한다고 생각해 본 적은 더더욱 없었다. 우리는 중국의 간섭 없이 잘 지내 왔으니까.

2013년과 2015년 11월에 있었던 홍콩 입법회 선거 때, 공산당 간부들은 우리에게 자신들이 선호하는 후보 명단을 주면서 홍콩으로 가서 그 명단의 후보에게 투표할 사람들을 조직하라고 지시했다. 한때는 소셜미디어 위챗WeChat(텐센트가 운영하는 중국판 페이스북-옮긴이) 계정에 당의 지시를 전달하는 게시판까지 등장하기도 했는데, 너무 황당하다고 생각했는지 얼마 있다가 당은 게시판을 삭제했다. 대신 당 간부들은 자신들의 책임을 모면하기 위해, 당의 선택임을 암시하는, 후보 이름 밑에 빨간 밑줄을 친 명단을 우리에게 건넸다. 그들은 그 명단을 주면서 우리가 한 일을 추후 보고하라고 요구했다. 또한 "우리가 원하는 후보에게 투표할 수 있게 얼마나 많은 사람을 조직했습니까?"라는 질문을 던졌다.

홍콩 체제의 특징 중 하나는, 특정 직업군마다 그 분야의 구성원만이 선출할 수 있는 입법회 대표가 있다는 것이었다. 예를 들어 의사들은 의사만이 참여해 자신들의 대표를 뽑는데, 이를 '기능적 선거구'라고 부른다. 퀸스 칼리지의 많은 졸업생이 의사가 되었기 때문에, 나는 동창회 네트워크를 이용해 베이징의 동창생들이 베이징의 승인을 받은(빨간 밑줄이 쳐진) 후보자에게 투표하도록 설득하라는 지시를 받았다(홍콩 입법회는 70석으로 구성돼 있지만, 일반 시민이 직접 뽑는 의석 수는 35석이고, 그 외 30석은 기업, 은행, 무역 등 특수 이해관계를 대표하는 소규모 집단이 투표하는 '기능적 선거구'에서 선출됨-옮긴이).

나는 시진핑과 그가 추진하는 방향에 의구심이 들었지만, 그렇다고 해서 홍콩 시민의 우산 운동과 '중앙 점령(Occupy Central) 운동'에 크게 공감하지는 않았다. 그들은 너무 급진적인 데다 미국의 '월가 점령(Occupy Wall Street) 운동'을 모방한, 현실과 동떨어진 운동을 하는 것으로 보였고, 실제로 홍콩 시민 대다수가 그들을 지지한다고 생각하지도 않았다.

나는 오히려 홍콩을 다루는 문제에 관한 한 중국 정부가 충분히 대처할 수 있으리라고 생각했다. 그래서 나는 당이 홍콩을 더 잘 통치할 수 있도록 돕기 위해 내가 할 수 있는 일을 하기로 했다. 홍콩의 반대 시위에 참여한 후 베이징으로 돌아와 보고서를 썼고, 한 친구가 그 보고서를 시진핑의 사무실에 제출했다.

나는 그 보고서에서 홍콩의 이른바 '금권주의자'들을 겨냥했다. 이들은 공산주의 고위 관료들과 연줄을 이용해 홍콩을 자신들의 개인 돼지저금통으로 만들어, 결과적으로 홍콩 지역민들에게 피해를 입힌 홍콩의 재벌 가문들을 지칭하는 말이었다. 나는 홍콩이 그런 '족벌 자본주의자들'에 의해 통제되고 있다고 썼다. 일반 대졸 직장인들의 월급은 한 세대가 지나는 동안 한 푼도 오르지 않은 반면, 부자들은 점점 더 부유해지고 있다고 주장했다. 특히 홍콩의 기업들을 대변하는 입법회의 대표를 지명하는 집단(위원회)에서 민주주의를 확대할 필요가 있다고 제안했다. 단순히 친베이징(친공산당) 경제 엘리트 구성원이 아니라, 민주 단체 대표들과 청년들을 위원회에 참여하게 해야 한다고 주장했다. 나는 또 홍콩에서의 소요가 중국 본토에서는, 중동 지역을 휩쓸고 있는 컬러 혁명의 영향을 받았으며 '적대적인 서구 세력'에 의해 선동되고 있다고 널리 알려져 있지만 그런 이해는 잘못된 것이라고 공격했다. 그리고 문제의 본질에 대한 잘못된 해석으로는 해결책을 강구할 수 없다고 주장하며 중국 정부는 홍콩의 돈 많은 재벌들의 정치 권력 독점을 허용하지 말고 홍콩 사회 전반에 관여해야 한다고 강조했다. 중국에서 다수의 지지를 등에 업고 권력을 잡은 중국공산당이, 홍콩의 다수를 그렇게 홀대하는 것은 아이러니하다고 덧붙였다.

친구는 내가 쓴 보고서를 중국 정부의 최고위층에서 읽었다고 말했지만, 결국 당은 내 주장을 반영하지 않았다. 오히려 그들은 통제를 강화했고, 결국 2019년에 시작돼 2020년까지 이어진 홍콩의 대규모 시위를 촉발했다. 급기야 당은 기본적으로 언론의 자유를 파기하는 국가보안법(중국 전국인민대표대회에서 처리돼 2020년 7월 1일부터 시행된 법안으로, 홍콩 내 반정부 활동을 처벌할 수 있는 내용을 골자로 함-옮긴이)을 통과시켰다. 중국 본토에서 만들어진 모든 법률이 그렇듯이, 당이 싫어하는 사람은 누구든지 기소할 수 있게 넓은 자유를 주는 모호한 영역으로 가득 찬(의도적으로 모호하게 만든) 법안이었다.

홍콩 사람 수천 명이 국가, 지방, 시, 읍 차원의 CPPCC 회원들이었다. 그리고 우리는 모두 홍콩의 선거에 중국이 직접 개입하도록 지시받았다. 내가 놀랍게 생각하는 것은, '이게 내가 (당의 지시를 받아) 한 일이고, 그것은 잘못된 일이다'라고 공개적으로 말하는 사람이 아무도 없었다는 사실이다. 이는 매우 심각한 문제다. 너무 많은 홍콩인들이 그 영토의 미래를 팔고 있으면서, 아무도 '이제는 멈춰야 할 때'라고 말할 만큼 양심의 가책을 느끼지 않는다는 것이다.

우리는 순전히 사리사욕에 따라 중국과 타협한 것이다. 그러나 그것은 또한 우리가 얼마나 중국공산당을 두려워하는지, '그것이 잘못'이라고 목소리를 낼 경우 발생할 수 있는 파장을 얼마나 두려워하는지를 말해 준다. 아마도 시진핑의 칭화대학교 룸메이트였던 천시 같은 관리도 그런 문제에 직면했을 것이다. 우리는 모두 공산당의 지시를 따르지 않으면, 우리와 주변의 모든 사람, 사랑하는 사람들의 생계와 자유, 그리고 삶을 송두리째 잃을까 봐, 잘못된 것인 줄 뻔히 알면서도 체제의 명령을 따랐다. 그리고 그 대가는 너무 커 보였다.

시진핑의 반부패 운동이 계속 진행되면서, 나는 마침내 그것이 부패를 근절하기 위한 것이라기보다는 잠재적 경쟁자를 제거하기 위한 것이라는 결론을 내렸다. 시진핑은 이미 그의 강력한 라이벌인 보시라이를 감옥에 보내는 데 결정적 역할을 했다. 이어서 정치국 상무위원회에서 보시라이를 옹호했던 저우융캉마저도 감옥에 보냈다. 그 후에도 시진핑은 당 내의 또 다른 파벌인 '공청단(공산주의 청년단)'을 파괴하는 데 관심을 돌렸다.

공청단은 시진핑 주석의 전임자인 후진타오 주석이 주도해 만든 계파다. 2012년 말에 후진타오가 은퇴하면 그의 오른팔인 링지화가 공청단의 리더 자리를 계승할 예정이었다. 앞서 언급했듯이 링지화의 아들 링구는 한때 내 경주용 차를 빌렸던 청년이다.

링지화는 원자바오가 1990년대 초에 맡았던 '내시 장관(당 중앙위 총국국장)'으로서 후진타오 주석을 보좌했다. 그는 후 주석이 사임하는 2012년 11월에 정치국, 그리고 상무위원회 자리까지 올라갈 것으로 예상되었다.

원자바오가 은퇴하는 날을 대비해 휘트니는 링지화를 후원하는 데 관심이 많았기 때문에 그의 가족도 잘 알게 되었다. 내게 링지화의 아들 링구의 멘토 역할을 하라고 한 것도 휘트니였다. 휘트니는 또 링지화의 아내 구리핑(谷麗萍)과도 친구처럼 지냈는데, 구리핑은 신생 기업인들을 후원하는 공청단 자선단체인 '중국청년기업(Youth Business China)'을 설립하고 직접 총재직을 맡고 있었다. 휘트니는 언젠가 링지화 부부가 자신의 체스판에서 말이 될 것이라는 생각으로 수백만 달러를 그 자선단체에 기부했다.

그런데 재앙이 닥쳤다. 2012년 3월 18일 동이 트기 전, 링지화의 아들 링구가 그의 아파트에서 1마일 떨어진 곳에서 페라리 458 스파이더(Ferrari 458 Spider)(내가 빌려준 차는 아님)를 몰고 회전하다 통제 불능으로 충돌 사고를 냈고, 링구와 두 명의 여성 동승객이 벌거벗은 채 사망한 사고가 발생한 것이다. 이 사고는 홍콩의 중국어 타블로이드 신문의 먹잇감이 되었고, 홍색 귀족 아들딸들의 방탕한 행태가 사람들 입에 오르내렸다. 하지만 링구를 잘 아는 나는 뭔가 잘못되었다는 생각이 들었다. 링구가 빠른 속도로 달리는 경주용 자동차를 좋아한 것은 사실이지만, 새로운 아이디어에도 관심이 많았고 다른 홍색 혈통들처럼 허무주의적이고 야성적 성향을 지닌 인물은 아니었기 때문이다.

사고가 일어난 시점도 석연치 않았다. 정치국 상무위원회가 그해 말 링지화를 상무위원으로 승진시킬지 여부를 결정하는 날을 불과 며칠 남겨 둔 시점이었다. 링지화는 그의 아들이 진짜 사고로 죽은 것이 아니며, 이 사고가 자신과 공청단을 파괴하기 위해 계획된 것이라고 생각했다. 내가 서양 친구들에게 이 가설을 제기하자, 그들은 당이 그런 속임수를 쓸 가능성은 없다고 일축했다. 그러나 많은 사람은, 권력이 위태로울 때 당이 어떤 술수를 쓰는지 그 깊이를 가늠하지 못한다.

엎친 데 덮친 격으로, 그 사고 이후 링지화가 운명적인 실수를 저질렀다. 장 이모에 따르면, 그는 당 최고 보안책임자인 저우융캉에게 사고에 대한 소식이 퍼지는 것을 막아 달라고 설득했다고 한다. 후진타오 당서기도 사고 소식을 듣고 링지화에게 무슨 일이 일어났는지 물었을 때, 링지화는 그의 아들이 관련되어 있다는 사실을 부인했다.

후진타오는 전임자인 장쩌민이 사고에 대해 후진타오에게 따져 물었을 때야 비로소 그 사고에 링지화의 아들이 관여되어 있다는 사실을 알았다. 링지화의 거짓 진술이 드러나자 후진타오는 그를 더 이상 보호할 수 없었다. 결국 이 사고로 후진타오는 중국 권력의 정점에 자신의 측근을 남겨 놓으려 한 생각을 현실화하지 못했다.

링지화의 낙마는, 6개월 후인 2012년 9월 '내시 장관' 자리에서 해임되면서 본격적으로 시작됐다. 2012년 11월 15일, 중국공산당 중앙위원회 제18차 회의에서 링지화는 정치국 상무위원에도 오르지 못했다.

이후 2년 동안 당은 링지화를 정치적 정체 상태에 머물게 하다가, 2014년 12월 링지화가 당 중앙기율검사위원회에서 조사를 받고 있다고 발표했다. 결국 그는 당에서 쫓겨났고, 부패 혐의로 기소되었다. 2016년 7월, 그는 무기징역을 선고받았다.

링지화의 혐의에는 그의 부인 구리핑에 대한 혐의도 포함되어 있었다. 검찰은 구리핑이 남편에게 정치적 청탁을 한 대가로 업체로부터 금품을 받았다고 주장했다. 하지만 휘트니와 나는 구리핑을 수년간 알고 지냈기 때문에 그런 혐의가 억지라는 것을 알았다. 그 증거로 첫째, 그녀는 남편을 만나지 못했다. 링지화는 '내시 장관'으로서 중난하이 당사에서 거의 매일 잠을 잤다. 그는 아내와 짜고 부패한 사업 왕국을 만들 시간이 없었다.

둘째, 휘트니는 구리핑을 베이징에서도 자주 만났지만 홍콩 쇼핑 여행에도 수차례 함께 동행했기 때문에, 구리핑이 시계와 옷 같은 사치품에 거액의 돈을 쓰는 것을 얼마나 불편하게 생각하는지 잘 알았다. 휘트니는 구리펑의 그런 태도로 보아, 구리펑과 링지화 모두 특별히 돈을 탐내거나 부패하지 않았다고 확신했다.

휘트니는 구리펑과 함께 홍콩의 센트럴 쇼핑가에 있는 칼슨 시계 매장에 간 적이 있다. 칼슨 매장에는 50만 달러(6억 원)짜리 시계가 즐비하다. 그러나 구리펑은 2만 달러의 가격표를 보고 놀라 얼굴이 핼쑥해질 정도였다. 휘트니는 또 구리펑을 근처의 샤넬 매장으로 데려가 살 만한 정장이 있는지 둘러봤는데, 그녀는 가격을 살짝 보더니 너무 비싸다며 옷을 사지 않았다. 휘트니는 구리펑이 샤넬 매장에 한 번도 와 본 적이 없는 것 같다고 내게 말했었다. 베이징으로 돌아와 휘트니는 그랜드 하얏트 커피숍에서 구리펑을 만나곤 했다. 휘트니는 종종 사업 제안을 하는 사람들과 동반했는데, 구리펑은 열심히 듣기는 했지만 쉽게 관여하지는 않았다. 결국 휘트니는 구리펑이 정치적 뒷받침, 비전, 그리고 어떤 사업을 하려는 의지가 없다고 생각하고, 그녀와 어울리는 것을 그만두었다. "그녀는 말만 많고 행동이 없다"며 휘트니는 불평했다.

사망한 아들 링구에 대한 혐의도 석연치 않아 보였다. 국영 언론은 링구가 비밀 정치단체를 결성했다고 비난했다. 정말 웃기는 얘기였다. 그가 만든 건 독서 모임이었다. 나는 개인적으로 모든 과정을 다 지켜봐서 잘 알고 있다. 심지어 내가 책 몇 권을 추천하기도 했다.

중국에서 공산당은 자신들이 원하는 증거를 조작하고, 자백을 강요하며, 사실과 관계없이 어떤 혐의도 원하는 수준으로 만들어 낼 수 있다. 물론, 많은 사람이 그 시스템에 대해 너무 모르기 때문에 당이 발표한 혐의를 그대로 믿는다. 중국의 경제성장률도 그렇다. 당이 목표를 정하면,

중국은 매년 기적적으로 소수점 이하까지 목표 성장률을 맞춘다. 당이 진실을 감추고 반대 목소리를 잠재우는 데 너무나 능숙하기 때문에 모든 사람이, 심지어 외국인들까지 당의 거짓말에 속는다. 사실과 허구를 구분하는 것은 거의 불가능하다.

그러나 우리는 링지화 일가를 개인적으로 잘 알고 있어서 그들에 대한 혐의가 터무니없을 뿐만 아니라 국영 언론에 보도된 그들의 재산도 가짜라는 것을 간파했다. 결국 우리의 결론은, 링지화가 다른 관료보다 더 부패했기 때문이 아니라 경쟁적 정치 세력을 대표했기 때문에 숙청되었다는 것이다.

그때 쑨정차이에 대한 소송도 진행되고 있었다. 쑨정차이는 시진핑 주석 겸 당서기의 두 번째 임기가 끝나는 해인 2022~2023년 이후에 시진핑의 뒤를 이을 후보였다. 2012년 보시라이의 몰락 이후, 쑨정차이가 충칭의 당서기 자리를 이어받았고 국영 언론은 그의 업적을 찬양하고 있었다.

하지만 2017년 2월부터 쑨정차이는 몰락의 길을 걷기 시작했다. 중앙기율검사위원회는 그가 충칭에서 보시라이의 잔재 세력을 완전히 숙청하지 않았다고 비난했다. 2017년 7월 초, 쑨정차이는 시진핑이 저장성 성장에 재직할 때 시진핑의 선전부장이었던 사람에게 충칭의 당서기 자리를 내주어야 했다. 전형적인 공산당 방식대로, 중앙기율검사위원회 검열관들은 각종 고위 인사 목록의 사진과 동영상에서 쑨정차이의 존재를 빠르게 지웠다.

결국 7월 말, 당은 쑨정차이가 당 규율 위반으로 조사를 받고 있다고 발표했고, 그는 2012년 시진핑이 집권한 이후 부패 혐의로 희생양이 된 첫 현직 정치국원이 되었다(그가 쫓겨난 후 두 번째로 저우융캉이 기소되었다). 2017년 9월, 쑨정차이는 공산당에서 제명되었고, 이듬해 2018년 5월 8일, 2,400만 달러(290억 원) 상당의 뇌물을 받은 혐의로 무기징역을 선고받았다. 쑨정차이의 주요 경쟁자인 후춘화는 사정이 좀 더 나았다. 그는 감옥에 가지는 않았지만, 시진핑은 그의 출세를 막았다. 후춘화는 2017년 정치국 상무위원 한자리를 차지했지만, 항상 시진핑보다 한 단계 아래였다.

우리는 쑨정차이와 링지화에 대한 혐의들을 후진타오나 원자바오가 정치국 상무위원에 자신들의 측근을 배치하지 못하게 하라는 시진핑의 명령을 받들기 위해 당 보안국이 조작한 것으로 생각했다. 우리는 그들이 얼마나 횡령했는지, 아니 횡령했다는 사실 자체가 날조되었다고 생각했다. 시진핑은 이들을 숙청하라는 명령을 내렸고, 당 기율검사위원회는 그의 지시를 따랐다. 그리고 각본에 따라 검찰이 중국 법률의 무한한 모호성을 이용해, 그들을 감옥에 넣은 것이다. 바로 시진핑이 자신의 권력을 굳히는 방법이었다.

중국을 조금이라도 이해한 사람이라면 누구나 링지화와 쑨정차이의 잇따른 숙청이 부패 때문은 아님을 분명히 알았을 것이다. 그것은 정치 공작에 불과했다. 그러나 시진핑의 부패척결 운동은 시진핑이 상대하고 싶지 않은 사람들, 특히 상하이파를 이끄는 장쩌민과 관련된 많은 홍색 귀족은 피해 갔다. 2014년 1월, 당은 베이징의 고급 나이트클럽을 폐쇄하라고 명령했다. 그러나 데이비드의 마오타이 클럽은 문을 닫지 않았다. 데이비드의 장인 자칭린은 장쩌민의 최측근이었다. 시진핑의 부상에 장쩌민의 지지가 결정적 역할을 했기 때문이다.

쑨정차이의 경우, 2006년 농림부 부장으로 임명된 날부터 계속된 승진에 사활을 걸었다. 그는 휘트니에게 특별한 실수를 저지르지 않는 한 정치국 상무위원이 될 것이며, 주석이 되지 못한다 해도 총리는 될 것이라고 말했다. 그의 일거수일투족은 오직 영광의 순간만을 위한 것이었다.

당은 쑨정차이가 매춘부에게 돈을 주고 성매매 했고, 뇌물을 받았다고 주장했다. 하지만 우리는 그를 잘 안다. 쑨정차이는 돈이나 섹스를 갈망하는 사람이 아니었다. 그가 갈망한 것은 오직 권력뿐이었다. 14억 인구의 국가가 그의 손아귀에 있는데 뭐 하러 성매매 여성이나 수백만 달러의 푼돈을 쫓아다니겠는가?

휘트니와 내가 관찰한 바로는, 부패의 유혹에 굴복한 사람들은 대개 은퇴를 앞두고 있거나, 국가를 통치하기 위해 경쟁하는 사람들이 아니라 자신이 머물 둥지를 찾으려는 사람들이다. 우리는 쑨정차이가 현직에 있는 동안 부정행위에 휘말리지 않으려고 얼마나 조심했는지 내내 지켜보았다. 그가 순이구에 있는 동안, 관련된 사람들에게 토지를 나눠 주며 호의를 베풀었지만, 엄밀히 말하자면 그것은 부패가 아니었다. 그러나 시진핑과 그의 수하들이 그에 대한 혐의를 조작하기로 결정한 이상, 그가 할 수 있는 것은 아무것도 없었다. 중국의 역사를 통틀어 보면 황제들이 왕자를 죽인 사례는 너무나 많다. 이것도 그와 다를 바 없었다.

링지화와 쑨정차이가 숙청되지 않았다면, 그들은 오늘날 정치국 상무위원이 되었을 것이다. 그리고 중국공산당은 1980년대에 덩샤오핑이 조직한 집단지도 체제의 구도를 유지했을 것이다. 물론 완벽한 시스템은 아니었지만, 마오쩌둥 주석 한 사람이 전권을 휘두르던 과거로 되돌아가는 것을 막을 수 있었을 것이다. 그러나 이제, 경쟁자나 잠재적 후계자를 모두 소외시키거나 감옥에 보낸 가운데, 시진핑은 훨씬 더 많은 권력을 자신에게 집중시키기 위해 움직이고 있다. 2018년 3월, 시진핑은 중국 헌법 개정을 강행해 국가주석의 임기 제한을 폐지함으로써, 평생 황제가 될 수 있는 길을 열어 놓았다. 당 선전부의 추종자들은 마오쩌둥이 추구했던 개인 숭배로 돌아가, 시진핑을 '인민의 지도자'라고 추켜세웠다. 시진핑의 이름은 당 기관지 인민일보 1면의 고정 헤드라인이 되었다. 그가 너무 많은 권력을 거머쥐다 보니, 중국인들은 그를 '모든 것의 의장(總結者)'이라고 부르기 시작했다.

18장

이혼,
다시 중국을 떠나다

휘트니와 나는 베이징 포시즌스 호텔의 한 회의실을 중간 장소로 삼아 가끔 그곳에서 만나 아리스톤의 양육과 다른 문제들을 논의하곤 했다. 2014년 8월 어느 날 오후, 휘트니가 나를 불러냈다. 휘트니는 항상 직설적이었고 이번에도 다르지 않았다. 그녀가 말했다. "우리 이혼해요."

나는 놀라지 않았다. 그동안 그녀가 그 방향으로 가고 있다는 작은 신호들이 이미 있었기 때문이다. 그녀는 우리 아파트에 설치한 오스트리아 금고의 비밀번호를 바꿔 놓았다. 메시지는 분명했다. "이것들을 당신에게 주고 싶지 않아." 나는 우리가 다시 결합하게 되리라고 생각하지 않았기 때문에, 그녀의 이혼 선언에 어떤 감정적 반응도 생기지 않았다. 그래도 이 상황까지 오게 한 것에 대해 유감스럽게 생각했다.

나중에야 그 선언이 내가 그녀의 조건에 따라 다시 돌아오도록 강요하는 방법이었음을 알게 되었다. 떨어져 있는 동안, 휘트니는 친정어머니를 내게 보내 다시 집으로 돌아오도록 설득하게 했다. 그녀는 내 어머니에게도 우리 일을 수습해 달라고 부탁하기도 했다. 그러나 나는 그녀가 우리 관계에 진정한 변화를 주겠다고 제안하지 않는 한, 결코 돌아가지 않을 것임을 분명히 밝혔다. 나는 우리의 운동장이 그녀 쪽으로 기울지 않고 평평하기를 원했다. 그녀는 직장 생활에서든 사생활에서든, 자신이 결정을 내리는 데 아주 익숙해져 있었다. 하지만 이젠 바뀌어야 했다. 물론 휘트니는 내가 아무것도 모르던 시절에 내게 중요한 안내자이자 교사였다. 하지만 이제 나도 많이 성장했다. 그녀가 나와 함께 성장하면서, 나를 위한 공간을 만들어 주고 나를 동등한 존재로 봐 주길 바랐다.

휘트니가 자신의 조건에 따라 나를 다시 돌아오게 하려고 이혼을 선언한 사실을 깨닫자, 내 감정은 더욱더 굳어 갔다. 그녀가 제시한 것은 홍콩의 내 오랜 친구 딩이에게 빌려준 3천만 달러가 전부였다. 그러나 그 돈은 법정 분쟁에 휘말려 있어 엄밀히 말하자면 내 수중의 돈도 아니었다.

우리는 동방 광장에서 다시 만났는데, 휘트니는 그 자리에서 신랄하게 독설을 퍼부었다. 우리가 이혼한다 해도 내게 한 푼도 줄 수 없다고 말했다. "당신 친구한테 돈을 받아와. 당신이 빌려준 거니까."

내가 반박했다. "하지만 당신이 갑자기 손을 떼지 않았다면, 이런 문제는 일어나지 않았을 거야."

그녀가 대답했다. "내가 알 바 아니지."

아마도 내가 자금이 부족해 어쩔 수 없이 다시 무릎 꿇고 돌아오길 바라는 것이 그녀의 본심이었을 터이다. 우리는 번 돈을 항상 그레이트오션의 계좌에 넣어 두었다. 그래서 내 재산을 따로 갖고 있지 않았다. 어떤 서류에도 내 이름은 없었다. 나는 정말 곤경에 처했다.

과거에 아내였던 사람과, 그리고 과거에 가장 친했던 친구와 양면 전쟁을 치르면서 나는 인생에서 가장 힘든 시기를 보내야 했다. 당시의 어려움이 이전의 팜인포에서 실패했을 때나, 공항 사장 리페이잉의 실종으로 불똥이 튀었을 때나, 《뉴욕타임스》에 기사가 났을 때보다 훨씬 더 힘들었다. 이 상황에 대처하기 위해 앞서 위기들을 겪으면서 배웠던 교훈을 떠올렸다. 명상을 다시 시작했다. 이전에 공부했던 철학으로 돌아갔다. 매일 일어나는 일에서 나 자신을 분리하고, 내 감정이 그에 결부되지 않게 하려고 노력했다. 부모님이 처음 홍콩에 이민 왔을 때 그랬던 것처럼 매일매일을 헤쳐 나가기 위해 필요한 일만 했다.

베이징 외곽에 향내가 난다는 의미의 샹산(香山)이라는 곳이 있는데, 그곳에는 12세기에 지어진 누각들이 여러 곳에 흩어져 있다. 수천 개의 돌계단이 정상으로 이어져 있는데, 나는 매일 그 산에 오르는 것을 일상의 배움으로 삼았다. 정상의 봉우리에 집중하기보다는, 한 걸음씩 오르다 보면 내가 가야 할 곳에 도착한다는 것을 알고 있기에 바로 앞의 계단에만 내 시선을 고정시켰다. 이 교훈은 오늘날 내가 처한 상황에 대한 깨달음을 주었다. '네가 통제할 수 있는 것만 통제하라. 나머지는 신경 쓰지 마라.' 나는 스스로에게 말했다. '넌 결국 성취감을 느끼며 수영장을 나올 거야.' 그래도 여전히 힘들었다. 20년 넘게 사귄 친구가 내 뒤통수를 쳤고, 내 아들의 에미라는 사람은 날 거지로 만들려고 하고 있으니까.

내가 3천만 달러를 빌려준 옛 친구 딩이는 원 총리 가문의 재산에 대한《뉴욕타임스》기사를 홍콩 법원에 제출하는 등 전혀 협조의 기미를 보이지 않았다. 판사를 겁주어서 사건을 취하시키려는 게 분명했다. 하지만 효과는 없었다. 그에게 아직 쓸 패가 남아 있었다. 내 소송의 판결이 아직 내려지지 않은 틈을 타 그는 파산을 선언했다. 그 돈을 그의 부인 명의로 어딘가에 넣어 두었을지 모른다고 나는 의심하고 있다. 소송을 낸 지 몇 년이 지났지만, 사건은 아직도 법원에 계류 중이다.

휘트니도 나와 필사적으로 싸우겠다고 선언했다. 우리는 홍콩에서 결혼했지만, 그녀는 이혼 소송을 베이징 법원에 맡기는 데 성공했다. 중국 내부에서는 판사에게 압력을 가하기가 더 쉬웠기 때문이다. 중국에는 공동 재산이라는 개념이 없다. 그녀는 완전한 승리를 원했고, 내게 어떤 형태의 재정적 보장도 주고 싶어 하지 않았다.

내 유일한 선택은 강경 입장을 고수하는 것뿐이었다. 결국, 나는 오랜 고민 끝에 그녀에게 해를 끼칠 수 있는 정보를 공개하겠다고 협박했다. 나도《뉴욕타임스》기사를 인용했다. 중국 기업은 언제나 당국의 감시망에 올라 있고, 공산당 법의 의도적인 모호함을 감안할 때 얼마든지 부정적인 시각으로 볼 수 있는 것들이 늘 있었다. 휘트니는 어떤 말썽도 일으키지 않고 이혼 절차를 마무리하려고 노력했지만, 결국 나의 위협에 내가 편안하게 살 수 있을 정도는 제공한다는 합의를 받아들일 수밖에 없었다. 2015년 12월 15일, 우리는 최종적으로 이혼에 합의했다.

아내와의 이혼 절차와 친구와의 소송이라는 두 가지 시련은 내게 인생, 특히 중국에서의 변화무쌍한 삶에 대해 많은 것을 가르쳐 주었다. 하나는 우정은 믿을 수 없다는 것이고, 또 다른 하나는 결혼도 마찬가지라는 것이다. 그렇다면 어떤 관계가 남아 있을까?

물론 이런 문제들은 중국 밖에서도 발생하지만 몇 가지 점에서는 확실히 다르다. 하나는 휘트니, 딩이, 그리고 심지어 딩이가 파산을 선언한 후 홍콩 증권거래소에 상장된 회사의 회장이 된 전 술집 여성 이본느 같은 사람들이 추구하는 냉철한 제로섬 게임, 즉 승자독식의 접근법이다. 이본느의 이야기는 '벼락 출세'를 하는 또 다른 유형이 있음을 보여 준 셈인데, 사실 당시 중국에서 결코 드물지 않은 사례이기도 하다.

패자를 가차 없이 공격하는 특성은 사실 공산주의 체제의 본질적 기능이다. 우리 중국인들은 어려서부터 극심한 생존 경쟁에 맞닥뜨리면서 강자만이 살아남는다고 배워 왔다. 우리는 협동하거나 팀플레이어가 되는 것을 배워 본 적이 없다. 오히려 세상을 적과 동맹으로 나누는 방법을 배웠고, 동맹이라는 것도 일시적이고 소모적이라고 배웠다. 당이 우리에게 가르쳐 준 것을 언제든 부모님, 선생님, 친구들에게 실행할 준비가 되어 있었다. 중요한 것은 이기는 것뿐이고, 어리숙한 사람만이 양심의 가책을 느끼는 것이라고 배웠다. 이것이 1949년 이후 공산당이 계속 이 나라를 통치하는 지도 철학이었다. 우리는 태어날 때부터 목적이 수단을 정당화한다고 배우기 때문에, 아마도 마키아벨리즘은 중국이 원조일 것이다. 당의 통치 아래 중국은 무정한 곳이 되어 버렸다.

중국이 다른 나라와 다른 또 한 가지는, 이혼 같은 가정사에조차도 정치가 개입한다는 것이다. 휘트니는 이혼 소송을 우리가 결혼한 홍콩에서

하지 않고 베이징으로 옮겼는데, 그것 또한 꽌시 게임을 통해 자신이 원하는 합의점을 스스로 결정할 수 있다고 생각했기 때문이다. 공판이 한창 진행되는 도중 판사는 양해를 구하고 전화를 받는다. 나는 혼자서 중얼거렸다. "또 휘트니가 사주한 누군가의 전화군."

판사가 그녀에게 유리한 판결을 내리도록 하기 위한 모종의 조치가 막후에서 취해지고 있는 것이다. 나는 그 통화 내용을 전혀 몰랐지만, 이런 상황까지 와서는 그녀를 협박하는 것만이 유일한 탈출구라는 걸 재삼 확신하게 되었다. 내 친구 딩이도 《뉴욕타임스》의 기사를 인용해 내가 악당이라는 것을 입증하려 했다. 한쪽은 이혼 소송이었고, 다른 쪽은 돈 문제였지만, 정치는 두 재판 모두를 오염시켰다. 재판을 진행하면서 나는 이제 다시 중국을 떠나야 할 때라는 생각이 들었다.

중국 체제에 대한 나의 거리감은 또 다른 방식으로도 심화되었다. 휘트니의 권유로 나는 홍색 귀족들을 알게 되었다. 데이비드 리같이 확실한 연줄이 있는 사람을 처음 만났을 때는 한동안 매료되기도 했지만, 시간이 지나면서 이런 부류의 사람들에게 점점 더 실망감을 느꼈다.

중국 지도자의 자녀들은 그들만의 종족이었다. 다른 규칙에 따라 살았고, 중국의 나머지 지역과는 단절된, 다른 차원처럼 보이는 곳에 살았다. 그들의 집은 높은 벽 뒤에 있었고, 대중과 함께 쇼핑하지도 않았다. 그들이 먹는 음식도 다른 공급망에서 공급되었다. 리무진을 타고 다녔고, 일반 중국인들은 다닐 수 없는 학교에 다녔으며, 특별한 병원 시설에서 치료를 받았고, 정치적 접근을 통해 기업을 매각하거나 임대함으로써 돈을 벌었다.

나는 휘트니 덕분에 이런 사람들을 자주 만나고 알게 되었다. 그중에는 류시라이Liu Shilai라는 청년이 있었다. 그는 중국 혁명 동지이자 덩샤오핑의 측근인 구무(谷牧, 구무의 원래 성은 유劉였음-옮긴이)의 손자였다. 구무는 1970년대와 1980년대에 부총리를 지냈고, 중국 경제 개혁의 시동을 건 핵심 인물이었다. 류시라이는 우리 이웃이었다.

류시라이는 중국 홍색 귀족 가문의 전형적인 방식으로 돈을 벌었다. 그는 자신의 정치적 연줄을 팔아 막대한 부를 챙겼다. 디스코장을 위해 소방청으로부터 허가를 받아 주고, 성형외과 병원을 상대로 의료업 허가를 알선해 주면서 이익의 일부를 상납받았다.

류시라이는 자신과 같은 홍색 혈통이 진짜 귀족처럼 비치기를 원했다. 전 세계를 돌며 폴로 경기에 참여하면서, 태국에서는 우승도 했고 베이징에서 대회를 개최하기도 했다. 그곳에서 중국 최고의 귀족들끼리 어울렸고, 중국 여인들은 영국의 상류층을 흉내 내 챙이 큰 모자를 쓰고 다녔다.

나는 1989년 6월 4일의 천안문 민주화 시위에 대한 중국 정부의 무력 진압에 대해 류시라이와 대화를 나눈 적이 있다. 그때 류시라이는 10대였지만, 자신의 친척들이 시위대가 실제로 중국공산당을 전복시키는 데 성공할까 봐 몹시 두려워했다고 회고했다. 류시라이는 할아버지 구무와 함께 베이징 중심부에 있는 마당 넓은 집에서 살았는데, 전날 저녁인 6월 3일에는 경호원들이 AK-47 소총을 들고 집 안 경비를 섰다고 한다.

그 시간에 집 밖에서는 인민해방군이 시위대를 공격하며 천안문 광장을 점령하고 있었다.

또 다른 홍색 귀족으로 내가 볼프강Wolfgang이라고 부르는 친구가 있었다. 그의 할아버지 역시 1930년대와 1940년대에 중국공산당 최고 지도자 중 한 명이었다. 그의 할아버지도 혁명 후 요직을 역임했지만, 1950년대 말에 수백만 명의 목숨을 앗아가며 파멸을 초래한 대약진정책大躍進政策(마오쩌둥이 추진한 경제 공업화 정책-옮긴이)을 비판하면서 마오쩌둥과 마찰을 빚어 숙청되었고, 1980년대에 덩샤오핑에 의해 복권될 때까지 수십 년 동안 정계에서 소외되었다.

그의 할아버지는 자신의 경험에 비추어, 아들(볼프강의 아버지)은 정치에 발을 들여놓으면 안 된다고 주장했고, 그래서 결국 그의 아들은 과학을 공부하고 연구소에 취직했다. 그런데 덩샤오핑이 시장 지향적인 경제 개혁을 전개했을 때, 볼프강의 아버지는 어떤 제품을 만드는 작은 제조회사를 설립했다. 그 제품은 중국에서 널리 사용되고 있지만 규제가 까다로운 제품이었다. 결국 볼프강의 아버지는 덩샤오핑 정권하에서 자신의 혈통을 바탕으로 정부 계약을 따냈다.

이런 가문을 배경으로, 볼프강도 베이징에서 홍색 귀족의 일원으로 자랐다. 그는 고위 당원 자녀들과 함께 진산초등학교를 다녔다. 10대였을 때 그의 가족은 중국을 떠났기 때문에 볼프강은 미국에서 교육을 받았다. 그가 대학을 졸업하자, 아버지는 외아들 볼프강을 중국으로 불러 자신의 회사에서 근무하게 했다.

그 회사는 계속해서 확실한 수익을 냈다. 사실, 그 회사는 스타벅스에서 커피를 사는 데서부터 상하이의 수백만 달러짜리 저택을 사는 데 이르기까지, 중국에서 하는 거의 모든 거래에서 수익을 냈다. 이즈음에 인민해방군이 운영하는 또 다른 회사가 같은 업계에 진입했지만, 두 개의 회사가 번창할 만큼 시장은 여유가 있었다. 이러한 형태의 독점은 중국에서 흔히 볼 수 있는데, 이는 국영 회사가 홍색 귀족의 자녀들이 운영하는 회사들과 시장을 공유하기 때문이다.

볼프강은 회사의 생산라인을 확장하고 수많은 데이터에 접근할 수 있는 서비스에 참여했다. 중국 공안公安도 이 데이터에 특별한 관심을 보였다. 볼프강은 그의 혈통으로 인해 암묵적으로 그를 신뢰하는 공안과 데이터를 공유했다. 그 대가로, 공안은 볼프강의 회사에 더 많은 사업을 가져다주었다.

볼프강과 나는 종종 중국 체제에 관해 이야기를 나누곤 했는데, 그는 당 거물들에게 매춘부를 알선해 준 이야기로 나를 즐겁게 했다. 그는 당 관계자와 유대감을 형성할 수 있는 특별히 효과적인 방법은, 그의 방에 여러 소녀들을 동시에 넣어 주는 것이라고 말했다. 그는 공산당 체제의 부정부패가 사람들의 영혼에 스며들어 어떻게 망가뜨리는지를 직접 목도했다. 그는 이념이나 가치 측면에서 중국을 옹호하지는 않았지만, 자신의 혈통을 이용해 큰돈을 버는 데는 만족했다. 나는 그가 영화 〈대부〉의 마이클 콜레오네Michael Corleone(알파치노 분-옮긴이)를 조금 닮았다고 생각했다. 내가 보기에 볼프강은 그 일을 달가워하진 않지만 자신을 합리화하는 폭력배일 뿐이었다.

적어도 겉보기에 그는 완전히 서구화되어 있었다. 영어를 완벽하게 구사했고 아내는 대만 출신이었지만, 그는 공산당 체제를 의심하지 않았다. 사실, 그는 자신의 데이터를 공안과 공유하며 사업 계약을 따내면서 체제의 유지를 도왔다.

그러면서 동시에 볼프강은 해외를 자유롭게 왕래할 수 있는 여권을 가지고 있었고, 자신의 부의 상당 부분을 해외에 투자했다. 나는 정치에 대해서도 그와 토론한 적이 있다. 나는 그의 재산의 상당 부분이 해외에 있다는 것을 알고 이렇게 물었다. "당신은 어디에 자본을 투자하나요?" 또 그가 가지고 있는 여권이 중국 여권이 아니라는 사실을 알고 이렇게 물었다. "당신은 어느 나라 여권을 가지고 있소?"

서양의 평론가들은 대개 해외에서 교육받은 볼프강과 같은 사람들이 중국 변화의 주체라고 주장하면서, 그들이 서양에서 배운 보편적 가치를 가져와 중국을 더 나은 방향으로 이끌 것이라고 말한다. 하지만 볼프강 같은 사람들은 그런 역할을 한 적이 없다. 그의 관심은 중국이 변화하지 않고 그대로 남아 있는 것이었다. 그것이 그를 큰 부자로 만들어 주고, 서방의 자유와 권위주의적인 중국의 보호라는 두 체제의 혜택을 모두 누릴 수 있게 해 주기 때문이다.

나는 볼프강 같은 사람들을 보면 볼수록 그들이야말로 중국 공산주의를 더 고질적으로 나쁘게 만드는 주역이라고 생각했다. 그들은 자신의 영혼을 팔아 금화 항아리와 교환한 자들이다. 물론 휘트니와 나도 그들과 그들의 부모들이 정한 규칙에 따라 게임을 했고 번창했다. 하지만 우리는 그 규칙이 왜곡되어 있다는 것은 알았다. 다만 휘트니는 그 왜곡된 시스템 안에 있는 것을 편안하게 여겼고, 나는 뛰쳐나가고 싶었을 뿐이다.

휘트니와의 치열한 법정 투쟁에도 불구하고, 우리는 적어도 아리스톤의 양육에 대해서는 의견이 일치했다. 휘트니는 아들이 태어나자마자 교육을 계획했다. 우선 그녀는 베이징의 '3E'라고 하는 작은 국제학교의 부속 유치원에 그를 보내는 것으로 시작했다. 그녀는 아리스톤을 류시라이의 승마 클럽이 운영하는 승마 교육에 등록시켰는데, 이 클럽은 류시라이가 공산당 엘리트로서 자신의 신분에 걸맞은 직업이라고 생각해 운영하는 곳이었다. 유치원을 졸업하면, 아리스톤을 베이징에 있는 인민대학교 부속 일류 학교에 보내고, 대학은 미국이나 영국으로 보낸다는 것이 그녀의 계획이었다.

그러나 중국을 떠나고 싶은 나의 열망과 때마침 베이징을 뒤덮은 유해 대기 오염으로 휘트니는 마음을 바꾸었다. 2015년, 나는 아리스톤과 함께 영국으로 이사했다. 휘트니와 나는 아리스톤을 위한 학교를 찾았고, 4월에 아리스톤은 영국에 정착했다.

그해 말, 휘트니는 다시 영국으로 건너와 몇 달 동안 우리가 사는 집 근처에 있는 연립주택을 임대해 살면서, 아리스톤이 환경 변화에 익숙해지도록 도왔다. 나는 이미 아리스톤의 주 후견인이 되는 일에 전념했다. 내가 칭화대학교에서 가족의 유산에 대한 연구를 통해 배운 것이 있다면, 그것은 바로 어떤 부모도 자녀와 너무 많은 시간을 보냈다고 후회하지는 않는다는 것이다.

나는 뒤늦었지만, 부모님과의 관계 개선을 위해서도 노력했다. 부모님을 모시고 세계 여행을 했다. 모든 여행 일정을 내가 직접 계획했고 그들이 편안하고, 잘 먹고, 잘 보살핌을 받는 데 신경 썼다. 이탈리아 여행 중 피렌체에서 점심을 먹는데, 어머니가 먼 곳을 응시하며 특별히 누구에게라고 할 것 없이 혼잣말로 중얼거리셨다. "저, 말이야, 나는 네가 어떻게 이렇게 좋은 아들이 되었는지 놀랍구나."

휘트니는 어머니에게 여전히 우리 관계를 수습하는 데 관심이 있다는 암시를 주곤 했다. 그렇게 신랄한 과정을 거쳐 겨우 이혼했는데도 그녀가 여전히 나를 원한다는 것이 아이러니했다. 그녀의 그런 태도는 어떤 면에서는 우리가 함께 이룬 것과, 그녀가 내 삶에 가져다준 것 못지않게 내가 그녀의 삶에 가져다준 것 역시 소중하다는 것을 인정하는 셈이었다. 그리고 그녀의 마음속에는 외로움, 나 없이 홀로 해야 하는 사업 투쟁, 그리고 중국 체제에 대한 두려움이 깔려 있다는 생각이 들었다. 휘트니의 심정은 복잡했을 것이다. 한번은, 그녀가 영국 여행 중에 차를 사고 싶다며 전시장에 와서 차 고르는 것을 도와 달라고 부탁했다.

내가 말했다. "이건 당신이 탈 차야."

그녀가 응수했다. "하지만 당신이 골라 줘요. 어느 차가 가장 좋은지 당신이 잘 알잖아요."

또 언젠가는 내게 이런 말을 했다. "나는 남들과 관계를 맺는 데 서툴러서 아주 불안해요." 하지만 내 마음은 흔들리지 않았다. 내가 원한 것은 진심 어린 사과였지만, 그녀는 여전히 자존심이 너무 강했다. 그녀는 그렇게 말하면서도 여전히 중국을 판단하는 데에는 자신이 나보다 우월하며, 나는 여전히 중국의 방식에 대해 더 배워야 한다고 믿었다.

2016년 어느 날, 우리는 만나서 커피를 마셨다. 그때 둘 다 홍콩에 있었다. 나는 그녀에게 위험을 분산시키기 위해서는 그레이트오션의 자산

일부를 중국 밖으로 옮겨야 한다고 다시 제안했다. 그냥 친절한 조언을 해 주고 싶었을 뿐이다. 나는 다른 사람들 모두 그렇게 하고 있다고 지적했다. 사실, 너무 많은 사람이 중국에서 돈을 빼내기를 원했기 때문에 중국 정부가 자본의 이동을 통제할 정도였다.

그러나 휘트니는 비웃듯이 웃으며 말했다. "중국에서 앞으로도 모든 일이 계속 잘될 거예요." 잠시 멈추더니 의미심장하게 말했다. "사람들에게는 선견지명이 필요해요." 마치 자신은 선견지명이 있고 나는 없는 것처럼. 2017년 내가 베이징을 방문했을 때, 그녀는 당국에서 자신의 출국을 금지시켰다는 말을 흘렸다. 그러나 크게 걱정하는 것 같지 않았고 중국에서 벗어나야 한다는 나의 진심 어린 요청을 다시 무시했다. "이 상황은 곧 지나갈 거예요."

거꾸로 가는 중국

2017년 8월 아리스톤은 내가 휘트니와 함께 살았던 베이징 아파트에서 엄마와 함께 여름을 보냈다. 여름이 지나자 휘트니의 친구가 아리스톤을 영국으로 보내기 위해 아파트로 왔다. 휘트니는 아들에게 작별 인사를 하러 아래층으로 내려왔다. 친구의 차가 아리스톤을 공항까지 데려다주려고 밖에서 기다리고 있었다. 휘트니가 힘없이 미소를 지으며 말했다. "내가 아리스톤을 낳았지만, 이제 그는 나 없이도 잘 살아갈 거야."

휘트니가 자신이 곧 사라질 거라고 예감했는지는 말하기 어렵다. 그랬다면 자신의 모든 일을 정리하거나 자신을 보호하려고 했을 것이다. 그래도 아들을 이혼한 남편에게 보내는 엄마의 쓸쓸한 모습이 눈에 밟혔다. 휘트니는 그들이 자신을 잡으러 온다는 걸 알아차렸을까? 수천 명의 사람들이 시진핑의 반부패 운동에 휘말렸다. 휘트니도 여행 금지를 당했으나 심각하게 받아들이지는 않는 것 같았다. 하지만 그녀가 몇 달 전에 출국 금지에 대해 내게 말했을 때, 우리는 이미 예전처럼 정직하게 대화하는 사이가 아니었다.

비록 이혼한 사이더라도, 내가 동정심을 발휘해 그녀의 말에 더 귀를 기울이고 신뢰할 수 있는 상담가로서 그녀의 삶에 남아 있기 위해 더 노력했다면 상황이 달라졌을까? 궁금하지 않을 수 없다. 2015년에 우리가 이혼한 후, 휘트니는 세상에서 유일하게 모든 걸 공유했던 사람을 잃은 것이다. 물론 그녀가 친밀한 관계를 맺고 있는 사람은 나 이외에 다른 몇몇 사람들이 더 있을 것이다. 하지만 그녀의 마음을 읽을 수 있는 사람은 나밖에 없었다. 그녀는 남들이 하지 않는 것을 하겠다는 야망을 품었다. 그녀는 큰 꿈을 꾸고 그 꿈을 이루기 위해 전력을 다했다. 나는 종종 그녀가 너무 위험하거나 위험해 보이는 것들을 하지 못하도록 제어했다. 하지만 우리가 헤어진 후 그런 위험 신호를 알려 주는 보호막이 없어지자 그나마 있던 조심스러움마저도 사라졌다. 그녀가 우리가 지은 불가리호텔이 있는 복합건물의 새 사무실에서 붙잡혔다는 소식을 듣고 나는 중국에 있는 모든 가능한 연락처로 수소문했지만, 그녀가 어디로 사라졌는지 아는 사람은 아무도 없었다.

소문만 무성했다. 중국의 한 경제전문가는 휘트니가 약에 취해 구타를 당했을 것이며, 만약 살아서 다시 나타난다 해도 공산당 비밀경찰이 그녀의 척추에 어떤 물질을 주입해 걸어 다니는 좀비로 만들었을 것이라고 말했다. 그녀가 다시 나타난다 해도 예전 같지 않을 것이라는 말이다. 반체제 인사인 궈원귀(郭文貴)는 당이 그녀를 죽였다고 발표했지만, 원래 말이 많은 사람이어서 그의 말을 곧이곧대로 믿을 수는 없었다.《뉴욕타임스》의 데이비드 바르보자 기자도 내게 어떤 얘기를 끌어내려는 듯, 휘트니가 죽었을 것이라는 소문을 퍼뜨렸다. 그러나 내 생각에, 그녀가 나타나지 않는 이유 중 하나는 자신의 죄를 인정하지 않았기 때문일 것이다. 그녀는 항상 이렇게 말하곤 했다. "관에서 내 시체를 꺼내 채찍질한다 해도 먼지 하나 발견하지 못할 것이다." 휘트니는 그만큼 고집이 아주 센 여자였다.

휘트니의 실종으로 공산주의 국가 중국에 대한 내 관점은 더욱 확고해졌다. 나는 중국과 당을 사랑해야 한다고 배우며 자랐다. 우리 세대의 많은 이들에게 그랬던 것처럼 내게도 애국심은 어릴 적부터 그렇게 자연스럽게 길러졌다. 공산주의 혁명가들의 위업을 상세히 기록한 만화책을 쌓아 두던 시절부터, 나는 무의식적으로 중국을 다시 위대하게 만들겠다는 대의에 전념했다. 1980년대 후반 미국에서 공부하면서 나는 위대한 중국에서 내 길을 개척하기 위해 미국 영주권을 포기했다. 2000년대에는 베이징에서 말 그대로 수도국제공항 건설에 헌신했다. 그 일은 수도국제공항을 크게 개선하고, 중국 최고의 호텔과 사무실 단지를 건설하는 대역사大役事였다.

그런데 도대체 세상의 어떤 체제가 법을 무시하고 휘트니 단과 같은 애국적 인물을 유괴하도록 허용한단 말인가? 도대체 어떤 체제가 수사관들에게 부모나 아들에게도 알리지 않고 사람을 사라지게 할 권리를 준단 말인가? 아리스톤이 엄마를 그리워하는 것도 그렇지만, 우리 모두를 더 괴롭히는 것은 휘트니에게 무슨 일이 일어났는지 모른다는 사실이다. 휘트니 단은 어디 있는가? 살아 있긴 한 건가?

중국에도 분명히 혐의자를 관리하는 규칙이 있다. 1997년 제정된 형사소송법은 경찰이 피의자를 석방하거나 정식 체포하기 전까지 최대 37

일간 구금할 수 있도록 하고 있다. 하지만 그건 명목상의 조문일 뿐이다. 휘트니는 사라진 지 몇 년이 지났지만, 전혀 나타나지 않았다.

이 체제의 본질적 도덕성에 의문이 제기되는 또 한 가지는, 당이 당원을 조사한다는 불투명한 메커니즘이다. 이 절차는 중앙기율검사위원회가 수행한다. 당은 1994년에 수사관들이 당규 위반 혐의자를 구속할 수 있는 '솽구이(雙規)'라는 수사 시스템을 도입했다. 그러나 솽구이는 어떤 법에 의해서도 제한받지 않는다. 기술적으로 말하자면, 구속 기간은 영원히 지속될 수 있다. 휘트니도 그런 구조하에 구금되어 있을 것으로 생각된다. 다시 말하지만, 도대체 세상의 어떤 체제가 법 위에 정당이 군림하도록 허용하고, 혐의자들을 몇 년 동안 외부와 연락이 끊긴 채 가둬 둘 수 있단 말인가? 그런 운명을 겪는 사람이 휘트니뿐만은 아니지만, 그녀는 누구의 허락도 없이 가장 오랫동안 감금되어 있는 사람 중 하나다.

중국에 대한 나의 믿음은, 2008년 후진타오 당 주석과 원자바오 총리의 집권 2기 동안에 시들해지기 시작했다. 마오쩌둥 주석 시절부터 본질적으로 변하지 않은 중국의 레닌주의 체제는 당이 모든 것을 장악해야 한다는 논리에서 한 발자국도 더 나아가지 못했다. 당은 위기가 왔을 때만 장악력을 느슨하게 해 사람들과 기업에 더 많은 자유를 허용하는 척한다. 당은 마지못해 그렇게 하다가 항상 다시 제자리로 돌아온다. 당은 2008년부터 경제, 언론, 인터넷, 교육 시스템 등 전 분야에 대한 통제권을 다시 행사하기 시작했다. 마음에 들지 않는 편집자, 출판인, 교수들은 해고되거나 체포되었고, 인터넷은 검열되었으며, 모든 민간 기업에 당위원회를 두어야 했다. 중국의 경제가 성장 가도에 접어들면서 당은 다시

지배력을 강화할 기회를 얻은 것이다.

나는 당이 휘트니나 나 같은 기업인들에게 유화 제스처를 보낸 것이 레닌주의 전술에 불과하다는 결론을 내렸다. 레닌주의 전술은 볼셰비키 혁명에서 탄생한 것으로, 적들을 분열시켜 무력화하는 전술이다. 당이 기업가들과 손을 잡은 것은 완전한 사회 통제라는 목표의 일환으로 일시적으로 그렇게 했을 뿐이었다. 경제를 발전시키거나, 해외에 투자하거나, 홍콩의 자유를 제한하는 데 더 이상 필요 없어지면 우리도 가차 없이 당의 적이 될 것이다.

중국은 2012년 시진핑이 집권하기 훨씬 전부터 이런 반자유적 방향으로 움직이고 있었다. 시진핑이 집권하면서 그 과정이 더 빨라진 것뿐이다. 시진핑은 국내에서의 지배력을 극대화하기 위해 당을 조종했을 뿐만 아니라, 중국의 '억압 체제'를 해외로 수출하는 정책을 추진했다. 이역시 중국 체제의 논리에 따른 것이다. 자체의 역량이 높아지면, 이를 끊임없이 확장시키는 것이 스스로를 보호하는 전략이라고 생각하기 때문이다. 홍콩에서 2020년에 국가보안법이 통과되었을 때도 이런 현상이 나타났다. 국가보안법은 의도적으로 모호한 문구를 사용하고 있지만, 사실상 홍콩 정부를 비판하는 것을 금하고 있다. '도를 넘은 제국(imperial overreach, 예일대학교 역사학자 폴 케네디Paul Kennedy 교수가 저서 『강대국의 흥망』에서 처음 사용한 말로, 제국이 자신의 군사적·경제적 능력 이상으로 확장하다 스스로 붕괴되는 상황을 지칭-옮긴이)'이라는 말이 생각난다.

당이 개인의 이기적인 이익보다 집단을 우선시한다는 주장은, 중국공산당이 날조한 대표적인 거짓말이다. 개인의 권리를 지나치게 강조하는 서구의 시스템에 불만스러워하는 서구 사람들은, 중국공산당이 공공의 이익에 초점을 맞추고 있다는 이런 날조된 환상을 믿는다. 그러나 현실은, 혁명가 아들딸들의 이익을 우선시하는 것이 당의 진짜 목적이다. 중국 경제와 정치 권력의 연결고리를 형성하는 그들이야말로 중국 공산주의 체제의 최대 수혜자들이다.

내 부모님은 30년 전에 나를 공산주의 국가에서 홍콩으로 데리고 나오셨다. 나는 자유롭고 자본주의적이며 서구 지향적인 문화 속에서, 인간의 잠재적 가능성과 가치를 배우며 자랐다. 중국공산당이 스스로 저지른 재앙적 실수에서 회복하기 위해 사람들의 숨통을 트이게 해 주기 시작한 1970년대 후반부터 중국은 창문을 열어 놓고 얼마나 자유로워지고 개방적이 될 수 있는지를 세계에 조금씩 보여 주었다. 휘트니와 나는 이 틈을 비집고 들어가 특별한 기회를 잡았다. 우리는 그 행운을, 우리 자신을 확장하고, 꿈을 실현하고, 중국을 건설할 수 있는 기회로 삼았다.

이제 중국공산당이 어느 정도 자원을 확보하니 다시 본색을 드러내고 있다. 내 지나온 삶을 통해 인생에서 가장 소중한 선물은 재산이나 직업적 성공이 아니라 인간의 기본적 존엄성과 인권이라는 것을 깨달았다. 나는 이제 그런 이상을 공유하는 사회에서 살고 싶다. 그것이 내가 중국 대신 서구 세계를 선택한 이유다. 나뿐만 아니라 내 아들을 위해서라도.

이 책은 용기와 사랑으로 시작된 프로젝트입니다. 사랑, 사랑하고 사랑받는 것.

내가 이 책을 쓴 이유는 내 아들 아리스톤을 향한 사랑 때문입니다. 아들은 내가 그토록 열망했던 아버지가 될 기회를 주었습니다. 내 아들이 자신의 아버지와 어머니가 누구인지, 우리가 무엇을 이루었는지, 그리고 우리가 무슨 일을 겪었는지 알았으면 합니다.

사랑받는다는 것. 사랑하는 사람들의 도움이 없었다면 이 일을 끝까지 해낼 용기를 낼 수 없었을 것입니다. 지금의 아내 시 순Ci Sun을 만난 것은 내 인생의 진정한 축복이었습니다. 그녀가 없었다면 중국에서 고비를 넘기고 타향에서 새로운 터를 잡는 일이 훨씬 더 힘들었을 것입니다. 그녀는 내가 걸어온 모든 길을 용서하고 격려해 주었습니다.

그녀는 지금도, 이 책이 출판된 후 우리에게 닥칠지도 모를 어떤 폭풍도 기꺼이 나와 함께 마주하겠다는 신념으로 자기 삶의 일부를 희생하고 있습니다. 그녀는 중국으로 돌아가지 않을 각오를 다졌습니다. 이것은 그녀로서는 내리기 힘든 결정이었을 것입니다.

전 아내였던 휘트니 단에게도 감사하고 싶습니다. 그녀가 없었다면 지금의 나는 없었을 것입니다. 그녀는 이 책에 관한 한 나의 익명의 동업자입니다. 그리고 부모님께도 감사드립니다. 그들은 그들만의 방식으로 나를 사랑하셨습니다. 그들은 중국공산당의 압박을 무릅쓰고 이 책을 쓰는 데 적극 지지해 주셨습니다.

용기를 낸다는 것. 내가 분연히 일어나 이 파렴치한 권력인 중국공산당의 진실을 말하기까지 용기가 필요했습니다. 많은 분이 내가 이 작업을 수행할 수 있도록 도와주었습니다. 키스 버윅Keith Berwick은 아스펜연구소의 크라운 펠로우십 프로그램Crown Fellowship Program에서 내 멘토였습니다. 그는 내가 인생에서 더 높은 소명을 찾고 있을 때 영감을 주었습니다. 그는 내게 용기, 정의, 사랑의 길을 보여 주었습니다. 이후에도 계속 동기를 부여하고 격려해 주었습니다. 〈교향곡 9번〉 학급의 동료들은 남을 돕기 위한 헌신, 그리고 자기 자신이 아닌 남을 위한 삶을 살고자 하는 그들의 열망을 내게도 심어 주었습니다. 나는 열린 창문에서 폭풍을 맞닥뜨린 조던 카살로Jordan Kassalow의 이야기를 아직도 기억합니다(저소득층에게 무료 안과 치료를 해 오던 조던 카살로는 멕시코 농촌 지역에서 시력을 잃으면서 직업을 잃은 직공 여성들을 만나면서 저렴한 가격으로 안경을 판매할 수 있게 하는 비전스프링Vision Spring 프로젝트를 추진했음-옮긴이). 아스펜 크라운의 또 다른 동료인 빌 브라우더Bill Browder가 자서전적 책 『적색 수배서Red Notice』(국제 체포수배서라는 의미임-옮긴이)를 용감하게 출판한 것은 내게 큰 격려가 되었습니다. 그의 회고록과 일련의 행동은 비양심적인 독재 권위주의 정권에 맞서는 모든 사람에게 길을 열어 주었습니다. 또 미국 국가안전보장회의(NSC)에서 4년간 근무한 매튜 포팅거Matthew Pottinger도 빼놓을 수 없습니다. 중국 북송시대 정치가이자 학자인 범중엄范仲淹의 고대시 한 구절인 "외치다 죽을지언정 입다물고 살지는 않겠다(寧鳴而死 不默而生)"를 흠잡을 데 없는 만다린어로 읊는 그의 모습이 지금도 잊히지 않습니다. 범중엄의 그 시는 이 책을 쓰는 기간 내내 나의 모토였고, 그 구절은 이 책의 비문이라고 할 수 있습니다.

인간의 존엄성을 위해 자신을 희생한 홍콩인들도 빼놓을 수 없습니다. 나는 그들의 용기에 경외심을 느껴 왔고, 내가 고향이라고 부르던 이 도시를 위해 내 나름의 역할을 다하고 싶습니다.

이 책의 집필 파트너인 존 폼프레John Pomfret가 없었다면 이 책은 세상에 나올 수 없었을 것입니다. 중국에 대한 그의 지식과 경험은, 우리의 교류를 원활하고 알차게 만들었습니다. 사려 깊고 근면한 그와 함께 일할 수 있어서 내내 즐거웠습니다. 우리의 우정이 앞으로도 계속 변치 않기를 바랍니다.

이 책을 쓰는 동안 아이디어를 교환해 준 친구들에게도 감사합니다. 앤드루 스몰Andrew Small은 옥스퍼드대학교를 졸업한 이후 줄곧 나와 친구로 지냈습니다. 그가 지정학 분야의 선도적인 연구자로 떠오르고 있기 때문에, 그와 더 많은 대화를 할 수 있기를 기대합니다. 나는 우리의 교류에서 항상 새로운 점을 발견할 것입니다. 켄 주Ken Zhou는 대만의 정치와 역동적인 양안관계兩岸關係(중국과 대만 간의 관계-옮긴이)에 정통한 사상가이자 작가입니다. 그의 뛰어난 사상은 지난 10년 동안 내게 영감을 주었습니다. 토머스 에이몬드-라리타즈Thomas Eymond-Laritaz는 항상 내게 힘이 되어 주는 사려 깊은 친구였습니다. 글로벌 정세와 사업에 대한 그의 지식은 정말 탁월합니다. 이외에 감사를 표할 다른 많은 사람이 더 있지만, 반대파 인물과 그 가족을 처벌하는 중국공산당의 비열한 태도를 감안해 그들의 이름은 공개하지 않겠습니다.

패션과 스타일은 내가 성년 초기 시절부터 좋아했던 분야입니다. 덕분에 나는 용기를 내 높은 목표를 세울 수 있었고, 무엇이 가능한지를 재해석할 수 있었습니다. 평생 친구인 스티븐 룩Stephen Luk은 내게 그 세계를 보여 준 사람입니다. 40년이 지난 지금도 우리는 패션 아이디어와 최고의 장인匠人이 만든 옷에 대한 정보를 교환하고 있습니다.

1990년대 초 중화권 최고의 사모펀드 회사였던 차이나베스트는 영원히 잊을 수 없습니다. 제니 후이Jenny Hui는 나를 고용했고, 데니스 스미스Dennis Smith와 알렉스 응안은 내가 사업 계획을 세우고 투자 안목을 키우도록 도와주었습니다.

그레이트오션의 동료들에게도 감사를 표합니다. 우리는 함께 중국의 부동산 프로젝트를 진행했습니다. 안타깝게도 중국공산당의 보복이 두려워 그들의 이름을 여기에 적을 순 없군요. 하지만 내가 누구를 말하는지 여러분은 잘 알 것입니다. 여러분의 도움에 정말 감사드립니다.

그리고 이 책을 기획한 출판 에이전트의 에이미와 피터 번스타인에게도 감사의 마음을 전합니다. 그들은 내 이야기의 잠재력을 보았고, 주요 출판사들의 주목을 끌 수 있게 해 주었습니다. 그리고 이후의 모든 과정을 이끌어 주었습니다. 스크라이브너Scribner 출판사는 이상적인 파트너였습니다. 내 전담 편집자 릭 호건Rick Horgan은 이 초보 작가에게 특별히 관대함을 베풀어 주었습니다. 그의 지혜와 인내심은 모범적이라 하지 않을 수 없습니다. 그 외에 스크라이브너의 모든 팀원에게 감사를 표합니다. 그들은 내 이야기의 절박함을 이해해 주었습니다. 발행인 낸 그레이엄 Nan Graham, 홍보 및 마케팅 이사 브라이언 벨피글리오Brian Belfiglio, 판권 담당 이사 폴 오핼로런Paul O'Halloran, 마케팅 담당 상무 브리아나 야마시타Brianna Yamashita, 선임 제작 편집인 마크 라플라우르Mark LaFlaur, 아트 디렉터 자야 미셀리Jaya Miceli, 보조 편집인 베킷 루에다Beckett Rueda 등 모든 이에게 감사의 말씀을 드립니다.

중국공산당의 부, 권력, 부패, 보복에 관한 내부자의 생생한 증언

레드 룰렛

초판 1쇄 발행 2022년 3월 28일

지은이 | 데즈먼드 슘
옮긴이 | 홍석윤
펴낸이 | 정광성
펴낸곳 | 알파미디어
출판등록 | 제2018-000063호
주소 | 05387 서울시 강동구 천호옛12길 46, 2층 201호(성내동)
전화 | 02 487 2041
팩스 | 02 488 2040
ISBN | 979-11-91122-31-2 (03300)
값 16,800원